古典文獻研究輯刊

三四編

潘美月・杜潔祥 主編

第 30 冊

陳景雲《文選舉正》疏證
（第九冊）

范 志 新 著

國家圖書館出版品預行編目資料

陳景雲《文選舉正》疏證（第九冊）／范志新 著 -- 初版 --
新北市：花木蘭文化事業有限公司，2022〔民111〕
目 2+222 面；19×26 公分
（古典文獻研究輯刊 三四編；第30冊）
ISBN 978-986-518-885-6（精裝）
1.CST：文選舉正 2.CST：文選學 3.CST：文學評論
011.08　　　　　　　　　　　　　　　　　110022685

ISBN-978-986-518-885-6

古典文獻研究輯刊
三四編　第三十冊　　　　ISBN：978-986-518-885-6

陳景雲《文選舉正》疏證（第九冊）

作　　　者	范志新
主　　　編	潘美月、杜潔祥
總 編 輯	杜潔祥
副總編輯	楊嘉樂
編輯主任	許郁翎
編　　　輯	張雅淋、潘玟靜、劉子瑄　美術編輯　陳逸婷
出　　　版	花木蘭文化事業有限公司
發 行 人	高小娟
聯絡地址	235 新北市中和區中安街七二號十三樓
	電話：02-2923-1455／傳真：02-2923-1452
網　　　址	http://www.huamulan.tw 信箱 service@huamulans.com
印　　　刷	普羅文化出版廣告事業
初　　　版	2022 年 3 月
定　　　價	三四編 51 冊（精裝）台幣 130,000 元

陳景雲《文選舉正》疏證
（第九冊）

范志新　著

目

次

文選卷四十七

聖主得賢臣頌一首　　王子淵

題下注：《漢書》曰：王襄既為益州刺史王褒作《中和樂職宣布詩》，襄因奏言褒有軼才，上乃徵褒。既至，詔為《聖主得賢臣頌》。

【陳校】

注「王襄」。「襄」，「褒」誤。又，「王褒」。「褒」，「襄」誤。

【集說】

許氏《筆記》曰：題下注「王襄既為益州刺史王褒」云云，當作「益州刺史王襄使王褒」云云。「詔為《聖主得賢臣頌》」，「詔」下脫「褒」字。校正。

【疏證】

贛本、建本誤同。奎本、明州本、尤本作「褒」、「襄」，不誤。《集注》本引《鈔》引《漢書》作「褒為益州刺史王襄作」，亦是。謹案：本書王子淵《四子講德論·序》：「褒既為益州刺史王襄，作《中和樂職宣布之詩》」云云，言之甚明：作詩者為王褒也。事見《漢書·王褒傳》，云：「益州刺史王襄欲宣風化於眾庶，聞王褒有俊材，請與相見。使褒作《中和樂職宣布詩》」，《藝文類聚》卷五十六、《太平御覽》卷二百二十三、卷五百八十六引並同。《選》注省去「使」字，變使動為主動，則主語自當為王褒，如奎本、尤本等。毛本誤從建本等，陳校是也。

記曰：恭惟春秋。

【陳校】

按：李周翰注謂：「此《頌》之記也。上為謙詞，此立文〔首〕也。」由李說觀之，則「記曰」以上，乃《頌》之序耳。

【集說】

許氏《筆記》曰：浦起龍云：「記，疑誦字之譌。誦，古與頌通。」嘉德案：五臣翰注云「為此《頌》之記」，恐未然。浦疑「誦」之譌，為近之。

【疏證】

尤本作「記曰」同，奎本以下諸六臣合注本並同。謹案：二許引浦起龍說，甚得其理。毛本當從尤本等，陳校亦未得。翰注「此《頌》」上，奎本、明州本、建本作「則為」，贛本作「自為」字。周鈔翰注「立文」下脫「首」字，今據奎本等補。

及至巧冶鑄干將之璞，清水淬其鋒　注：《越絕書》曰：寡人聞吾有干將，越有歐冶。願謂此二人為鐵劍。郭璞《三蒼解詁》曰：焠，作刀鑒也。

【陳校】

注「吾有干將」。「吾」，「吳」誤；又，「願謂此二人」。「謂」，「為」誤。又，「刀鑒」。「鑒」，「鋻」誤。

【疏證】

奎本、尤本作「吳」、「請」、「鋻」。明州本、建本作「吳」、無「謂」字、作「鑒」字。贛本作「吳」、作「請」，上有「寡人願齎邦之重寶」八字、誤「鑒」。《集注》本作「吳」、「請」、誤「鑒」。謹案：前二字，今本《越絕書·外傳記寶劍》作「吳」、作「寡人願齎邦之重寶，皆以奉子，因吳王請此二人作鐵劍。」本書張景陽《七命（大夫曰楚之）》「歐冶所營」注同贛本。吳、吾音近，古本通用，然觀下文「越有」字，本為對偶，且諸《文選》本並作「吳」，故還以陳校為得。毛本「謂」，乃「請」形近而誤，陳校改「為」，非是。明、建二本脫。贛本則從今本補，亦非善本之舊。當以奎、尤二本為得。「鋻」，見《說文繫傳·金部》：「鋻，焠刀劍刃，使堅也。」毛本誤同贛本，陳校當據尤本、《說文》等正之也。

百里自鬻　注：《孟子》曰：萬章問曰。

【陳校】

注「《孟子》」下，衍「曰」字。

【疏證】

贛本、建本衍同。《集注》本、奎本、尤本無。明州本省作「善同（濟）注」，而濟注無引《孟子》。謹案：事見《孟子注疏・萬章章句上》。依善注引書名下用「曰」字例，本條固不當有「曰」字。本書陸士衡《贈從兄車騎》「使我怨慕心」注引亦作「《孟子》：萬章問曰」，「《孟子》」下，並無「曰」字。再證善注此例之客觀存在。毛本誤從建本等，陳校當據本書內證、尤本等正之。

逢門子彎烏號　注：《漢書》曰：黃帝上騎，小臣持龍髯拔墮，墮黃帝之弓。

【陳校】

注「龍髯」下，當重有「龍髯」二字。

【集說】

余氏《音義》曰：「龍髯」下，何增「龍髯」二字。

胡氏《考異》曰：注「持龍髯拔墮」。袁本、茶陵本重「龍髯」二字，是也。

【疏證】

尤本同。《集注》本、奎本以下諸六臣合注本重「龍髯」二字。謹案：語見《漢書・郊祀志上》，語正重「龍髯」二字，《史記・封禪書》同，《藝文類聚》卷七十八、《太平御覽》卷七十九引同《史記》。《玉海》卷八十八引亦重「龍髯」二字。黃氏《補注杜詩・送覃二判官》「先皇弓劍遠」注、任淵《后山詩注・古墨行》「初聞橋山送弓劍」注並引《前漢・郊祀志》亦重二字。《北堂書鈔》卷十二引《史記・孝武紀》同。毛本誤從尤本，陳、何校蓋據《漢書》、六臣合注本補。

太平之責塞　注：《史記》：泄公曰：今王已出，吾責塞。

【陳校】

注「泄公也」。「泄公」，當作「貫高」。

【集說】

胡氏《考異》曰：注「《史記》泄公曰。」陳曰云云。案：所校未是也，此「泄」上有脫文耳。

梁氏《旁證》曰：胡公《考異》曰云云。

【疏證】

奎本以下諸六臣合注本、尤本悉同。《集注》本作「貫高」。謹案：事見《史記·張耳陳餘列傳》，正作「貫高」，《漢書》同。據《史記》，此語前，貫與泄公多有應答，前胡推測，似亦在情理，然既有《集注》本在，則前胡說非矣。此亦《集注》可寶之證。

趙充國頌一首　揚子雲

惟後將軍　注：《漢書》曰：昭帝昭，擢充國為後將軍。

【陳校】

注「昭帝昭」。下「昭」字，「時」誤。

【疏證】

《集注》本、奎本以下諸六臣本、尤本悉作「時」。謹案：事見《漢書·趙充國傳》云：「昭帝時，……（充國）擊匈奴，獲西祁王，擢為後將軍。」正作「昭」字。《通志·趙充國傳》、《冊府元龜》卷三百七十五引並同。毛本獨因傳寫涉上而誤，陳校當從《漢書》、尤本等正之。

罔有不庭　注：《尚書》曰：惟周王四征弗庭。

【陳校】

注當引《詩》「榦不庭方」。

【疏證】

奎本以下諸六臣本、尤本悉同。謹案：此亦陳論注之失當。「榦不庭方」，見《毛詩·大雅·韓奕》。序曰：「《韓奕》。尹吉甫美宣王也。能錫命諸侯。」陳校可備參考。

赳赳桓桓，亦紹厥後　注：《尚書》曰：武王曰：勖哉夫子，尚桓桓。

【陳校】

言營平武功，足繼詩人所歌後也。「桓桓」注，當引《詩》「桓桓于征」，尤切。

【疏證】

奎本以下諸六臣合注本、尤本悉同。謹案：亦陳論善注之失當。「桓桓于征」，見《毛詩‧魯頌‧泮水》。

出師頌一首　史孝山

題下注：范曄《後漢書》曰：車駕幸平樂觀餞送。隃西屯漢陽，征西校尉任尚與羌戰，大敗之。遣中郎將迎拜隲為大將軍。

【陳校】

注「屯漢陽」下，當有「使」字。「大敗之。」當作「大敗，徵還。」

【集說】

《讀書記》曰：注「大敗之。」「之」字衍；「敗」下脫「徵還，朝廷以太后故」八字，今依《後漢書》刪補。

余氏《音義》曰：「漢陽」下，何增「使」字。

胡氏《考異》曰：注「大敗之。」「之」字不當有，各本皆衍。又案：此下何、陳校皆依《後漢書》，多有所添，其實善未必備引，今仍其舊。

梁氏《旁證》曰：「征西校尉任尚」。余校：「征」上添「使」字。

姚氏《筆記》曰：「征西」上脫「使」字。「大敗」下滅「之」字，脫「徵還朝廷以太后故」八字。

許氏《筆記》曰：嘉德案：何氏《讀書記》曰：「注大敗之」云云。何、陳校本亦云。胡校不補「徵還朝廷」八字，云「善未必備引」。嘉德謂：依《漢書》補為是。若無此八字，大敗而拜大將軍，何以為說？

【疏證】

《集注》本、奎本以下諸六臣合注本、尤本悉同。謹案：事見《後漢書‧鄧隲傳》，有「使」字、「大敗」下云：「時以轉輸疲弊，百姓苦役。冬，徵騭

班師。朝廷以太后故，遣五官中郎將迎拜騭為大將軍。」毛本誤從尤本等，陳校據《後漢書》，省作「徵還」，是。「朝廷」以下六字，實與下文關聯，何校綴之，非穩。梁氏《旁證》以前半條為余氏校，偶疏余氏《音義》體例，亦誤。

史孝山　注：范曄《後漢書》曰：王莽末，沛國史岑，字孝山。以文章顯……蓋有二史岑：字子孝者，仕莽末；字孝山者，當和熹之際。

【陳校】

　　注「字孝山」，當作「子孝」。

【集說】

　　胡氏《考異》曰：注「沛國史岑字孝山」。陳云：「孝山，當作子孝。」是也，各本皆誤。

　　梁氏《旁證》曰：陳曰：「注中孝山，當作子孝。」按《後漢書·王隆傳》云：「初王莽末，沛國史岑子孝，亦以文章顯，莽以為謁者。著《頌》、《誄》、《復神》、《說疾》，凡四篇。」章懷注云：「岑，一字孝山。著《出師頌》。」然《傳》明有字可考，又明列所著四篇，並無《出師頌》，則明為莽末之史子孝，而非和熹時之史孝山。此章懷注之誤，不如李注得之。翰注亦云：「《文章志》及今書《七志》並云：『史岑，字子孝。』《出師頌》，史籍無傳。」惠氏棟云：「孝山，和帝時人。《出師頌》為鄧氏所作，則非子孝矣。」姚氏《筆記》曰：何校改「字子孝」。

　　徐氏《規李》曰：「孝山」當作「子孝」。蓋仕莽末者，子孝；當和熹之際者，孝山。注已明言之，刊本當校正。

　　許氏《筆記》曰：何改「子孝」。嘉德案：陳校亦改「子孝」，是也。各本皆誤。

【疏證】

　　奎本以下諸六臣合注本、尤本注悉誤。《集注》本作「［字］子孝」。謹案：《集注》本是。此傳寫誤耳。毛本蓋誤從尤本等，陳何校、胡、梁、徐、許說，皆是。清儒之校，要不出明人梅鼎祚。梅氏《東漢文紀》卷十四「史岑注字孝山」云：「范曄《後漢書》：『王莽末，沛國史岑子孝，以文章顯，莽以為謁者。』章懷注云：『一字孝山。著《出師頌》。』李善注《文選·出師頌》云：

「《文章志》及《集林》、《今書七志》皆載岑《出師頌》，而《流別集》及《集林》又載岑《和熹鄧后頌》。計莽末訖和熹，百有餘年。又《東觀漢記》：『東平王蒼［上］《光武中興頌》。以為前世史岑之比。』斯則莽末史岑，不得為和熹《頌》，明矣。蓋有二史岑，字子孝者，仕莽末；字孝山者，當和熹之際也。」鼎按：「此誤乃自章懷注作一人。曄《書》明言莽末為子孝，而善引又誤以曄《書》史岑，字孝山，則益混矣。茲備引之，以彰其功。」梅氏所謂「善引又誤」，當然是後人傳寫之誤，讀李善之考自明，況有《集注》本之證焉。洪氏《讀書叢錄》卷十一「史孝山」條，案云：「今本《後漢書・王隆傳》：『初，王莽末，沛國史岑子孝，亦以文章顯』，並不字『孝山』。注意引范《書》亦當作『字子孝』。今本『字孝山』三字，是後人誤改。」其說揣摩善注引范《書》本意，亦得。

西零不順 注：西零，即先陵也。

【陳校】

注「即先陵」。「陵」，「零」誤。

【疏證】

《集注》本、奎本以下諸六臣合注本、尤本悉作「零」。謹案：《廣韻・一先》「零」：「《漢書》云：先零，西羌也。」古「西」音「先」。明・楊慎《古音駢字・一先》「西零」注：「先零。零音連。匈奴名。古音先與西通」（《集注》引《音決》亦可證。吳語至今保留）。此善所以為注者，實非關「零」字。今誤「零」作「陵」，則當毛本傳寫誤。陳校當從正文、注上文、尤本等正之。

明詩悅禮 注：《左氏傳》：趙襄曰：郤縠說禮樂而敦《詩》《書》。

【陳校】

注「趙襄」。「襄」，「衰」誤。

【疏證】

《集注》本、奎本以下諸六臣合注本、尤本悉作「衰」。謹案：語見《春秋左傳注疏・僖公二十七年》，正趙衰語，《通志・趙衰傳》同。《白孔六帖》卷五十一引、《太平御覽》卷二百七十二引並同。本書陶淵明《辛丑歲七月赴假還江陵夜行塗口》「詩書敦宿好」注引亦同，而蔡伯喈《郭有道碑文》「詩書

是敦」注、任彥昇《齊竟陵文宣王行狀》「敦悅斯在」注引，則並誤作「襄」。毛本因形近而誤，陳校當從《左傳》、本書內證、尤本等正之。

酒德頌一首　　劉伯倫

二豪侍側焉，如螺蠃之與螟蛉　注：隨己而化，類螺蠃之變螟蛉也。《法言》曰：螟蛉之子螺蠃祝之曰：類我，類我。久則肖之矣。……李軌曰：螟蛉，桑蟲也。螺蠃，蜂蟲也。肖，類之。

【陳校】

　　注「螺蠃」。「蠃」，「贏」誤。「肖，類之。」「之」，「也」誤。

【集說】

　　余氏《音義》曰：「類之」。「之」，何改「也」。

【疏證】

　　《集注》本作「蠃」、「也」。奎本以下諸六臣合注本、尤本悉作「蠃」、「也」。謹案：「蠃」、與「贏」通。清·沈廷芳《十三經注疏正字》卷八十一《爾雅·釋蟲》「果蠃蒲盧」注：「蠃，釋文作贏。」是其證。「贏」與「蠃」，一取螺之義旁，一取其聲旁耳。毛本作「贏」，則是俗譌字，此亦毛本從俗好僻之累。「肖類」語，見晉·李軌等注《揚子法言》卷一，字正作「也」。毛本蓋涉注上文「久則肖之矣」而譌。李軌本釋「肖」字爾。陳、何校當從贛、尤二本等正之。

漢高祖功臣頌一首　　陸士衡

外濟六師　注：《漢書》曰：漢王與諸侯擊楚，……何常與關中卒輒補缺。

【陳校】

　　注「何常與」。「與」，「興」誤。

【集說】

　　胡氏《考異》曰：注「何常與關中卒」。何校「與」改「興」，陳同。是

也，各本皆譌。

梁氏《旁證》同胡氏《考異》。

【疏證】

奎本以下諸六臣合注本、尤本同。《集注》本作「興」。謹案：何躬與卒補，於理不合。事見《漢書·蕭何傳》，正作「興」，《史記·蕭相國世家》、《通志·蕭何傳》、《冊府元龜》卷七十七、卷三百二十九同。奎本等蓋涉上文「與諸侯」而誤。陳、何當據上下文義、《史》、《漢》等正之。

邁德振民　注：《尚書》曰：咎繇邁種德。《周易》曰：君子以振民育德。

【陳校】

注當引《漢書·蕭曹傳贊》：「天下既定，因民疾秦法，與之更始，二人同心，遂安海內」語，似尤切當。並下《平陽贊》中「亞跡蕭公」句，其義亦顯矣。

【疏證】

《集注》本、奎本以下諸六臣本、尤本悉同。謹案：此亦陳論善注之失當。足備參考。

長驅河朔　注：《漢書》曰：秦將王離圍鉅鹿，參擊王離軍咸陽南，大破之。

【陳校】

注「咸陽南」。「咸」，「成」誤。

【疏證】

贛本誤同。《集注》本、奎本、尤本、建本作「成」。明州本脫「《漢書》曰秦將」下至「地名也」三十八字。謹案：事見《漢書·曹參傳》，正作「成」，《史記·曹相國世家》、《通志·曹參傳》、《冊府元龜》卷三百八、卷三百四十同。贛本因形近而誤，毛本誤從之。陳校當從《史》、《漢》、尤本等正之。

鴻門是寧　注：《漢書》又曰：項羽至鴻門欲擊沛公，良因要項羽見沛公。

【陳校】

注「項羽見沛公」。「羽」，「伯」誤。

【集說】

余氏《音義》曰：「要項羽」。六臣「羽」作「伯」。

【疏證】

《集注》本、奎本、贛本、尤本、建本悉作「伯」。明州本省作「善同翰注」。謹案：事見《漢書・張良傳》，正作「伯」，《通志・張良傳》、《冊府元龜》卷八百七十引同。《史記・留侯世家》作「良乃固要項伯，項伯見沛公。」本書謝宣遠《張子房詩》「鴻門消薄蝕」注引《漢書》亦作「伯」。毛本獨涉上文而誤，陳校當從《史》、《漢》、尤本等正之。

即謀下邑　注：《漢書》曰：……良曰：……即欲捐之，此三人（英布、彭越、韓信）楚可破也。

【陳校】

注「捐之」下，當重有「捐之」二字。

【集說】

胡氏《考異》曰：注「即欲捐之此三人」。陳曰云云。各本皆脫。

梁氏《旁證》曰：陳曰云云。是也。

【疏證】

贛本、尤本、建本脫同。《集注》本、奎本重「捐之」二字。明州本省作「善同向注」。謹案：事見《漢書・張良傳》重此二字，《通志・張良傳》、《冊府元龜》卷八百四十九、《史記・留侯世家》同。任淵《山谷內集詩注・和邢惇夫秋懷（相如）》「讓頗封韓彭」注引亦重二字。毛本當誤從尤、建二本等，陳校當從《史》《漢》等補之。

銷印甚廢　注：《漢書》曰：項羽急圍漢王滎陽。酈食其曰：誠復立六國後，楚必斂衽而朝。漢王曰善。趣刻印。……良曰：誰為陛下畫此計者，陛下大事去矣。……漢王曰：趣銷印。……班固《漢書述》：張良曰：推齊銷印，驅致越信。

【陳校】

張銑注：「甚，教也」。

【疏證】

奎本以下諸六臣本、尤本悉同。「慾，教也」，五臣正德本、陳本並屬銑注。《集注》本屬所引《鈔》語。非屬張銑，蓋彼節刪銑注耳。謹案：此陳以五臣補善注不及。《玉篇·心部》：「慾，教也。」本書《西京賦》「天啟其心，人慾之謀」薛注：「慾，教也。」善曰：「慾，音忌。」陳校不引本書內證，而直接從五臣，亦可見陳不廢五臣之特色。

五侯允集　　注：《漢書》曰：漢王與齊王信、魏相國彭越期會擊楚，至固陵，不會。漢王謂張良曰：諸侯不從，奈何？良曰：今能取睢陽以北至穀城，以王彭越；從陳以東傅海，與齊王信，則楚易敗也。於是韓信、彭越皆引兵來，黥布隨劉賈皆會。項王敗，自列。……《漢書》曰：漢王用良計，諸侯皆至。《史記》曰：漢部五諸侯兵，東伐楚。

【陳校】

呂延濟注：「項羽死烏江。董翳、楊喜、呂馬童、呂勝、楊武等各得其一體，高祖乃封五人為列侯。是謂五侯。」按：善注引《漢書》「諸侯皆至」事，為最合。杜預《左傳》注：「五等之侯」是也。呂注亦可備一說，若「部五諸侯」東伐，其事在漢、楚爭戰之始，與此無涉。

【疏證】

奎本以下諸六臣本、尤本悉同。《集注》本略同（個別字有異同，如「兵」作「丘」等，不論）謹案：此陳校以善注引《漢書》「為最合」、以引《史記》為非。祝氏《訂譌》亦斷善引《史記》「部五諸侯東伐」非是，云：「觀上文『三王從風』，及下文『霸楚實喪』二語，則五侯允集，似應指會兵垓下以後事」《文選學論文集》第192頁，引《項羽本紀》董氏、二楊、二呂五人為「五侯」。本條可見陳校審慎、偏重經史、不廢五臣諸固有之基本特色。

彌翼鳳戢

【陳校】

「彌」，「弭」誤。

【集說】

孫氏《考異》曰：何云：當是「彌戢鳳翼」。

【疏證】

　　尤本同。五臣正德本、陳本作「弭」。奎本作「弸」，「弸」下，校云：善本作「彌」。《集注》本、明州本以下諸六臣合注本悉同奎本，明州本以下諸六臣合注本奪奎本校語。謹案：尤氏《考異》曰：「五臣彌作弭。」五臣作「弭」，翰注可證。《集韻・紙韻》：「彌，止也。通作弭」，然五臣作「弭」、善作「彌」，蓋用各有異，不得混同。尤本當有所出。何校作「彌」，蓋從尤本，毛本從尤本是也。陳校從五臣，非。何云「詞序當是彌戢鳳翼」，未見文獻佐證。

奇謀六奮　注：朱仲子《法言注》曰：張良為高祖畫策六……或別有所憑也。

【陳校】

　　注「朱仲子」。「朱」，「宋」誤。

【疏證】

　　奎本、明州本、尤本、建本作「宋」。贛本脫此「朱仲子」下至「所憑也」五十三字。《集注》誤作「宗」。謹案：《隋書・經籍志三》：「《揚子法言》十三卷。宋衷撰。」又：「《周易五卷》：……梁有漢荊州五業從事宋忠注《周易十卷》，亡。」朱彝尊《經義考》卷九：「宋氏《周易注》。衷，或作忠。陸德明曰：『衷，字仲子。南陽章陵人。』」毛本傳寫形近而誤，陳校當從尤本、史志等正之。

規主於足，離項于懷　注：《漢書》曰：淮陰侯破齊王，使使來言。《漢書》：陳平曰：項羽骨鯁之臣，亞父、鍾離沬、龍且，周殷之屬，不過數人。

【陳校】

　　注「破齊王」。「王」上有脫字。「鍾離沬」。「沬」，「昧」誤。

【集說】

　　余氏《音義》曰：「離沬」。「沬」，何改「昧」。

　　胡氏《考異》曰：注「鍾離沬」。何校「沬」改「昧」，陳同。案：據《漢書》及《史記》校也，各本皆譌。

　　梁氏《旁證》同胡氏《考異》。

【疏證】

奎本、明州本、尤本、建本「王」上脫字同。《集注》本「王」上有「自立為齊」四字，下脫一「使」字。贛本上作「信欲立為齊」，下重「使」字。謹案：語見《漢書·張良傳》作「欲自立為齊」。毛本當誤從尤、建二本等，陳校疑而不從贛本補者，其所見本有闕葉，抑仍有疑歟？《集注》本、奎本作「眛」，蓋同《史·陳丞相世家》、《漢·陳平傳》。明州本作「洙」。贛本脫此善注。尤本、建本作「沬」。古文獻鍾離之名如春秋時吳人餘眛，有一名二形，又有一字（形）二讀兩種情況。二形，指作「眛」、作「昧」之異；二讀，謂眛有妹、末二音。鍾離名無論作「眛」、作「昧」皆可，若作「沬」、作「洙」，則非。陳何校、前胡、梁氏說，是。參見拙著《何校集證》。

韓王窘執　注：《漢書》曰：……陳平曰：信聞天子以好遊出，其勢必郊迎謁陛下，因禽之。此特萬世之事也。

【陳校】

注「以好遊出」。「遊出」二字，當乙。又「此特萬世」。「萬世」，「力士」之誤。

【集說】

胡氏《考異》曰：注「以好遊出」。陳曰云云。案：據《漢書》及《史記》校也，各本皆倒。又曰：注「此特萬世之事也。」「萬世」當作「一力士」三字，各本皆譌，《漢書》、《史記》可證。

梁氏《旁證》曰：陳校「遊出」二字互乙。各本皆倒。「萬世」，胡公《考異》曰云云。

姚氏《筆記》曰：「萬世」，何改「力士」。

【疏證】

奎本、尤本、建本皆同。明州本省作「善同濟注」，贛本並略省稱。《集注》本作「出遊」、「一力士」謹案：事見《史·陳丞相世家》、《漢·陳平傳》正作：「出遊」、「一力士」。《記纂淵海》卷五十二作「一力士」。《集注》本同《漢書》。最是。毛本獨倒、誤，陳、何校當據《史》、《漢》、尤本等，然「力士」上尚奪「一」字。李詳《媿生叢錄》卷六云：「胡氏《考異》云：『萬世，當作一力士三字。』」詳案：《癸巳存稿·孫學道小傳》，載其友人亦嘗以此注質

之。學道曰：『萬世乃万士之偽，万士，乃一力士之偽。』此較《考異》明甚。時《考異》未出也。」謹又案：《玉篇·方部》：「万，萬俗字。十千也。」北魏·魏靈藏《造釋迦石像記》：「万方朝貫。」又，北魏·佚名《懷令李超墓志銘》：「万殊一會。」是万與萬同證。李引孫學道說甚得，蓋能明傳寫譌變至「萬世」之跡耳。

登山滅趙　注：《漢書》曰：信請……選輕騎一千人，人持一赤幟，從間道登山。

【陳校】

　　注「輕騎一千」。「一」，「二」誤。

【疏證】

　　奎本、贛本、尤本、建本作「二」。明州本省作「善同向注」，向注作「二」。《集注》作「二」。謹案：事見《漢書·韓信傳》正作「二」，《史記·淮陰侯列傳》同。《長短經·時宜》、《太平御覽》卷二百八十三、卷三百引、《北堂書鈔》卷一百四十四「傳餐而食」注引並同。毛本獨傳寫而誤，陳校當從《史》、《漢》、尤本等正之。

二州肅清，四邦咸舉　注：據《禹貢》九州之屬，魏、趙屬冀州，齊、代屬青州。四邦，魏代趙齊也。

【陳校】

　　注「齊、代屬青州。」按：「代」，非青境。亦當云「屬冀」，乃合。又「《張耳贊》」曰：「報辱北冀」，即指平趙、代事，尤易曉也。

【集說】

　　胡氏《考異》曰：注「魏、趙屬冀州，齊、代屬青州。」陳曰云云。案：陳所說是也。「代」字當在「魏」字下，各本皆誤。下文「四邦，魏代趙齊也」，可證「代」在「齊」字下者，後來所改也。

　　梁氏《旁證》曰：陳曰云云。胡公《考異》曰：「代字，當在魏字下。各本皆譌。下文『四邦，魏代趙齊也』可證。」

【疏證】

　　《集注》本、奎本、贛本、尤本、建本同。明州本省作「善同良注」，良

注曰：「魏趙代皆冀州分，齊，青州分，故曰二州。」《集注》本良注同。謹案：毛本當誤從尤、建二本等，陳校爛熟經典，或復有明州本良注得啟發，援以本篇內證為佐，發覆今本注文之譌，而後，得同里後賢之助，終成定讞。本條再顯陳氏精通史學、擅長本證之校勘特色。而此二特色，日後得顧千里繼承而發揚光大者也。

悟主革面 注：《周易》曰：小人革命，以從君子。

【陳校】

注「革命，以從君子」。「命」，「面」誤、「子」，「也」誤。

【疏證】

奎本、明州本作「面」、誤「子」。《集注》本、贛本、尤本、建本作「面」、「也」。謹案：語見今本《周易注疏・革》，作「小人革面，順以從君也」，《太平御覽》卷八百九十二、《記纂淵海》卷六十並同。「面」字，但觀正文，已可決是非。「子」字之不當，據上下文義，亦可斷其非是。毛本「命」字獨傳寫誤，「子」之誤，則當誤從六家本耳。陳校當從《周易》、本條文義、尤本等正之。

至于垓下 注：《漢書》曰：漢王發使，使韓信、彭越至，皆列兵來。

【陳校】

注「皆列兵來。」「列」，「引」誤。

【疏證】

明州本、贛本、建本誤同。《集注》本、奎本、尤本作「引」。謹案：事見《漢書・高帝紀下》正作「引」，《通志・高祖紀》、《冊府元龜》卷一百引同。毛本當誤從建本等，陳校當從《漢書》、尤本等正之。

我圖爾才 注：毛萇詩曰：我圖爾居。

【陳校】

注「毛萇詩」。「萇」字，衍。

【集說】

胡氏《考異》曰：注「毛萇詩曰：我圖爾居。」何校去「萇」字，陳同。是也，各本皆衍。

【疏證】

　　奎本以下諸六臣合注本、尤本皆衍。《集注》本正無「虞」字。謹案：《毛詩》，見《大雅・崧高》，《白孔六帖》卷五十、《冊府元龜》卷三百七十五並為《詩》正文。毛本當誤從尤本等，陳、何校當據《毛詩》正之。

人之貪禍，寧為亂亡　注：《毛詩》曰：民之貪亂，寧為荼毒。鄭玄曰：天下之民苦王之政，欲其亂亡也。

【陳校】

　　按：此當引《國語》周太子晉諫靈王：「自我先王，歷宣、幽、平，而貪天禍」語。次句言信、綰自取夷滅，與鄭《箋》義殊。

【疏證】

　　《集注》本、奎本以下諸六臣合注本、尤本悉同。謹案：此亦論善注之失當。《毛詩》之「貪亂」與文之「貪禍」，且無論具體所指有異，即字面亦畢竟不同，故還以陳校為長。

悠悠我思　注：《毛詩》曰：青青子佩，悠悠我思。

【陳校】

　　按：此當引《渭陽》之詩。《小序》曰：「念母之不見也」。李注非。

【疏證】

　　《集注》本、奎本以下諸六臣合注本、尤本悉同。謹案：善引《毛詩》，見《鄭風・子衿》。小序云：「《子衿》，刺學校廢也。」與本篇「安國違親，悠悠我思。依依哲母，既明且慈」，文義不合。《渭陽》，則見《秦風》。其《小序》「康公念母也」云，足證當從陳說。

奄有燕韓　注：《漢書》曰：陳豨反。勃復擊豨靈丘，破之。斬豨，定代郡九縣。燕王盧綰反。勃破綰軍上蘭，定上谷、右北平、遼西、遼東。

【陳校】

　　「奄有燕韓」。李此句，兼勃平燕王盧綰及擊破韓王信下晉陽兩事言之。

【疏證】

　　《集注》本、奎本、贛本、尤本、建本同。明州本省作「善同良注」。謹

案：此陳糾善注不及勃「擊破韓王信」之偏枯。其實宗五臣良注。良云：「靈丘、上蘭，地名也。代、燕、韓，皆國名。豨，謂陳豨也。勃禽敗陳豨於靈丘，破燕王盧綰軍於上蘭，轉擊韓王信，攻得靈中、定雁門。此皆代地，故曰平代也。鶩靈丘，禽豨是也；景逸上蘭，與有燕同也；平代，則與有韓不異也。蓋述三事而分為六，是作者之詞重矣。」奎本、《集注》本並有此節，而明州本良注，首刪此「述三事而分為六」之文字，而妄言「善同良注」，魯莽滅裂之極。而贛、建二本，雖有良注其他內容，卻遞相踵其誤而脫上述文字。今備引之，以見陳此補之淵源所自。

滌穢紫宮，徵帝太原　注：《漢書》曰：勃已滅諸呂，遂共迎立代王，是為孝文皇帝。勃曰：臣無功，請得除宮。乃與太僕滕公入宮，載少帝出。

【陳校】

注「勃曰：臣無功。」按：《周勃傳》「臣無功」二句，乃東牟侯興居語，勃無此言。自「與太僕滕公」以下云云，皆敘興居事，與勃無涉。注誤引也。「滌穢」句，謂勃能誅諸呂以清宮禁之亂。乃文帝未至以前事，故下繼云「徵帝太原」耳。注中「勃曰」以下，皆當刪。

【集說】

《讀書記》：按《周勃傳》「臣無功，請得除宮」二句，乃東平侯興居語，勃無此言。……注中「勃曰」以下數語，皆可刪。葉刻「按周勃傳」改作「周勃曰」，餘同。

孫氏《補正》曰：注「勃曰：臣無功，請得除宮。」金氏甡云：「按《史記》，『東平侯興居』云云，非勃語。勃遣朱虛侯入宮擊殺呂產，即所謂滌穢也。」

胡氏《考異》曰：注「勃曰臣無功。」陳曰云云。案：「勃曰」。「勃」字，疑「又」字之誤耳。

梁氏《旁證》曰：何曰：「按《周勃傳》臣無功二句，乃東平侯興居語，勃無此言……注誤引。」胡公《考異》曰云云。金氏甡曰云云。

朱氏《集釋》曰：案：《勃傳》「無功」云云，乃朱虛侯弟東牟侯興居語也。金氏甡云：「勃遣朱虛侯入宮擊殺呂產，即所謂滌穢。」余謂：此時勃為太尉主兵。朱虛侯請卒，勃與卒千餘人，入未央宮門乃得殺產。即東牟除宮，

非勃兵在外亦安能行是？清除宮禁，正可屬勃，不必專指一事，而注以東牟語為勃語，則直誤引耳。胡氏《考異》謂「勃曰」當是「又曰」之誤，然「臣」字何著？承上而言，豈不仍作勃語耶？

　　徐氏《規李》曰：注「《漢書》勃曰」云云。案：《漢書》：「東牟侯興居曰：『誅諸呂，臣無功，請得除宮。』」非周勃語也。

　　許氏《筆記》曰：注：「勃曰：『臣無功，請得除宮。』」二句誤也。當作「東牟侯興居曰：『誅諸呂，臣無功，請得除宮。』」改正。嘉德案：此從《漢書》校正也。何氏亦云，陳校亦云，是也。

【疏證】

　　《集注》本、奎本以下諸六臣合注本、尤本引善注同。謹案：毛本蓋誤從尤、建二本等。據《史記·呂后本紀》太尉等諸大臣「相與共陰使人召代王。代王使人辭謝再反，然後乘六乘傳，後九月晦日己酉，至長安舍代邸。大臣皆往謁，奉天子璽上代王，共尊立為天子。」乃有東牟侯興居請清宮語。《漢書·文帝紀》略同。徵諸史傳本事，可見二句乃因協韻而倒置。陳以「清宮禁之亂」在「徵帝太原」以前，誤耳。又，本篇自「絳侯質木」至「身終下藩」包括「滌穢」二句在內凡十八句，皆敘太尉功，故金、朱二家以清宮事功歸周勃，非為無據。然二句本事，固各有施主，上句本事本屬東牟侯，若如陳、何（揣朱氏之意亦同陳、何）逕刪「注勃曰以下數語」，則是上句善無注矣。竊以諸家說還當依許說為穩。至於前胡僅改「勃曰」為「又曰」，朱氏駁之甚審，可無論矣。

攄武庸城　注：《漢書》又曰：上乃壁庸城。鄧展曰：城名也。

【陳校】

　　「攄武庸城」。「庸」，「墉」誤。

【集說】

　　梁氏《旁證》曰：五臣「庸」作「墉」。濟注可證。

【疏證】

　　《集注》本、尤本並注同。奎本「墉」，校云：善本作「庸」。注作「庸」。明州本作「墉」，注省作「善同濟注」。贛本並注作「墉」。建本作「墉」，注作「庸」。明州本以下六臣合注本悉無校語。五臣正德本、陳本作「墉」。謹案：

注見《漢書·黥布傳》正作「庸」，《史記·黥布列傳》同。「墉」，與「庸」雖通，然奎本校甚明，可據。既善與五臣有別，理當辨之。五臣作「墉」，取義「城垣牆也」，濟注可證。善注既取《漢書》鄧展注，則字從《漢書》無疑。尤本乃從別本及《漢書》，毛本當從尤本等，陳校之誤，必矣。

馬煩彎殆　注：《漢書》曰：漢王急馬罷，蹶兩兒棄之。

【陳校】

注「蹶兩兒」。「蹶」，「撥」誤。

【集說】

余氏《音義》曰：「罷蹶」。「蹶」，何改「撥」。

胡氏《考異》曰：注「取兩兒棄之。」茶陵本「取」作「蹴」，是。袁本作「蹶」，亦非。梁氏《旁證》曰：六臣本「蹶」作「蹴」是也。尤本作「取」，亦非。

【疏證】

奎本作「發蹶」、明州本省作「善同向注」，向作「疲蹶」。《集注》本、贛本、建本作「罷蹴」。尤本作「虜在後蹴兩兒棄之」胡本作「罷取」字。謹案：事見《漢書·夏侯嬰傳》，本作：「漢王急馬罷虜在後，常蹴兩兒棄之。」正作「蹴」。又，據《漢書》，善注「罷」下脫「虜在後」三字，此亦「急」之賓語。師古曰：「罷，讀曰疲。」撥、跋、蹴三字音同（北末切），義可通，《集注》本、贛本、尤本、建本皆是。陳、何改作「撥」，當亦有所據。「撥」，與「蹴」，音同，僅從手從足之異，義亦通爾。參拙著《何校集證》。

大略淵回　注：《漢書》曰：司馬遷述曰：大略孔明。

【陳校】

注「《漢書》曰：司馬遷」上「曰」字，衍。

【疏證】

贛本、建本衍同。《集注》本、奎本、明州本、尤本無上「曰」字。謹案：按善注引書，凡書名下緊承「某人曰」者，例省書名下「曰」字例，此處必為衍字。已屢見上文。毛本當誤從建本等，陳校當從善注例、尤本等正之。

皇媼來歸　注：《漢書》曰：漢遣陸賈說羽，請太公，羽弗聽。漢復使侯公說羽，羽歸太公媼。《漢書·項羽傳》曰：歸漢王父母妻子。《漢書音義》曰：媼，母別名也。

【陳校】

注「羽歸太公媼。」按：《高紀》但云「歸太公、呂后」，無「歸媼」之文。善注未詳何據。惟《項羽傳》中有「歸漢王父母」語，「皇媼」句殆本之此耶？然高祖母實已先亡，無留楚及來歸事。《高紀》十年，「太上皇后崩」一條下，如淳、晉灼二說，辨之最核。《羽傳》中偶衍一「母」字耳。

【集說】

何氏《讀書記》曰：未詳何據。惟《頂羽傳》中有「歸漢王父母」語，「皇媼」句，殆本之此耶？然高祖母實已先亡，無留楚及來歸事。《高紀》：「十年，太上皇后崩」一條下，如、晉二說，辨之甚核。《羽傳》本不可據也。晉氏既定《高紀》中載「太上皇后崩」一事於文為長，則《羽傳》中「母」字，其誤無疑矣。

葉刻：按《高紀》但云「歸太公、呂后」，無「歸媼」之文，惟《項羽傳》中有「歸漢王父母」語。「皇媼」句，殆本此耶？以下同《讀書記》

孫氏《補正》曰：顧炎武《日知錄》云：「《漢儀注》：『高祖母，兵起時死小黃，後於作陵廟。』《本紀》：『五年，即皇帝位於氾水之陽，追尊先媼為昭靈夫人。』則其先亡可知。而十年有『太上皇后崩』，乃『太上皇崩』之誤。文重書而未刪也。侯公說羽，羽乃與漢約中分天下。九月歸太公、呂氏，並無皇媼。」

張氏《膠言》曰：何氏《讀書記》曰云云。雲璈按：「歸媼」之說，豈獨《漢書·羽傳》？《史記·項羽紀》已云：「即歸漢王父母妻子。」《高祖紀》中亦云「即取漢王父母妻子於沛。」馬、班以漢人紀漢事，且不知帝母之姓，而但云「劉媼」，似帝母之卒已久。誠有如《漢儀注》所云者。不特此也，即孝惠亦未為楚虜。歸子之說不確，則歸媼之說亦未的。自注：《日知錄》云：「今人稱妻為妻子，此不典之言，然亦有所自。《韓非子》：『鄭縣人卜子，使其妻為袴。其妻問曰：今袴何如？夫曰：象吾故袴。妻子因毀新袴令如故袴。』杜子美詩：『結髮為妻子，席不暖君牀。』據此，所言『妻子』或亦當時之稱，單指呂后。」故《月表》及《王陵傳》仍止稱太公、呂后。然竊謂此中煞有可疑者：李奇以太上皇后為高祖後母，其說

似屬臆造，師古已不信之。考《漢書·楚元王傳》云：「交，高祖同父少弟也」師古注：「言同父，明其異母。」自注：《史記》作「同母」。既言異母，是太公實有繼娶之事矣。師古既知辨太上皇后之非，而於此復不詳注，未免骨突。如或太公之妾所生，則於高祖當云「庶弟」，不當云「同父弟」也。《羽》及《高紀》中，一則曰「父母」，再則曰「父母」，使其果無，又何為屢連言之？而士衡此《頌》，又何所據而公然引其事，豈盡屬誤文耶？恐歸者此母，崩者亦此母也。李奇後母之說，未為無因。李氏注或亦據此。

　　梁氏《旁證》曰：顧氏炎武曰：「皇媼句失考。《漢儀注》：『高祖母，兵起時死小黃』」云云。林先生曰：「此論實本晉灼、如淳。獨李奇以為高祖後母。蓋當時眾說不一耳。謹案：《史記·項紀》云：『歸漢王父母妻子。』《高紀》云：『取漢王父母妻子於沛。』又云：『項王歸漢王父母妻子。』考是時不特母媼已死，即孝惠亦未嘗為楚虜也。《史記》信筆書之，遂誤後人。然《月表》及《王陵傳》但云：『太公呂后』，又何嘗不分明乎？」梁氏玉繩謂：「馬、班以漢人紀漢（書）[事]，豈有不知高祖姓名之理？乃太公不書名，母媼不書姓，豈諱而不書，如諸帝之不書名耶？然諱名不諱姓，母媼無姓又何說？皇甫謐謂：『太上皇名執嘉，媼，王氏，名含始；王符謂名燸；並見史注。』……諸說不同，真疑莫能明也。」張雲璈謂：「《漢書·楚元王傳》云云……李奇後母之說，不為無因。」

　　朱氏《集釋》曰：注引《漢書》曰：「歸太公媼。」案：《說文》：「媼，母老稱。」《廣雅·釋親》：「媼，母也。」注中「媼」字，非《漢書》所有。李氏引古往往遷就正文，不盡同原書。歸媼事《史》《漢》本有參錯，遂啟後人之疑。《漢書·高帝紀》「十年夏五月，太上皇后崩」顏注引如淳曰：「《王陵傳》：楚取太上皇、呂后為質。」又：「項羽歸太公、呂后，不見歸媼也。」又：「上五年，追尊母媼為昭靈夫人，高后時，乃追尊為昭靈后。」《漢儀注》：「高帝母，兵起時死小黃北，後於小黃作陵廟。」以此二者推之，不得有「太上皇后崩也。」李奇曰：「高祖後母也。」晉灼曰：「五年，追尊先媼為昭靈夫人。」言「追尊」，則明其已亡。《史記》：「十年，春夏無事，七月，太上皇崩，葬櫟陽宮。」無此「長夏五月，太上皇后崩」九字也。又：《漢儀注》「先媼已葬陳留小黃。」師古曰：「如、晉二說皆得之。諸家之說更有異端，不足采也。」余謂：高帝六年，尊太上曰「太上皇」。如果有母尊為「太上皇后」，亦當於此時，何得不書而至崩時始書之？且高帝生母祇追尊「昭靈夫人」，而後母轉稱

「太上皇后」，殊非情理，況《史記》並無此文，尤屬確證，是特因下文「太上皇崩」而誤衍無疑。觀《紀》中於元年云：「自南陽迎太公、呂后於沛，羽距之，不得」，前二年云「審食其從太公、呂后間行，反，遇楚軍，羽常置軍中以為質」，四年云：「九月，歸太公、呂后，軍皆稱萬歲」。其原委如此。《史記‧高祖紀》於元年云：「迎太公、呂后於沛」，至二年、四年，乃有「漢王父母妻子」之語，《項羽本紀》前亦云「求太公、呂后不相遇。審食其從太公呂后間行求漢王，反，遇楚軍」，後乃云：「歸漢王父母妻子。」《漢書‧項羽傳》同。或謂：「孝惠未為楚虜。歸子不的，則歸媼亦非。當是因妻而及子，因父而及母，蓋渾言之，而非事實。此《頌》『皇媼來歸』，殆因《羽傳》而誤，故孫氏《補正》據《日知錄》而駁之。」然史家於《本紀》倍宜詳慎，不應馬、班俱鹵莽如是。近趙氏《廿二史劄記》云：「高祖母雖前死，而楚元王交為高祖異母弟，則高祖尚有庶母也。自注引《漢書‧楚元王傳》，以為高祖同父少弟。師古曰：『言同父，則異母可知。』並引《吳王別傳》晁錯曰：『高帝大封同姓庶弟，元王王楚』，為異母弟之證。」又云：「孝惠帝尚有庶兄肥，後封齊為悼惠王。當高祖道遇孝惠時，偕行者但有魯元公主，則悼惠未偕行。既未偕行，又別無投歸高祖之事，則必與太公、呂后同為羽所得，故高祖有子在項軍也。然則，《史記》所謂『父母妻子』，無一字虛設，而《漢書》改云『太公、呂后』，轉覺疏漏。」此說似較勝李奇之言「後母」。若係後母，正當如此。注云「歸太公媼」，不得獨及呂后也，但兄弟可有同母異母之分，不曰「異母弟」而曰「同父弟」，殊不辭。《史記‧元王傳》明作「同母」，《漢書》「父」字當為「母」字之譌，而師古不能訂。趙氏既以《史記》駁《漢書》，而於元王交，又依《漢書》而不從《史記》，未免矛盾。即引《吳王濞傳》，恐亦未的。考《儀禮‧喪服傳》：「庶子不得為長子，三年（不繼祖也）」，鄭注：「庶子者為父後者之弟也。」賈疏：「嫡妻所生第二者是眾子」，今同名「庶子」，則「庶子」不專為妾媵所生。惟晁錯稱悼惠為「孽子」，乃真是妾子。錯語「庶」與「孽」已異。其妾子亦稱庶子者，對文則別，散文則通也。竊意太公何妨別有婦，不必定指為生元王者。以其妾媵，非呂后嫡配可比，悼惠又孽子，悼惠之母為高祖微時外婦。觀楚之挾制惟以太公、呂后為言而不及他，明其無足重輕也。《本紀》自無庸瑣敘，故前祗言「太公、呂后」，後乃以「父母妻子」一語括之，正史筆之斟酌。《漢書》見《羽傳》中。何得議其「疏漏」耶？至元王交常從高祖，見本傳，而孝惠不從，則悼惠亦不從。趙氏斷為悼惠在楚

軍，於情理固可通。如此，則《史》、《漢》前後文可以不背，而士衡此《頌》亦不得遽以為誤矣。

胡氏《箋證》曰：顧氏炎武曰：「皇媼句失考。《漢儀注》：高祖母，兵起時死小黃」云云。林氏茂春曰：「此論實本晉灼、如淳。獨李奇以為高祖後母。」張氏雲璈曰：「《漢書‧楚元王傳》云云……李奇後母之說，不為無因。」

許氏《筆記》曰：「皇媼來歸」注引與《漢書‧高帝紀》不同。嘉德案：「羽歸太公媼。」考《漢書‧高帝紀》：二年，審食其從太公、呂后間行反，遇楚軍。羽常置軍中以為質。四年，漢遣陸賈說羽，請太公，羽弗聽。漢復使侯公說羽，羽乃與漢約分天下，割鴻溝以西為漢，以東為楚。九月，歸太公呂后不言歸媼也。又五年，漢王即皇帝位于氾水之陽，追尊先媼為昭靈夫人。是媼早先亡也。又十年夏，太上皇后崩。如淳曰：「《王陵傳》：『楚取太上皇呂后為質』……以此二者推之，不得有太上皇后崩也。」李奇曰：「高祖後母也」。晉灼曰：「五年，追尊先媼為昭靈夫人，言追尊，則明其已亡。……」師古曰：「如、晉二說皆得之。無此太上皇后也。」諸家之說更有異端，適為煩穢，不足采也。何氏《讀書記》曰云云。顧亭林《日知錄》云：「十年太上皇后崩，乃太上皇崩之誤。文重書而未刪也。侯公說羽，九月，歸太公呂后，並無皇媼也。」張仲雅曰：「歸父母之說，豈獨《漢書‧羽傳》」云云。嘉德謂：張氏後母之說，但取以強證「太上皇后崩」之一語耳。而《漢書‧高紀》兩言太公呂后而不及其母，則其後母又自何處歸來耶？恐亦未的。況《楚元王傳》劉交，《史記》作「高祖同母少弟。」是「同父」、「同母」，《史》《漢》已有不同，未可即據以為有後母之證。陸《頌》「侯公伏軾，皇媼來歸」，即指侯公說羽事，而《漢書‧高紀》不言媼，而李注引《漢書》言「羽歸太公媼」而不言呂后，不審所言何本《漢書》？又引《項羽傳》「父母妻子」為證，而何氏以《羽傳》中「母」字為誤。莫徵一是，惟有並錄諸家考證，以資參訂而已。

【疏證】

《集注》本、奎本以下諸六臣合注本、尤本同。謹案：陳、何校是。顧氏《日知錄》，見卷二十一「陸機文誤」條。其論辯而嚴。林暢園說，大抵出張氏。張氏以《史記‧羽紀》、《高祖紀》證《漢書‧羽傳》之不孤，豈不知漢武前遷《記》，實為班《書》之藍本歟？嘉德駁張引李奇「後母」之說，甚力。其引晉灼說，文多衍奪，今據《漢書》更正，庶几得其實。朱說「有後母之證」雖援引亦富，然假設甚多，難從。參拙著《何校集證》。後胡《箋證》「顧

氏炎武」上應補「《旁證》曰」三字，蓋所引悉出梁氏，無一語出己手，理同上《報任少卿書》「更張空拳」條。甚不可取。

震風過物，清濁效響　注：《文子》曰：聽從者眾，若風之過簫，忽然之。

【陳校】

　　注「（蕭）〔簫〕忽然」之「然」，「感」誤。

【集說】

　　余氏《音義》曰：「忽然之。」「之」上，何增「感」。

【疏證】

　　《集注》本、奎本、明州本、尤本「然」下有「感」字。贛本、建本作「忽感之」。謹案：今本《文子·自然》，作「忽然而感之。」段成式《酉陽雜俎》續集卷四「貶誤」引《淮南子》作「忽然感之。」毛本「然」下脫「感」字，何校據尤本等，是。陳校當從贛本等，仍脫一字。周鈔「簫」，誤「蕭」。已正之。

東方朔畫贊一首　　夏侯孝若

【陳校】

　　（題）「畫」下，脫「像」字。

【集說】

　　孫氏《考異》曰：「贊」字上，圓沙本增「像」字。

【疏證】

　　《集注》本、諸《文選》本咸同。謹案：顧炎武《金石文字記·唐》：「《東方朔畫像贊》並碑陰。夏侯湛撰贊，顏真卿正書。天寶十三載十二月。今在陵縣署後堂。」《宣和書譜·正書》載「《東方朔畫像贊》。」岳珂撰《寶真齋法書贊》卷七「唐人摹王右軍書晉夏侯湛所作東方朔畫像贊」等並有「像」字，此或陳校所據。然歐陽修《集古錄》卷七、趙明誠《金石錄》卷七並無「像」字。晉人書似本無「像」字。清·王澍撰《竹雲題跋·顏魯公東方朔畫像贊》云：「按右軍為王脩書《東方朔畫贊》。脩死，其母以其生平所愛，納之棺中，

則知右軍書不傳久矣。」並是其證。王《跋》又云：「今觀魯公《後記》云：『取其字大可久，不復課其工拙。』厚自謙抑，明是自書。又其文字與右軍所書多不同，決知其非臨右軍書矣。安世鳳《墨林快事》謂：『此碑久毀，東明穆先生古搨重刻之，故其『斯』、『立』等字多譌。』據此，則此碑今為重刻。然較《文選》所載原文，惟『棄俗』作『棄世』、『神交』作『神友』耳。此外絕無譌字。不省安氏所云『多譌』者，是何刻也？或其所見是南渡後榷塲所市覆本，亦未可知」云云。然則，顧氏所見碑業經重刻，愈不能據以輕補者也。

潔其道而穢其跡　注：班固《漢書贊》曰：朔穢德以隱。

【陳校】

注「穢德以隱」。「以」，「似」誤。

【疏證】

奎本以下諸六臣合注本、尤本作「似」，《集注》本及所引《鈔》同。謹案：語見《漢書・東方朔傳》，正作「似」字。上文「故正諫以明節」注引同篇曰「朔正諫似直」，亦作「似」，足為內證。《風俗通義・東方朔》援揚雄云：「朔恢誕多端，不名一行。應諧似優，不窮似智，正諫似直，穢德似隱。非夷齊、是柳惠，其滑稽之雄乎？」以「似」為排比句中心詞，益見當作「似」無疑。毛本獨因形近而誤，陳校當從《漢書》、尤本等正之。

其文弛張而不為邪　注：班固《漢・東方朔述》曰：弛張沈浮，非為邪也。

【陳校】

注「班固漢」下，脫「書」字。

【疏證】

《集注》本、奎本以下諸六臣本、尤本悉有「書」字。謹案：語見《漢書・東方朔傳》，固當有「書」字。但觀上條，亦足證陳校之是，此毛本傳寫偶脫。陳校當據《漢書》、尤本等正之。本篇下文「何視汙若浮」注引則作「班固《東方朔述》曰」云云，並「漢」字亦無，益誤矣。

陰陽圖緯之學　注：謝承《後漢書》：尤明圖緯。

【陳校】

　　「尤明圖緯。」「尤明」上，脫「姚俊」二字。見《閒居賦》注。

【疏證】

　　奎本以下諸六臣合注本、尤本悉脫。《集注》本作「桃俊」。謹案：本書潘安仁《閒居賦》「闚天文之祕」注引謝《書》曰：「姚俊尤明圖緯祕奧。」考《真誥·稽神樞》：「十二月一日夜，定錄君所道云：『北河司命頃闕無人。昔以桃俊兼之耳。俊似錢唐人。少為郡幹佐。嘗負笈到太學受並出。此即同是丑年所受業。明經術、災異。晚為交阯太守。』」《太平御覽》卷六百七十九引《天戒經》作「姚俊」。然則，「桃俊」，「姚俊」，實為一人。毛本當誤從尤、建二本等，陳校當從本書內證正之。本條於《文選》校勘之價值：一在再證《集注》本之可寶；二在可窺陳校本證之精審。不當因何校、前胡《考異》之盛名及因前胡《考異》之漏錄漏校，而湮沒不彰也。

射御書計之術　注：《周禮》曰：六藝：禮樂射御書數者也。

【陳校】

　　注「書數者也」。「者」字，衍。

【疏證】

　　《集注》本、奎本以下諸六臣合注本、尤本悉無「者」字。謹案：語見《周禮注疏·大司徒》，無「者」字，《太平御覽》卷七百四十四引、《漢書·司馬相如傳》「游于六藝之囿」注引郭璞注並同。本書班孟堅《西都賦》「講論乎六藝」注、張平子《思玄賦》「御六藝之珍」注、陸士衡《文賦》「漱六藝之芳潤」注引並無「也」字。毛本獨衍，陳校當從本書內證、《周禮》、尤本等刪之。

高氣蓋世　注：《漢書》：項羽歌曰：力拔山兮氣盍世。

【陳校】

　　注「盍世」。「盍」，「蓋」誤。

【疏證】

　　《集注》本、奎本以下諸六臣合注本、尤本悉作「蓋」。謹案：《漢書·項

籍列傳》作「蓋」，《史記‧項羽本紀》同。《太平御覽》卷八十七引《史記》同。本書陸士衡《豪士賦序》「夫蓋世之業名莫大焉」注、陸士衡《弔魏武帝文》「威先天而蓋世」注引並作「蓋」。毛本傳寫而誤，陳校當然無須從本書內證、《史》《漢》、尤本等，信手可正焉。

棄俗登仙，神交造化　　注：《淮南子》曰：大丈夫恬然無為，與化逍遙。高誘曰：造化，天地也。

【陳校】

　　考顏魯公書此《贊》，「俗」，作「世」、「交」，作「友」。又注：「與化逍遙」。「與」下脫「造」字。

【集說】

　　余氏《音義》曰：何曰：「棄俗登仙，神交造化」，顏魯公書作：「棄世登仙，神友造化。」

　　孫氏《考異》曰：何云：顏魯公書此文「俗」作「世」、「交」作「友」。

　　張氏《膠言》曰：郎氏《七修類稿》云：「顏魯公書《畫贊》其文與《文選》所載有二字不同。《選》本『棄俗登仙』，碑曰『棄世』、《選》本曰『神交造化』，碑曰『神友』。予意：木版易於翻刻，因而多譌，石則堅久，考訂必正。就使重刻，亦不差也。當以碑為是。」雲璈按：碑書「罔憂」作「處儉」，亦與《文選》不同，然是五臣本耳，非碑異也。

　　梁氏《旁證》曰：顏魯公書石作「棄世登仙，神友造化。」六臣本「交」作「變」。

【疏證】

　　監本、尤本同。贛本、建本同，「交」字下校云：五臣作「變」。五臣正德本、陳本作：「俗」、「變」，奎本、明州本同，「變」下有校云：善本作「交」。《集注》本作「俗」，案曰：陸善經本「俗」為「世」、「交」字作「友」。引陸善經亦作「友」。岳珂撰《寶真齋法書贊》卷七《唐人摹王右軍書晉夏侯湛所作東方朔畫像贊》：亦作「世」、作「友」。注《淮南子》「造」字，奎本以下諸六臣合注本脫同。奎本、尤本有「造」字。謹案：「世」作「俗」者，五臣及唐人避諱耳。「交」，五臣作「變」，與上文「蟬蛻龍變」複，恐非。作「友」，為得。《集注》本、陳、何引顏書是也。「友」字俗寫，右旁率多一點，形迹近

「交」。不識者，遂譌作「交」耳。參本篇首條及拙著《何校集證》。尤氏《考異》曰：「五臣交作變。」毛本作「交」，蓋誤從尤本等。注引《淮南子》「大丈夫」云云，不見今本《淮南子》，而屢見於本書注：班孟堅《東都賦》「因造化之濤濼」注、左太沖《魏都賦》「造化權輿」注、潘安仁《西征賦》「侔造化以制作」注等，凡十一處並有「造」字。又，但據善引高誘注，亦可決「造」字當有。毛本誤從建本等，陳校當從本書內證正之。

大人來守此國 注：此國，謂樂陵也。其父為樂陵郡守。史傳不載，難得而知也。

【陳校】

注「謂樂陵也。」按：潘岳《夏侯誄》云：「父守淮岱，治亦有聲。」淮，謂淮南，岱，即樂陵也。

【集說】

余氏《音義》曰：「大人來守此國。」何引少章云：「潘岳《夏侯誄》」云云。

孫氏《補正》曰：陳氏景雲云：「潘岳《夏侯誄》云『父守淮岱』」云云。

梁氏《旁證》曰：本書《夏侯常侍誄》云：「父守淮岱，治亦有聲」注引王隱《晉書》云：「夏侯威字季權，歷荊、兗二州刺史」、「威次子莊，淮南太守。」莊，蓋即孝若父。淮，謂淮南，岱，即樂陵。是夏侯莊更為樂陵守，王隱《書》失載耳。

姚氏《筆記》曰：注「其父為樂陵郡守。」陳少章云「按潘岳《夏侯誄》云云。淮，謂淮南，岱，即樂陵也。」

胡氏《箋證》曰：《旁證》曰云云。

黃氏《平點》曰：「大人來守此國」句。《顏真卿集》十二《碑陰記》：「夏侯孝若父莊為樂陵太守。」自注：余蕭客說。

許氏《筆記》曰：注「謂樂陵也。其父為樂陵郡守。史傳不載」云云。案：《晉書·夏侯湛傳》曰：「父莊，淮南太守。」嘉德案：孫曰：「陳氏景雲云：『潘岳《夏侯誄》云：父守淮岱』」云云。

【疏證】

《集注》本、奎本以下諸六臣合注本、尤本悉同。謹案：此陳引潘《誄》以補證善注，應善注「難得而知」說。「夏侯威」二句，見潘《誄》「牧兗及

荊」句下，王隱《晉書》注。

徘徊寺寢，遺像在圖

【陳校】

按：前云「徘徊路寢」，蓋郡署之路寢也。此云「寺寢」，漢以來官舍皆名寺故耳。

【疏證】

《集注》本、奎本以下諸六臣合注本、尤本悉同。謹案：本句「寺寢」及上文「路寢」（「徘徊路寢，見先生之遺像」），善並無注。陳校蓋補證善注。檢《集注》本「路寢」，有「濟注云：『謂廟也。』陸善經曰：『郡之廨舍也』」。「寺寢」，則有「向注：『寺，司也。言其有官司主其寢廟也。』陸善經曰：『寺，府舍也』」云云。二家與陳校大略相同，可為陳佐證。

三國名臣序贊一首　　袁彥伯

袁彥伯　　注：檀道鸞《晉陽春秋》云：袁宏，字彥伯，陳郡人也。為東郡守。三國，魏吳蜀也。名臣，謂有賢才，立功業，垂名於後代者也。序贊者，言並序也。

【陳校】

「晉」上脫「續」字，「春」字衍。又「為東郡守」。按「東郡」當作「東陽」，《世說注》引《續晉陽秋》可證。東陽，今浙東金華也。若「東郡」，在晉為濮陽之地。當彥伯時，已久陷北境，安得往蒞之？又下「蜀也名臣」。「蜀也」二字，衍。

【集說】

余氏《音義》曰：「晉陽」。「晉」上，何增「續」字。刪「為東」至末，增「為大司馬府記室參軍。稍遷吏部郎，出為東陽太守，卒」二十一字。

胡氏《考異》曰：注「檀道鸞《晉陽春秋》曰」。何校「晉」上添「續」字，陳同。袁本無「春」字，是也，茶陵本並五臣，衍。

梁氏《旁證》曰：「晉」上應添「續」字，去「春」字。注「為東郡守。」此四字，當依尤本改作「為大司馬」云云二十一字。注「三國，魏吳蜀也」至

「言並序也」。此二十九字為濟注錯入。尤本無之，是也。

姚氏《筆記》滅「春」字，改「《續晉陽秋》」。

許氏《筆記》曰：六臣本善注：「檀道鸞《續晉陽春秋》云：『袁宏，字彥伯，陳郡人。為大司馬府記室參軍。稍遷至吏部郎，出為東陽郡守，卒。』」今注「為東郡守」，以下至末，五臣注誤入，削正。嘉德案：注「檀道鸞《晉陽春秋》」，何校「晉陽」上添「續」字，陳校同。袁本無「春」字，是也。茶陵本併入五臣脫「續」字、衍「春」字，非。

【疏證】

明州本省作「善同濟注」，濟注皆同。贛本以「善同濟注」置前，濟注作「《晉陽秋》」，餘同明州本。建本惟倒「善同濟注」置前，餘同明州本。《集注》本、奎本、尤本胡本誤作「晉陽春秋」作「晉陽秋」、無「為東郡守」下至「序也」三十三字，作「為大司馬府記室參軍。稍遷至吏部郎，出為東陽郡守，卒」。謹案：「《晉陽春秋》」，毛本當誤從建本等，陳、何校是，參見上殷仲文《南州桓公九井作》作者下注諸條。「東郡」，《晉書‧袁宏傳》作「自吏部郎出為東陽郡」，《世說新語‧言語》「袁彥伯為謝安南司馬」注引《續晉陽秋》同。毛本當誤從建本等，陳校從史志外，或亦參《晉書》等，正其謬也。詳參下《齊故安陸昭王碑文》「仁風載路」條。又，陳謂「蜀也，二字衍」，則不知此是五臣注，難免前胡「斷斷」之譏；「蜀也」，在濟注係承上為釋題「三國」，非為衍文，是陳誤中益誤矣。前胡所據乃黃丕烈舊藏胡氏重刻尤本，與初期尤本不同，故衍「春」字。《考異》既云陳、何校「晉」上添「續」字，卻不言陳校滅「春」字，亦因已稱袁本。

柳下以之三黜　注：《論語》：子曰：柳下惠為士師三黜之。

【陳校】

注「三黜之」。「之」字，衍。

【集說】

胡氏《考異》曰：注「三黜之」。陳曰云云。是也，各本皆衍。

梁氏《旁證》曰：陳校去「之」字。各本皆衍。

【疏證】

奎本、尤本、建本衍「之」字。明州本省作「善同濟注」，濟注無「之」

字。《集注》本、贛本無「之」字。謹案：語見《論語・微子》，正無「之」字，《太平御覽》卷四百二十七、《古今事文類聚》前集卷三十一、《記纂淵海》卷三十六引並同，《後漢書・崔駰傳》「或屢黜而不去」章懷注、本書潘安仁《西征賦》「佐士師而一黜」注引亦無「之」字。毛本當誤從尤、建二本等，陳校當從本書內證、《論語》、贛本等正之。

則當年控三傑　注：《漢書》：王曰：夫運籌於帷帳之中。

【陳校】

注「王曰。」「王」，「上」誤。

【疏證】

《集注》本、奎本以下諸六臣合注本、尤本悉作「上」。謹案：語見《漢書・高帝紀一下》，正作「上」，《太平御覽》卷三百二十二、卷四百四十五同。《史記・高祖本紀》、《太平御覽》卷八十七作「高祖」，《長短經・大體》作「高帝」，並可為借證。

魏后北面者哉　注：《禮記》曰：君之南鄉，答陽之義也；臣之北命，答君也。

【陳校】

注「臣之北命。」「命」，「面」誤。

【疏證】

《集注》本、奎本以下諸六臣合注本、尤本悉作「面」。謹案：語見《禮記注疏・郊特牲》，正作「面」，黃震《黃氏日抄》卷十九引同。本書劉公幹《贈五官中郎將四首・余嬰》「北面自寵珍」注、孫子荊《為石仲容與孫皓書》「北面稱臣」注引並作「面」。毛本獨因形近而誤，陳校當從《禮記》、本書內證、尤本等正之。

及其臨終顧託　注：《尚書》曰：成王將崩，作顧命。班固《漢書注》曰：博陸堂堂，受遺武皇。

【陳校】

注「《尚書》」下，脫「序」字。又「《漢書》注」。「注」，「述」誤。

【集說】

胡氏《考異》曰：注「《尚書》曰：成王將崩。」陳曰云云。是也，各本皆脫。

梁氏《旁證》曰：陳校「書」下添「序」字。各本皆脫。

【疏證】

《集注》本、奎本以下諸六臣合注本、尤本咸脫「序」、作「述」。謹案：「成王」二句，見《尚書注疏・周書序》。本書任彥昇《齊竟陵文宣王行狀》「寄重先顧」注引亦脫「序」字。「博陸堂堂」，見《漢書・敘傳・霍光傳述》。毛本脫「序」，蓋誤從尤、建本等，陳校當從《尚書》正之。毛本作「注」，則獨誤，陳校當從《漢書》、尤本等正之。

豈徒蹇諤而已哉　注：《史記》：趙良謂商君曰：千人之諾，不如一士之愕愕。《東觀漢記》：戴憑謝上曰：臣無蹇諤之節，而有狂瞽之言。《字書》曰：諤，直言也。

【陳校】

注「千人之諾，不如一士之愕愕。」「諾」下，脫一「諾」字。「愕」，「咢」誤。下同。

【集說】

梁氏《旁證》曰：毛本「愕」作「諤」，誤也。注中數「愕」字尚不誤。《晉書》作「謇諤」。

胡氏《箋證》曰：「豈徒蹇諤而已哉。」按：善引《史記》、《東觀漢記》、《字書》並作「愕」，此改作「諤」。

【疏證】

尤本作「諾諾」、注與文並作「愕」。《集注》本文作「諾諾」、「愕」，注皆作「咢」。奎本脫一「諾」。文作「愕」，注皆作「諤」。明州本、建本脫一「諾」字、注及文皆作「愕」，贛本作「諾諾」、文與注並作「諤」。五臣正德本、陳本正作「愕」。謹案：「諾諾」，見《史記・商君列傳》，毛本脫一「諾」，當誤從建本等。五臣作「愕」，銑注可證。《史記》作「諤」。宋・戴侗《六書故》卷十一「咢咢」：引《史記》作「咢咢」，注：「亦作諤」。又曰：「《說文》無咢字。咢，即咢也」。宋・龔頤正《芥隱筆記・咢咢》引《史記》作「咢」。

「愕」，與「諤」亦通。《吳志・志諸葛瑾傳》「未嘗切愕。」《後漢書・陳蕃傳》：「謇愕之操」，皆其證。準此，「㖾」、「咢」、「鄂」、「愕」，皆與「諤」通。然今檢《集注》本引《音決》曰：「諤，或為愕者，非」，緊接曰：「張銑謂：蹇，正；愕，直也。」故所指「非」者，惟是五臣，已排除善注作「愕」。然則，善與五臣有別可決。奎本誤失校語爾。依善注引《東觀漢記》、《字書》並作「諤」，則可決善所見正作「諤」。上引《史記》作「愕」者，乃傳寫譌耳。尤本作「愕」者，乃以五臣亂善。毛本誤從之，陳校當從《東觀漢記》、《字書》正之，得矣。

然而杜門不用　注：《吳志》曰：權以公孫淵稱蕃。

【陳校】

　　注「稱蕃」。「蕃」，「藩」誤。

【疏證】

　　奎本以下諸六臣合注本、尤本悉同。《集注》本作「藩」，《鈔》引《吳志》則作「蕃」。謹案：事見《吳志・張昭傳》，作「藩」，《北堂書鈔》卷一百二十三「孫權擲刀泣」引《吳志》同，然《太平御覽》卷三百四十五、《事類賦》卷八「或以燒子布之門」引並作「蕃」。「蕃」，本通「藩」。《毛詩注疏・大雅・崧高》：「四國于蕃，四方于宣。」《韓詩》作「蕃」。可為佐證。就地取材，則有《吳志・陸遜傳》「三年夏，疾病。上疏曰：西陵、建平，國之蕃表」云。又下《四子講德論》「太子擊誦《晨風》」善注：「《韓詩外傳》曰：『北藩中山之君再拜獻之。』」今本《韓詩外傳》卷八則作「北蕃」。皆其證。毛本當從尤、建二本等不誤，陳校不精聲韻之學，疏於通假，是其弱點。

況沈跡溝壑　注：漢書《高祖功臣頌》曰：沈迹中鄉。《孟子》曰：志士不忘在溝壑。

【陳校】

　　注「漢書《高祖功臣頌》」。「漢書」，當作「陸機」。

【集說】

　　胡氏《考異》曰：注「漢書高祖功臣頌曰。」案：「書」字不當有，各本皆衍。

梁氏《旁證》同胡氏《考異》。

姚氏《筆記》曰：「漢書」校改「陸機」。

【疏證】

　　奎本以下諸六臣合注本、尤本誤悉同。《集注》本此句無注。謹案：本書善引陸氏《功臣頌》凡七次，五次皆如陳校作「陸機《高祖功臣頌》」，分別見於：任彥昇《宣德皇后令》「嘉庸莫疇」注、《為范尚書讓吏部封侯第一表》「既義異疇庸」注、陶淵明《歸去來》「盼庭柯以怡顏」注、揚子雲《劇秦美新》「自武關與項羽戮力咸陽」注、顏延年《祭屈原文》「建旟舊楚」注。二次作「漢高祖功臣頌」，本條外，別有劉孝標《辯命論》「夜哭聚雲鬱興王之瑞」注而已。復檢作「漢高祖功臣頌」者，始作俑者似宋人《九家集注杜詩》，以後及明清人注《溫飛卿詩集》、《庾開府集》、《李太白集》等漸見風行，因頗疑本書所見二條，亦宋人傳寫之誤爾。毛本當誤從尤本等，陳校、姚說，當是。《集注》無注，脫也。

始救生人　　注：《魏志》曰：太祖進或為漢侍中守尚書令。

【陳校】

　　注「進或」。「或」，「彧」誤。

【疏證】

　　《集注》本作「或」同。奎本以下諸六臣合注本、尤本悉作「彧」。謹案：事見《魏志‧荀彧傳》，正為「彧」。本書陳孔璋《檄吳將校部曲》「尚書令彧」注引《魏志》同。陳校當從《魏志》、本書內證、尤本等。然毛本未必誤。按「或」字，在《說文‧戈部》，云：「或，邦也。從口、從戈以守一。一，地也。于逼切。《繫傳》：域，或又從土。」段注：「《邑部》曰：『邦者，國也。』蓋或、國在周時為古今字。古文祇有『或』字，既乃復製『國』字。」是或，音于逼切，乃古域字（段注謂域是後起之俗字。王氏《釋詞》亦謂「或字，古讀若域」）。彧，未見《說文》，然與「或（域）」係疊韻（職部）雙聲（影紐），聲音相當近似，古字得通。今考《魏志‧荀彧傳》：「永漢元年，舉孝廉，拜守宮令。」檢孫逢吉《職官分紀‧守宮令》「舉孝廉」注：「《魏志》：『荀彧，永平元年舉孝廉，為守宮令。』」《職官記》所載惟年號「永漢」譌作「永平」，其餘時代、職官、姓氏與荀《傳》並同，是或、彧確為一人，正是或、彧字同

之證。又考《資治通鑑・晉紀・安皇帝壬》：「十一月甲戌，魏主嗣還平城。太尉裕遣左長史王弘還建康，諷朝廷求九錫。時劉穆之掌留任而旨從北來。穆之由是愧懼發病。」胡三省注：「劉穆之輔劉裕，豈惟才智不及荀彧，而識又不及焉。」胡注以劉穆之傅劉裕，才、智、識三者並不及當年荀氏之傅曹操，故「或」字必即「彧」字。是宋元人書作「荀或」者，非惟孫氏《職官紀》一家也。今《文選》復有《集注》為佐證。故可決毛本不誤，作「或」固有自來，陳校未免武斷矣。明嘉靖間，關中許宗魯，輯有《選詩》三卷，刻書喜用古字，毛氏其宗之歟？此一點，前人陳、何等似未悟，故每見不當改而改之例。

遘此顛沛　注：《魏志》曰：荀攸與議郎何顒等謀殺卓，垂就而覺。收顒、枚繫獄。……向曰：言思慮運用而無極也。動攝羣會，謂統攝眾事也。

【陳校】

　注「收顒、枚繫獄。」「枚」，「攸」誤。又「向曰」以下，此呂向注誤入，當削。

【集說】

　姚氏《筆記》曰：「向曰」，誤入五臣注。

【疏證】

　《集注》本、奎本以下諸六臣合注本、尤本悉作「攸」。謹案：事見《魏志・荀攸傳》，正為「攸」。毛本獨形近傳寫而誤，陳校當從《魏志》、尤本等正之。「向曰」以下二十一字，正載五臣正德本、陳本，足證陳校之確。毛本混入，再證毛本所宗本為從六臣合注本析出之說。

悁悁幕裏　注：《左氏傳》：右尹革言：《祈昭》之悁悁。

【陳校】

　注「右尹革言《祈昭》」。「尹」下，脫「子」字、「昭」，「招」誤。

【集說】

　胡氏《考異》曰：注「右尹革曰」。陳云：「尹下，脫子字。」是也，各本皆脫。

　梁氏《旁證》曰：陳校「尹」下添「子」字。各本皆脫。

【疏證】

明州本、尤本、建本脫「子」字、作「昭」並同。奎本、贛本脫同、作「招」字。《集注》本注脫此十三字。謹案：事見《春秋左傳注疏·昭公十二年》，正有「子」字、作「招」。《通志·然丹傳》、《太平御覽》卷六百九、《冊府元龜》卷七百四十二、《玉海》卷五十九引、本書左太沖《吳都賦》「靡靡愔愔」注引二處並同。本書束廣微《補亡詩（由庚）》「愔愔我王」注引則同尤本等。《藝文類聚》卷五十六作「招」。而《孔子家語·正論解》：「祭公謀父作《祈昭》」王肅注：「《祈昭》，《詩》名。猶齊景公作君臣相悅之樂，蓋曰《徵昭》、《角昭》是也。昭，宜為招，《左傳》作招。」《古今韻會舉要》卷十「愔」字條引《左傳》亦作「《祈昭》」。李善所見本《左傳》或與王肅同。毛本二處當並從尤、建二本等，陳校從《左傳》、本書內證、贛本等補「子」字，是，然「昭」字不必改也。

恂恂德心　注：《毛詩》曰：濟濟多士，堯廣德心。

【陳校】

注「堯廣」。「堯」，「克」誤。

【疏證】

《集注》本、奎本以下諸六臣合注本、尤本悉作「克」。謹案：語見《毛詩注疏·魯頌·泮水》，正作「克」字，本書陸士衡《漢高祖功臣頌》「漢祚克廣」注引亦作「克」。毛本獨因形近而誤，陳校當從《毛詩》、本書內證、尤本等正之。

運極道消　注：《魏志》曰：有曰琰此書，傲世怨謗者……太祖遂賜琰死。

【陳校】

注「有曰」。「曰」，「白」誤。

【疏證】

奎本以下諸六臣合注本誤同。《集注》本、尤本作「白」。謹案：事見《魏志·崔琰傳》，正作「白」字，施元之注《蘇詩·葉濤致遠見和二詩復次其韻》「誰復嘆耳耳」注引同。毛本當誤從建本等，陳校當從《魏志》、尤本等正之。

烈烈王生　注：《漢魏春秋》曰：魏帝乃召侍中王沈、尚書王經、散騎常侍王素，謂曰：司馬昭之心，路人所知也。吾不能坐受廢辱。今日當與卿自出討之。《魏志》曰：清河王經，甘露中為尚書……裴松之曰：經，字彥緯。今云承宗，蓋有二子也。

【陳校】

　　注「王素」。「素」，「業」誤。又，「裴松之曰：經，字彥緯，今云承宗，蓋有二子也。」「子」，「字」誤。又，此四句當在前序中「王經，字承宗」下。

【集說】

　　余氏《音義》曰：「王素」。「素」，何改「業」。

　　顧按：此不當移。

　　胡氏《考異》曰：注「散騎常侍王素」。何校「素」，改「業」，陳同。是也，各本皆譌。

　　梁氏《旁證》同胡氏《考異》。

　　朱氏《集釋》曰：「王業」作「王素」，傳寫者以形似致誤，胡氏《考異》並何、陳校本俱已及之。

【疏證】

　　奎本以下諸六臣合注本、尤本悉誤「素」、作「字」。《集注》本作「業」、「字」。謹案：事見《魏志‧高貴鄉公傳》裴注，字正作「業」，《資治通鑑‧魏紀九‧高貴鄉公下》、《通志‧高貴鄉公傳》、《太平御覽》卷九十四並同。毛本當誤從尤、建二本，陳、何校蓋據裴注正。作「子」者，毛本獨傳寫音近而誤耳。陳校當從贛、尤二本等正之。陳疑裴注四句當在前序中「王經字承宗」下，非是，蓋此序末自「魏志九人」下至「字玄伯」百五十字，羅列三《志》為之作贊者凡二十人，李善例不加注，此所以顧按云「此不當移」也。又，王經，見《魏志‧夏侯尚傳》附。今本作「字彥偉」，「偉」字或非。

端委虎門　注：《左民傳》曰：晏平仲端委立於虎門之外。

【陳校】

　　注「左民」。「民」，「氏」誤。

【疏證】

　　《集注》本、奎本以下諸六臣合注本、尤本悉作「氏」。謹案：語見《春秋

左傳注疏・昭公十年》。毛本獨傳寫形近而誤，陳校當從《左傳》、尤本等正之。

臨危致命　注：《論語》：子張曰：士見危致命。已見上文。

【陳校】

　　注「已見上文」四字，衍。

【疏證】

　　《集注》本作「見危致命，已見序文」，無引《論語》。奎本、明州本、尤本同，惟「序」作「上」。贛本、建本複出《論語》，無「已見上文」四字。謹案：「士見危致命」，語見《論語注疏・子張》篇。《集注》「序文」、奎本等所謂「上文」，皆指本篇「公達慨然，志在致命」注，彼已引《論語・子張》篇。毛本之誤，在不究原文，不顧注文相應，雜取尤、建二本耳。陳校蓋從尤本、善注例等正之。

百六道喪　注：《漢書》：《陽九厄》曰……《音義》曰：《易傳》所謂「陽九厄，百六六之會」者也。

【陳校】

　　注「陽九厄」。「九」下，脫「之」字。又，「百六六」。下「六」字，衍。

【疏證】

　　《集注》本、奎本以下諸六臣合注本、尤本悉有「之」字、不衍「六」字。謹案：語見《漢書・律曆志上》，曰：「《易九厄》曰：『初入元，百六陽九。』」孟康曰：「《易》傳也。所謂陽九之厄，百六之會者也。」本書左太沖《吳都賦》「則以為世濟陽九」舊注、陸士衡《樂府十七首・吳趨行》「王迹隤陽九」注、劉越石《勸進表》「當陽九之位」注、曹子建《王仲宣誄》「會遭陽九」注引並有「之」、不重「六」字。《音義》所取即孟康注。「陽九」二句對偶，從修辭角度，亦可互證其脫、衍。毛本傳寫獨脫、衍，陳校當從《漢書》、尤本等正之。

先生標之風

【陳校】

　　「之」下，脫「振起清」三字。

【疏證】

　　《集注》本、諸《文選》本悉有「振起清」三字。謹案：《晉書》本傳、《藝文類聚》卷四十五悉有此三字。此毛本傳寫偶脫，陳校當從《晉書》、尤本等補之。

三略既陳　注：《蜀志》曰：劉璋既還成都，先主嘗為璋北征漢中⋯⋯統為軍中郎將，卒。

【陳校】

　　注「先主嘗為」。「嘗」，「當」誤。又「為軍中郎將」。「軍」下，脫「師」字。

【集說】

　　余氏《音義》曰：「為軍」。「軍」下，何增「師」字。

　　胡氏《考異》曰：注「為軍中郎將卒」。何校「軍」下脫「師」字。陳同。是也，各本皆脫。

　　梁氏《旁證》同胡氏《考異》。

【疏證】

　　奎本、贛本、建本誤、脫皆同。明州本省作「善同向注」，向注未及此二字。《集注》本作「當」、正有「師」字。尤本作「當」、脫「師」字。謹案：事見《蜀志·龐統傳》，作「當」字、「遂與亮並為軍師中郎將。」《通志·龐統傳》、《長短經·三國權·蜀》並作「當」字。《冊府元龜》卷二百十有「師」字。毛本當誤從建本等，陳校當據《蜀志》、尤本等補正之。

秉心淵塞　注：《毛詩》曰：秉心淵塞。

【陳校】

　　注中「淵塞」二字，當乙。

【疏證】

　　《集注》本、奎本以下諸六臣合注本、尤本悉作「塞淵」。謹案：語見《毛詩注疏·鄘風·定之方中》，正作「塞淵」，《玉海》卷一百四十九同。本書潘安仁《楊仲武誄》「匪直也人」注、顏延年《陶徵士誄》「非直也明」注、謝希逸《宋孝武宣貴妃誄》「國虛淵令」注並作「塞淵」。毛本獨傳寫而倒，陳校當從《毛詩注疏》、本書內證、尤本等正之。

假翮鄰國　注：《蜀志》：吳將陸議，乘虛斷圍。

【陳校】

注「吳將陸議」。「議」，「遜」誤。

【集說】

顧按：《國志》云：「本名議」，非誤也。又見《華陽國志》。

【疏證】

《集注》本、奎本、明州本、尤本、建本同。贛本作「遜」。謹案：《吳志·陸遜傳》云：「陸遜，字伯言。吳郡吳人也。本名議」。顧按是。《魏志·劉曄傳》「帝不聽」下裴注：「權將陸議大敗劉備」云云，《吳志·孫權傳》「秋七月，葬蔣陵」下，裴注「權繼其業，有陸議、諸葛瑾、步隲以為股肱」皆作「議」，足為顧佐證。毛本當從尤本等，不誤。陳校則從贛本爾。顧氏讀史書之細，非常人可及。

子布擅名　注：《吳志》曰：孫策創業，命昭為良史，撫軍中郎將。

【陳校】

注「命昭為良史。」「良」，「長」誤。

【集說】

胡氏《考異》曰：注「命昭為良史。」何校「良」改「長」，陳同。是也，各本皆譌。

梁氏《旁證》同胡氏《考異》。

【疏證】

奎本、明州本、尤本、建本誤同。《集注》本、贛本作「長」。謹案：事見《吳志·張昭傳》，正作「長」，《通志·張昭傳》、《太平御覽》卷四百七、《冊府元龜》卷二百十二等同。奎本等傳寫「良」、「長」形近而譌。毛本當誤從尤、建二本，陳、何校蓋據贛本、《吳志》等正。

荷檐吐奇

【陳校】

「檐」，「擔」誤。

【集說】

梁氏《旁證》曰：六臣本「檐」作「擔」，校云：善從「木」。按：從「木」是也。古擔負多用此字。《群經音辨》：「檐，荷也。都濫切。」《詩箋》：「檐負天之多祿」，其明文也。銑注改從「才」。《晉書》亦作「木」。

黃氏《平點》曰：「荷檐吐奇」句。「檐」即「擔」字。

【疏證】

尤本同。五臣正德本、陳本作「擔」，奎本同，無校語。明州本同奎本，然有校云：善本從「木」。贛本、建本作「檐」，校云：五臣從「才」。《集注》本作「擔」。有「謝承《後漢書序》曰：王豐荷擔追業，周樹遭變吐奇」十九字，上述諸本皆無。注同作「擔」。謹案：檐，與擔同。參上《奏彈曹景宗》「負檐裁弛」條。然五臣作「擔」，銑注可證。善既從「木」（奎本偶脫校語），與五臣歧，理不容混淆，今陳校改從五臣，反誤矣。毛本當從尤本等。《集注》本注，亦以五臣亂善。

正以招疑，忠而獲戾　注：《吳志》曰：遜為丞相。太子有不安之議，遜上疏。……太傅吳粲坐數與遜交書，下獄死。權累遣中使責讓遜。遜憤恚致卒。

【陳校】

注「太傅吳粲」。「吳」，「吾」誤。「遜憤恚卒」。按《三十國春秋》，陸遜自縊死。

【疏證】

奎本以下諸六臣合注本、尤本悉同。《集注》本作「吾」。謹案：「吳」即「吾」。參上《七命》「銘德於昆吾之鼎」及下袁彥伯《三國名臣序贊》「忠而獲戾」、陸士衡《辨亡論下》「東西同捷」條。「陸遜自縊死」，蓋陳廣異聞，非必補正注也。

屢摧逆鱗，直道受黜　注：《吳志》曰：權與張昭論及神仙。翻指昭曰：彼皆死人，而語神仙。俗有仙人也？權責怒非一，遂徙翻交州。《韓子》曰：……人主有逆鱗，說者嬰之，則不幾矣。

【陳校】

注「俗有仙人」。「有」上，脫「豈」字。「責怒非一」。「責」，「積」誤。

「說者嬰之,則不幾矣」。「不」字,當在「者」字下。

【集說】

余氏《音義》曰:「仙俗」下,何增「豈」字。

【疏證】

贛本脫「豈」,奎本以下其餘六臣合注本、尤本、《集注》本、皆有「豈」字。上述諸《文選》本,咸作「積」、「不幾」。謹案:前者事見《吳志・虞翻傳》,有「豈」(「俗」作「世」)字、作「積」。後者,見《韓非子・說難》作「說者能無嬰人主之逆鱗,則幾矣。」「不」與「無」同。毛本脫「豈」,誤同贛本;作「賣」,則所從本或壞字,「不」字之錯位,則誤從尤、建二本等。陳、何校當據《吳志》、《韓非子》、尤本等正之。

文選卷四十八

封禪文一首　　司馬長卿

罔若淑而不昌　　注：罔與例同。

【陳校】

　　注「罔與例同」。「例」，「网」誤。

【疏證】

　　奎本以下諸六臣合注本、尤本悉作「网」。謹案：《集韻·養韻》：「网」，俗作「网」。P.2173《御制金剛般若波羅密經宣演卷上》：「恭申网極，俯效忠勤者也。」、敦研 024（5-1）《大方等大集經》：「信未來世諸佛智慧，善身口意業，無有疑网」，《敦煌俗字典》第 419 頁。皆其證。「网」，無也。毛本作「例」者，蓋形近「网」而誤。陳校當從尤本、字書等正之。

五三六經　　注：《漢書音義》王曰五帝也。三，三王也。

【陳校】

　　注「王曰」。「王」，「曰」誤、「曰」，「五」誤。

【疏證】

　　贛本、尤本、建本作「曰五」。奎本、明州本作「曰五」，然脫「善曰」二字，誤為良注。謹案：《漢書》長卿本傳改作顏注，正作「曰五」，《史記》引

索隱：「胡廣云：『五，五帝也。三，三王也。』」可為當作「曰五」借證。毛本傳寫誤也，陳校當從上下文義、尤本等正之。此條見贛本能正明州本之失例。

下泝八埏 注：孟康曰：埏若瓬埏，地之入際也。言其德上達於九重之天，下流於地之入際。

【陳校】

注兩「入際」之「入」，並「八」誤。

【疏證】

奎本以下諸六臣合注本、尤本兩處悉作「八」。謹案：《漢書》本傳注引孟康正為兩「八」字，《史記集解》本傳「駰案」引《漢書音義》亦並作「八」。但觀正文，即可正注之失，此毛本刻工之誤，陳校當從《史》、《漢》、尤本等正之。

導一莖六穗於庖 注：鄭玄曰：導。

【陳校】

注「鄭玄」。「玄」，「氏」誤。見《漢書》注。

【集說】

胡氏《考異》曰：注「鄭玄曰導。」陳曰云云。是也，各本皆誤。案：索隱云：「鄭德」。

梁氏《旁證》曰：陳校「玄」改「氏」，據《漢書》注。

朱氏《集釋》曰：注引「鄭德」，舊作「元」，誤。

許氏《筆記》曰：嘉德案：注「鄭玄曰」。「玄」，當作「氏」。《漢書》作「氏」。《索隱》云：「鄭德也。」陳校亦云「氏誤玄。」各本皆誤，今正。

【疏證】

奎本、贛本、尤本、建本誤同。明州本脫善注。謹案：《漢書·司馬相如傳》注正作「鄭氏」。《索隱》引作「鄭德」云云，見《史記》本傳。毛本當誤從尤、建二本等，陳校當從《漢書》注正之。《顏氏家訓·書證篇》亦誤信作「鄭玄」。本書《上林賦》「孫叔奉轡」注「李善曰孫叔者」云云，袁、茶二本亦涉及「鄭德」誤「鄭元」字，前胡《考異》云：「鄭玄亦非，當作鄭氏。《漢

書注》作氏，最是。鄭氏，見顏師古《敘例》，臣瓚云『鄭德。』是也。」張氏《膠言》宗前胡說，複補曰：「《羽獵賦》『拔靈蠵』注：『鄭玄曰：拔音袚』，又『飼屈原與彭胥』注：『鄭玄曰：彭，彭咸也。』元，皆當作氏。」見《上林賦・孫叔衛公》

躍魚隕航，休之以燎　注：《尚書・旋璣鈴》曰：武王得兵鈴，謀東觀。

【陳校】

注「旋［璣］鈴」、「兵鈴」。並「鈴」誤。

【集說】

梁氏《旁證》曰：注「《尚書・旋機鈴》」，當作「《尚書・璇璣鈐》」。

【疏證】

奎本以下諸六臣合注本、尤本兩處並作「鈴」。謹案：明・陳耀文《天中記》卷五十六「魚」引《尚書璇璣鈐》云：「入舟。武王得兵鈴，謀東觀。白魚入舟，俯取以燎」云云，可為作「鈴」之佐證。毛本傳寫獨誤，陳校當從《尚書》、尤本等正之。參上王元長《三月三日曲水詩序》「延喜之玉攸歸」條。

進讓之道何其爽歟　注：張揖曰：言周未可封禪為進，漢可封禪而不為為讓。

【陳校】

注「未可封禪為進」。「為進」上，脫「而封」二字。

【集說】

姚氏《筆記》曰：按《漢書》「讓」，作「攘」。注「言周未可封禪為進。」按：「為」上脫「而封禪」三字。

【疏證】

奎本以下諸六臣合注本、脫同。尤本有「而封」二字。謹案：《漢書》本傳張揖注有「而封」二字，《史記集解》同。《史記》注引《集解》則亦脫。謹案：毛本當誤從建本等，陳校當從《漢書》、尤本等正之。

意泰山梁甫，設壇場望幸　注：《漢書音義》曰：意者，言太山梁甫設壇場，望帝封封禪紀號，以表榮名也。

【陳校】

　　注「望帝封封禪」。下「封」字，衍。

【疏證】

　　奎本、明州本不衍「封」字，然皆誤作翰注。贛本、尤本、建本不衍。謹案：《漢書》本傳「紀號榮名」下作孟康注，「帝」上有「聖」、「封」上有「往」，不重「封」。《北堂書鈔》卷九十一注引同。但觀上下文義，亦不得重「封」字。毛本獨傳寫而衍，陳校當從《漢書》、上下文義、尤本等正之。

故聖不替

【陳校】

　　「聖」下，脫「王」字。

【集說】

　　梁氏《旁證》曰：毛本無「王」字。

【疏證】

　　諸《文選》本悉有「王」字。謹案：《史》、《漢》本傳皆有「王」字。《藝文類聚》卷十引亦有「王」字。毛本獨傳寫而脫，陳校當從史志、尤本等補之。

王者之卒業　注：卒，終也。卒，或為本。

【陳校】

　　注「或為本。」「本」，「丕」誤。

【集說】

　　孫氏《考異》曰：「卒，或為本。」按：顏師古《漢書注》云：「卒字或作本，或作丕。丕，大也。」何云：「作『丕業』，尤勝。」

　　梁氏《旁證》引王念孫曰：「案《爾雅》：『壯，大也。』壯觀、丕業，皆承上『皇皇哉斯事』言之，則作丕者是也。作卒、作本，非其旨矣。」

　　胡氏《箋證》曰：作丕較勝。丕者，大也。「丕業」，與「壯觀」正相對。

王氏念孫曰：「隸書丕，或作㔻、卒，或作卒，遂至相亂。」

【疏證】

奎本以下諸六臣合注本、尤本悉同。謹案：《史記》本傳、《藝文類聚》卷十、《冊府元龜》卷三十六、《文苑英華》卷五百五十六悉作「丕」。《漢書》顏注作：「卒，終也。字或作本，或作丕。丕，大也。」諸家說，王念孫以「卒」、「本」，皆「丕」之譌，說至審。《漢書》顏注已誤。善正文從顏作「卒」，素欲求異顏注，故於其注遂取「或作本」而舍「或作丕」，初非脫「或作丕」以下六字也。陳校從顏注取「或作丕」，而棄「或作本」，是知其一而不知其二，蓋不知善作「卒」者，亦誤也。徐鼎《讀書雜識》卷十四「司馬相如《封禪文》㔻字」條，則云：「鼎嘗言：㔻字，一在不字之中閒，字本作㔻」。偶讀司馬相如《封禪文》『王者之丕業』句，《文選》五臣注作㔻，今本作卒。按：此本作㔻，與作㔻、卒字，形近故譌也。」是徐說與王念孫說略同。徐氏說多精審，惜所校《選》筆墨甚少。

宜命掌故 注：《漢書音義》曰：掌故，太史官屬。主政事者也。

【陳校】

注「太史」。「史」，「常」誤。又，「主政事」。「政」，「故」誤。

【集說】

胡氏《考異》曰：注「太史官屬。」陳云：「史，常誤。」是也，各本皆誤。案：《漢書注》作「常」。

梁氏《旁證》曰：陳校「史」，改「常」。據《漢書注》。各本皆誤。

【疏證】

奎本以下諸六臣合注本、尤本悉誤「史」、作「故」。奎本合併六臣時「《漢書音義》」上脫「善曰」二字，致誤為向注。謹案：《史記》本傳注引《集解》駰案，誤「史」、作「故」。《漢書》本傳改為顏注，作「常」、「故」。本書東方曼倩《答客難》「曾不得掌故」注引「應劭《漢書》注曰：『掌故，百石吏，主故事者』」，亦作「故」。上諸本《文選》注誤「史」，當誤從《集解》。毛本則當誤從尤、建二本等，作「政」，則獨因二字形近而誤。陳校當從《漢書》、本書內證等正之。又，盧氏《鍾山札記》卷四「掌固」云：固本與故通。「掌故」亦可作「掌固」。考《唐六典》尚書省有「掌固十四人」，下即引《史記》「文

學掌固」為注云:「掌故,主故事也。」《史》《漢》本亦為此「固」字,與《周禮‧夏官》之「掌固」,其職自殊。《鮑明遠集》中有《論國制啟》云:「彭城國舊制猶有數卷,宜令掌固刊而譔之。」又李善注《文選‧兩都賦序》,引《漢書》「孔安國射策為掌固」,後來刻《六臣注》者,便改為「掌故」矣。自注:《周語》「咨於故實」,《史記‧魯世家》作「固實」。徐廣曰:「固,一作故。」謹又案:善引《漢書音義》既為太史官屬,則倘據盧「《史》《漢》本為固」說,並文改「固」,益宜。

廣符瑞之富　注:《漢書音義》曰:符瑞之富,請班班之獸以下三章,言符應廣大之富饒也。

【陳校】

　　注「請班班」。「請」,「謂」誤。又「廣大之富」。「之」字,衍。

【集說】

　　胡氏《考異》曰:注「言符應廣大之富饒也」。陳云:「之字衍。」是也,各本皆衍。案:《史記集解》引無,《漢書注》引孟康亦無。

　　梁氏《旁證》曰:陳校去「之」字,據《史記集解》、《漢書注》。各本皆衍。

【疏證】

　　明州本、建本誤、衍皆同。奎本、贛本、尤本作「謂」、衍「之」字。謹案:《史》、《漢》本傳注皆作「謂」、「富饒」上無「之」字。「之」字,奎本等涉上而衍。毛本譌、衍當誤從建本等,陳校當從史志、尤本等正之。

般般之獸,樂我君囿。白質黑章,其儀可嘉。

【陳校】

　　「囿」,當作「圃」。「嘉」,「喜」誤。

【集說】

　　孫氏《考異》曰:何校從五臣「囿」改「圃」。又曰:何校「嘉」,改「喜」。

　　胡氏《考異》曰:「樂我君囿。」何校「囿」,改「圃」,陳同。袁本云:善作「圃」,茶陵本云:五臣作「囿」。案:《史記》、《漢書》皆作「圃」,此協韻。何、陳是也,各本所見皆非。蓋善自作「圃」,傳寫誤作「囿」耳。又曰:

「其儀可嘉。」何校「嘉」，改「喜」，陳同。案：《漢書》作「喜」，《史記》作「嘉」，以韻求之，「喜」，與「囿」為協。何、陳從《漢書》，是也，《史記》「嘉」，亦有誤。

梁氏《旁證》曰：六臣本及《史記》、《漢書》「囿」，並作「圃」。何、陳據以校改，謂與「獸」為韻也。按「獸」字本非韻，古麻韻字多入《虞部》。則「圃」與「嘉」，平上通叶，何妨別為韻？《文選》與《史》、《漢》傳本不同，亦無庸改也。惟《史記》上作「圃」，下仍作「嘉」，當有一誤耳。又曰：《漢書》「嘉」，作「喜」。何、陳據以校改，謂與「囿」為韻。戚氏學標《漢學諧聲》云：「囿，又與洧、鮪，為一類之音。《封禪書》：『般般之獸，樂我君囿。白質異章，其儀可喜。』」是也。

朱珔《集釋》曰：《史記》、《漢書》「圃」，並作「囿」。下「其儀可嘉」，《漢書》「嘉」，作「喜」。何氏校本據之改「圃」為「囿」、改「嘉」為「喜」。案：「圃」，與「囿」雖相近而義有別。《說文》：「穜菜曰圃。」《左氏‧莊十九年傳》疏：「圃以蕃為之，所以樹果蓏。」此上云「般般之獸」，殊不合。《說文》：「囿，苑有垣也。一曰禽獸曰囿。」《詩‧駟鐵》疏：「囿者，域養禽獸之處」，則正當作「囿」。即《詩》之「靈囿」言「麀鹿」、「白鳥」也。「喜」之為「嘉」，與《史記》皆形似而誤。據顧氏《唐音正》：「囿，古音肄。」故《西都賦》「奮大武乎上囿」，與「事」韻。《東京賦》「鳩諸靈囿」，與「事」、「備」韻，知本處自是「囿」、「喜」為韻。又《易林》：「晉之同人云：『慈貞鴟鳩，執一無尤。寢門治理，君子悅喜。』」「喜」，與「尤」韻，故亦可與「囿」韻也。

胡氏《箋證》曰：五臣「圃」作「囿」，《史》、《漢》同。自注：《御覽》一百九十六引作「囿」。《漢書》「嘉」作「喜」。按：作「囿」，是也。「囿」與「喜」為韻，古音同在《之部》。今本「喜」作「嘉」，亦誤。《旁證》謂「古麻韻多入《虞部》，圃，與嘉平上通協，何妨各自為韻。」此說非。嘉，古音在《歌部》，《詩‧魚麗》：「維其嘉矣」，與「多」為韻。《頍弁》：「爾殽既嘉」，與「何」、「他」為韻，與《魚部》不相通，不得曲為之說。

許氏《筆記》曰：「圃」，《史》作「囿」。下句「其儀可嘉」，「嘉」，《漢》作「喜」。以囿、喜、態、來四字為韻。嘉德案：茶陵本云：五臣作「囿」。袁本云：善作「圃」，此二本所見傳寫譌也。善自作「囿」，《史記》作「囿」。何校、陳校皆改「囿」。胡曰：「此協韻，何、陳校是也。各本所見皆非。」下聯

「其儀可嘉。」《漢書》作「喜」，《史記》作「嘉」。此從《漢書》改「喜」，亦與何、陳校同。胡曰：「《史記》作嘉，誤也。」又考《玉海》引亦作「囿」、作「喜」。

黃氏《平點》曰：「般般之獸，樂我君囿」四句，此承文中「騶虞」。「囿」與「嘉」為韻，字不誤，今《史記》誤耳。《漢書》亦作「囿」。「嘉」，《漢書》作「喜」，則上當作「囿」。

【疏證】

尤本同。贛本、建本同，校云：五臣作「囿」。五臣正德本、陳本作「囿」，奎本、明州本同，校云：善本作「圃」。諸《文選》本悉作「嘉」。謹案：《藝文類聚》卷十、《記纂淵海》卷四作「囿」、「嘉」。《玉海》卷一百九十八同《史記》作「囿」、同《漢書》作「喜」。前胡自史志、聲韻論版本「善自作囿，傳寫誤作圃」，朱氏從義訓、後胡從音韻駁《旁證》「圃、嘉通協」曲說，皆能輔翼證成前胡之說，其說遂為定論。毛本有誤從尤、建二本，陳、何校從史志，不避五臣正之，是。四句，周鈔《舉正》本為兩條，然兩聯上下一氣，選家如朱、許，皆一併考校，可免文字累贅，故從之。

濯濯之麟，游彼靈時 　注：《漢書音義》曰：武帝祠五畤獲白麟，故言遊靈畤也。

【陳校】

注「祠五畤」。「畤」，「時」誤。

【集說】

梁氏《旁證》曰：毛本「時」譌作「畤」。

【疏證】

奎本以下諸六臣合注本（奎本、明州本「善曰」二字誤冠下「《毛詩》曰」上，遂將善注誤為良注。）、尤本悉作「時」。毛本獨作「畤」。謹案：事見《史記》本傳注引「集解駰案」作「時」，《漢書》本傳文及顏引「文穎」注並同。按「畤，直由切」與「時，直里切」，二字係澄紐雙聲、幽之旁轉，字或得通。證據有三：一，《春秋左傳注疏·襄公三十年》：「成愆奔平畤」杜注：「平畤，周邑。」音義：「畤，音止，又音市。本或作時。」二，《史記·禮書》「郊畤乎天子」索隱：「畤，類也。天子類得郊天，餘並不合祭。

今《大戴禮》作『郊止乎天子。』是也。止，或作時，因誤耳。」按：《說文·止部》：「止，下基也。象艸木出有址，故以止為足。」徐灝箋：「凡從止之字，其義皆為足趾。」《說文·田部》：「天地五帝所基址祭地」、王筠《句讀》：「時者，祭天地五帝之地也。時者，止也。其制壇而不屋，但有基止。」與上引《左傳音義》「時」，乃音義並同，然則，《索隱》既有「止，或作時」之說，則「時」、「止」、「時」三字並通矣。「時」係被叚字，止與時，並為時之假字。退一步，《索隱》雖以「時」為誤，然亦以「類也」云云，釋所據之「時」字。況且《史記》及《索隱》二家所見之本作「時」，已是文獻二字相通之客觀事實矣。三，《史記·衛將軍列傳》：「衛青同母兄衛長子而姊衛子夫，自平陽公主家，得幸天子」注《集解》：「徐廣曰：『曹參曾孫平陽夷侯時，尚武帝姊平陽公主。』」《索隱》：「《（曹相國）世家》及《功臣表》『時，或作時』、《漢書》作『壽』見下文，並文字殘缺，故不同也。」按與「時」字發生聯係者，是平陽夷侯之名「時」字，此是《史記·衛青傳》引《索隱》之說，而考《史記索隱·高祖功臣侯者年表即上《功臣表》》則作「夷侯時」，云：「（時）音止，又音市。按曹參《系（世）家》作『時』，今《表》：『或作時。』按《漢書》：『衛青平西，曹壽尚陽信公主，即此人。當是字訛。』」《索隱》同引《功臣表》，夷侯時之或名，出現「時」、「時」異文，則古、今本二字不為一字異體，至少亦當視為通假字矣。以此克定：本條毛本蓋用叚字，陳校與梁氏說並誤，當無異議。謹又案：從本條校勘而言，事已告一段落，然上述史料透露之平陽夷侯時或稱「時」、「時」、「壽」，一人四名現象，則尚未得真解。治《選》，素有史《選》互證之傳統，無妨偶一走筆，為一疏之。據上述史料，夷侯名「時」，《索隱》引《功臣表》「或作」之變，將夷侯名「時」與「或作時」、「或作時」，甚至《漢書》作壽」串聯起來，足供學者思辨、考證。若能釐清此四字之正訛真偽、先後遞變，便是為探明夷侯之名正本清源。今按：時與時，音近義同，字得相通，已見上文。而時，《說文·日部》：「旹，古文時字。從之、日。」《繫傳》：「從日、之聲。」與時字為《之部》疊韻、禪澄準旁紐，音雖亦近，然並無「止（址）」之義，故字不得通，「時」必為譌字；復比勘「時」與「時」、「時」二字。時與「時」形音之近，遠過「時」字，故可判乃「時」之譌字。《漢書》作「壽」，見於《衛青傳》：「平陽侯曹壽尚武帝姊陽信長公主。」當初，顏監已有疑竇：「壽姓曹，為平陽侯。當是曹參之後。然《參傳》及《功臣侯表》並無之。未詳其

意也。」至四庫館臣《漢書·衛青傳》考證曰:「按:《史記·曹相國世家》:參曾孫時,尚平陽公主,生子襄。時病癘歸國。立二十三年卒,諡夷侯。本傳後文云:『平陽侯曹壽有惡疾,就國。』事與《史記》正合,然則,壽即時之別名也。」以壽為平陽侯別名。今按:壽,當為疇之省文。檢《說文·田部》:「𤲀(見《說文》篆體。下同),耕治之田也。段注:隸作疇。𤰥,从田象耕屈之形。直由切。」又,「𤰥,疇或省。」由《說文》並段注,可明:今之疇,乃𤲀之隸變,而壽即𤰥之隸變耳,此《漢書》作「壽」之所出。至此,可約為小結:《史記》作時,乃時之譌字、疇為時之叚字、《漢書》壽為疇之省文耳。《索隱》「時,或作疇、《漢書》作壽,並文字殘缺,故不同也」、館臣「壽為別名說」並非。《漢書》「壽」,當讀如「疇」,顏監「未詳其意」,當由此得發其覆矣。

安必思危 注:《太公陰謀機》之書曰:安不亡危,存不忘亡也。

【陳校】

注「亡危」。「亡」,「忘」誤。

【疏證】

奎本以下諸六臣合注本、尤本悉作「忘」。謹案:《冊府元龜》卷二百八十七引《易》同。本書何平叔《景福殿賦》「因居高而慮危」注、潘安仁《秋興賦》「彼知安而忘危兮」注引「安不」兩句同作「忘」,惟所引為《周易》。《漢書·劉向傳》亦作「安不忘危,存不忘亡」師古注:「《易下繫》之辭」云。《隋書·經籍志三》載:「《太公陰謀》一卷。」機有機巧義,疑與《太公陰謀》,一書異名耳。毛本獨涉下及音近而誤,陳校當從上下文、本書內證、尤本等正之。

劇秦美新一首 揚子雲

長恨黃泉 注:《左氏傳》:鄭伯曰:不及黃泉,無相見也。服虔曰:天玄地黃,泉在地上。

【陳校】

注「泉在地上。」「上」,「中」誤。

【疏證】

　　奎本以下諸六臣合注本、尤本悉作「中」。謹案：事見《春秋左傳注疏・隱公元年》注「天地」二句同作「中」，然為杜注。《史記・鄭世家》「誓言曰：不至黃泉」注，《集解》引「服虔曰」亦作「中」。本書《古詩十九首・驅車》「潛寐黃泉下」注、繆熙伯《挽歌詩》「暮宿黃泉下」注並引「服虔《左氏傳注》」作「中」。毛本獨傳寫誤，陳校當從《左傳》、《史記》、本書內證、尤本等正之。

爰初生民　注：《易》曰：有天地，然後有萬物；有萬物，然後有男女；有男女，然後有父子；有父子，然後有君臣。

【陳校】

　　注「有男女」下，宜全引「然後有夫婦，有夫婦」八字。

【疏證】

　　奎本以下諸六臣本、尤本悉脫此八字。謹案：語見《周易注疏・序卦》，正有此八字。本書班孟堅《東都賦》「更造夫婦」注、張茂先《女史箴》「爰始夫婦，以及君臣」注引皆有此八字。此奎本已脫，諸六臣合注本先後繼踵，尤本所據本亦脫。毛本當誤從尤、建二本等，陳校當從上下文義、《周易》、本書內證等補之。

獨秦崛起西戎　注：《史記》曰：秦自非子為附庸。之邑秦，號曰秦嬴。

【陳校】

　　注「之邑」二字，當乙。

【集說】

　　胡氏《考異》曰：注「之邑秦。」陳曰云云。是也，各本皆倒。
　　梁氏《旁證》曰：陳校「之邑」二字，互乙。各本皆倒。

【疏證】

　　奎本作「邑之」。自明州本以下諸六臣合注本、尤本皆倒。謹案：事見《史記・秦本紀》，正作「邑之」。《正義》引《括地志》云：「周太史儋云：始周與秦國合而別，故天子邑之秦。」言之甚明。《通志・秦紀》、《冊府元龜》卷一百八十二引、《太平御覽》卷八十六引《史記》、卷一百五十五引《世本》並作

「邑之」。毛本當誤從尤、建二本等，陳校當從《史記》等正之。

弛禮崩樂　注：崩樂，已見劉歆《移太常言士書》。

【陳校】

注「移太常言士」。「言」，「博」誤。

【疏證】

奎本、明州本、尤本作「博」。贛本、建本複出，不及劉《書》。謹案：劉《書》載在本書，自作「博」字。毛本傳寫獨誤，陳校無須披尤本、考本書內證，信手可正之也。

狙獷而不臻　注：《說文》曰：狙，犬暫齧人。又曰：獷，犬不可親附也。

【陳校】

注「犬暫齧人。」「暫」字衍、「人」下脫「也」字。

【集說】

顧按：此非衍。

胡氏《考異》曰：注「犬暫齧人。」袁本、茶陵本無「暫」字，人下有「也」字。按：此尤校改之也。

梁氏《旁證》曰：今《說文》：「狙。玃也。一曰：『狙，犬也。暫齧人者。』」又「獷。犬獷，獷不可附也。」

【疏證】

尤本皆同。奎本以下諸六臣合注本無「暫」、有「也」字。謹案：今《說文·犬部》：「狙，玃屬。一曰：『狙犬［也］，暫齧人者。』一曰：『犬不齧人也。』」審《說文》，有關「狙犬」一辭，原有兩說：一狙犬齧人，一［狙］犬不齧人。上句末用「者」，下句末用「也」，原為互文。合之，句尾當為「者也」，原為判斷句共用。今李善祇取「齧人」一說，固亦然可用此句尾共有之「者也」二字，以區別于「不齧人」者。故依善注當有「者也」（豈但「也」字，並「者」字不當省也）。《五百家註柳先生集》卷一《唐既受命李密自敗來歸以開黎陽斥東土為獸之窮》「天厚黃德狙獷服」，韓注引揚雄《劇秦美新》「狙獷而不臻」註：「狙獷，犬嚙人者也」云云，可為余說明證。據《說文》，

「暫」字非衍，況善注既取「囓人」，則自當有「暫」，顧按是也。暫，《廣雅‧釋詁二》：「暫，猝也。」又，《說文》段注：「犬」下，各本有「也」字。今依李善《劇秦美新》注，刪。段注是。《說文》上句言「狙犬」，下句作「犬」，亦因互文而省一「狙」字。否則，上文明云「玃屬」，下文單言「犬」，不可理解矣。毛本蓋皆從尤本，陳校蓋從贛本等，然謂「暫」衍，非；加「也」，是而未足，當添「者也」二字。前胡云「此尤校改之也。」前胡說或是。

貞天子之表也

【陳校】

「貞」，「真」誤。

【疏證】

諸《文選》本咸作「真」。謹案：《藝文類聚》卷十亦作「真」。毛本因音、形兼近而誤，陳校當從贛、尤二本等正之。

若夫白鳩丹烏　注：《吳錄》曰：孫策使張紘《與袁紹書》曰：殷湯有白鳩之祥。……《尚書帝驗》曰。

【陳校】

注「《與袁紹書》」。「紹」，「術」誤。又，「《尚書帝驗》」。「帝」下當有「命」字。見王融《曲水詩序》注。

【集說】

胡氏《考異》曰：注「孫策使張紘《與袁紹書》曰。」何校「紹」，改「術」，陳同。案：所校依《吳志》。是也，各本皆誤。又曰：注「《尚書帝驗》曰。」何校「帝」下添「命」字，陳同。是也，各本皆脫。

梁氏《旁證》曰：何校「紹，改術」，陳同。是也。此所引在《吳志‧孫策傳》注。又曰：

何校「帝」下添「命」字。陳同。各本皆脫。

【疏證】

奎本以下諸六臣合注本、尤本悉誤「紹」、脫「命」字。謹案：「白鳩」事，見《吳志‧孫策傳》「時袁術僭號，策以書責而絕之」裴注曰：「《吳錄》載：策使張紘為書曰」云云。《三國志文類》卷四十八亦作《孫策責袁術書》。

「《尚書帝命驗》」，見本書王氏《曲水詩序》「曆草滋」注外，又見顏延年《三月三日曲水詩序》「蒼靈奉塗」注、陸佐公《石闕銘》「命旅致屯雲之應」注引，並有「命」字。毛本當誤從尤、建二本等。陳、何校「紹」，乃據《吳志》傳及裴注正，前胡、梁氏說，是也。陳補「命」字，當從《尚書帝命驗》、本書內證等。

親九族淑賢以穆之　注：《漢書》：莽詔曰：姚、嬀、陳、田、王，子之同族也。

【陳校】

注「子之同族」。「子」，「予」誤。

【疏證】

奎本誤同。明州本以下諸六臣合注本、尤本皆作「予」。謹案：語見《漢書·王莽傳》，正作「予」字，《冊府元龜》卷九百十一同。奎本因形近而誤，毛本別有誤從。陳校當據《漢書》、尤本等正之也。

方甫刑　注：《尚書》曰：穆王作《呂刑》。

【陳校】

注「《尚書》」下，脫「序」字。

【集說】

胡氏《考異》曰：注「《尚書》曰：『穆王作呂刑。』」陳曰云云。是也，各本皆脫。

梁氏《旁證》曰：陳校「書」下添「序」字。各本皆脫。

【疏證】

奎本以下諸六臣合注本、尤本悉脫。謹案：語見《尚書注疏·呂刑》序。毛本當從尤、建二本，陳校當從《尚書》補之。

恢崇祇庸，爍德懿和之風　注：《周禮》曰：以樂德教國于，中和祇庸孝友。

【陳校】

注「教國于，中和」。「于」，「子」誤。

【疏證】

　　奎本以下諸六臣合注本、尤本悉作「子」。謹案：語見《周禮注疏・大司樂》，正作「子」，本書任彥昇《為蕭楊州作薦士表》「允迪中和」注引同。《荀子・王制篇》「脩憲命」楊倞注、《白孔六帖》卷六十一「樂德」注亦作「子」。毛本獨因形近而誤，陳校當從本書內證、《周禮》、尤本等正之。

著黃虞之裔　　注：《漢書》曰：子惟黃帝。

【陳校】

　　注「子惟黃帝。」「子」，「予」誤。

【疏證】

　　奎本以下諸六臣合注本、尤本悉作「予」。謹案：語見《漢書・王莽傳》，正作「予」，《冊府元龜》卷九百十一同。毛本獨因形近而誤，陳校當從《漢書》、尤本等正之。

典引一首　　班孟堅　　蔡邕注

題下注：蔡邕曰：《典引》者，篇名也。……范曄《後漢書》曰：班固，字孟堅，亦云注《典引》。

【陳校】

　　題下脫「並序」二字。又，「范曄《後漢書》」一條，衍。

【集說】

　　余氏《音義》曰：「蔡邕曰」。六臣上有「並序」（三）〔二〕字。

　　胡氏《考異》曰：「典引一首」。袁本、茶陵本此下有「並序」二字，是也。又曰：「范曄《後漢書》曰：班固，字孟堅。亦云注《典引》。」袁本、茶陵本無此十六字，是也。

　　許氏《筆記》曰：注脫「並序」二字。注末「范曄《後漢書》」云云十六字，衍。並正。嘉德案：六臣本無此十六字。

【疏證】

　　尤本脫、衍皆同。奎本以下諸六臣合注本皆有「並序」二字、並無「范曄《後漢書》」一條。五臣正德本題下有「並序」字，陳本無。謹案：毛本

當誤從尤本，陳校當從贛本等正之。此亦前胡以引袁、茶本而省稱陳校之例。

臣常伏刻誦聖論

【陳校】

「臣」下脫「固」字。

【疏證】

諸《文選》本咸有「固」字。謹案：今觀篇首「臣固言」云云、下文「臣固愚戇，頓首頓首」，即知班固自稱「臣」下皆有「固」字，已可必此毛本刻工偶漏，陳校不必披贛、尤二本，但據本書內證，應手可正耳。

烟烟熅熅　蔡注：烟烟熅熅，陰陽和二，相扶貌也。

【陳校】

注「和二」。「二」，「一」誤。

【集說】

梁氏《旁證》曰：按：《後漢書》注引蔡邕曰：「絪縕，陰陽和一，相扶貌也」。不作「烟熅」，與今《選》注異。

【疏證】

奎本以下諸六臣合注本、尤本悉作「一」。謹案：梁引「蔡邕」云云，見《後漢書》本傳注，此注足證「二」為「一」之譌。毛本獨傳寫形近而誤，陳校當從《後漢書》、尤本等正之。

肇命民主　蔡注：民主者，天予也。

【陳校】

注「天予也」。「予」，「子」誤。

【疏證】

奎本以下諸六臣合注本、尤本悉作「子」。謹案：《後漢書》本傳作「肇命人主」，注「人主，謂天子也。」亦作「子」。毛本獨因形近傳寫誤，陳校當從《後漢書》、尤本等正之。

若夫上稽乾則，降龍翼　善曰：翼，法也。言陶唐上能考天之則，下能承龍之法也。

【陳校】

「降龍翼。」「龍」上，脫「承」字。

【疏證】

諸《文選》本咸有「承」字。謹案：五臣有「承」字，銑注可證。《後漢書》本傳有「承」字。但觀正文當與「上稽乾則」相對偶及善注，亦當有「承」字。毛本傳寫偶脫，陳校當從本書善注、尤本等補之。

將授漢劉　蔡注：高祖始於沛公起入關後，為漢王，以即尊位。

【陳校】

注「沛公起入」。「入」，「兵」誤。

【疏證】

奎本以下諸六臣合注本、尤本悉「入」上有「兵」字。謹案：據上下文義，上《文選》諸本皆是，毛本誤在「入」上脫「兵」字，陳校尚脫一字，亦疏矣。

彝倫斁而舊章缺　善曰：《左氏傳》曰：季恒子命藏象魏，曰：舊章不可亡也。

【陳校】

注「季恒子」。「恒」，「桓」誤。

【疏證】

建本誤同。奎本、明州本、贛本、尤本作「桓」。謹案：事見《春秋左傳注疏·哀公三年》，正作「桓」，本書班孟堅《東都賦》「乃申舊章」注、陸佐公《石闕銘》「春秋設舊章之教」注引並同。毛本當誤從建本，陳校當從本書內證、《左傳》、尤本等正之。本條再證毛本與建本之特殊關係。

表相祖宗　蔡注：皆不毀廟又稱。

【陳校】

注「毀廟又稱」。「又」，「之」誤。

【疏證】

奎本以下諸六臣合注本、尤本悉作「之」。謹案：毛本獨因形近而誤，陳校當從尤本等正之。

雖皋夔衡旦，密勿之輔　善曰：謂皋陶、后夔、阿衡、周旦曰。密勿，已見傅季友《求贈劉將軍表》。

【陳校】

注「周旦曰」。「曰」，「也」誤。又「劉將軍」。「將」，當作「前」。

【疏證】

奎本、尤本作「也」、「前」。明州本省作「善同銑注」。贛本、建本作「也」、復出傅《表》注，故不及「劉前軍」。謹案：「曰」字，毛本獨因形近而誤。誤「將」，則傳寫者想當然耳。傅《表》載本書，明作《為宋公求加贈劉前軍表》。陳校當據本書內證、尤本等正之。

乃龍見淵躍　善曰：《易》曰：見龍在田，或躍十淵。

【陳校】

注「十淵」。「十」，「在」誤。

【疏證】

奎本、尤本作「在」。明州本、贛本、建本作「于」。謹案：語見《周易注疏·乾卦·九四》正作「在淵」。《後漢書》本傳同。六臣合注本有向曰：「天命既至，則候時而動。其出也，如龍潛而見，天下文明，而人利見之，似龍躍於淵。自試，欲飛之意也。《易·乾卦·九四》云；或躍在淵，自試也」云云。五臣正德本、陳本，亦有引《易》以下十三字在。然五臣注，鮮見有文獻徵引，而本條不見有舊注，故頗疑此為蔡注。舊注例在善注前，在六臣合注本中則居中，故向注有「欲飛之意也」以釋「自試」。「自試」，正當蔡注引《周易》語。然則，本條蔡注、善注同作「在」。向注作「於」，此明州本作「于」之所出也。贛、建二本，則誤從明州本。毛本蓋誤從建本，復傳寫譌作「十」耳。陳校當從《周易》《後漢書》、尤本等正之。

胡縊莽分　善曰：《漢書》曰：王莽地黃四年十月……呼曰：虜王莽何不出來降

【陳校】

注「地黃四年」。「黃」，「皇」誤。又「虜王莽」。「虜」上，脫「反」字。

【集說】

胡氏《考異》曰：注「地黃四年」。陳云：「黃，皇誤。」是也，各本皆誤。又曰：注「虜王莽」。何校「虜」上添「反」字，陳同。是也，各本皆脫。

梁氏《旁證》曰：陳校「黃」改「皇」。何校「虜」上添「反」，陳同。各本皆有脫誤。

【疏證】

惟贛本作「皇」外，奎本、明州本、尤本、建本皆誤「黃」；上述諸本皆脫「反」。謹案：語見《漢書・王莽傳》，正作「皇」、有「反」字。《太平御覽》卷八十九、卷八百六十八引皆有「反」字。本書范蔚宗《後漢書・光武紀贊》「新都自焚」注引亦有「反」字。毛本當誤從尤、建二本等，陳、何當據本書內證、《漢書》、贛本等正補。

然後欽若上下　蔡注：言二王既除亂。

【陳校】

注「言二王」。「王」疑「祖」誤。二祖，高、光也。見下文。

【疏證】

奎本、尤本作「主」。自明州本首誤「王」，贛本、建本誤同。謹案：陳校蓋據下文「然後宣二祖之重光」，指高祖、光武為「二祖」，《後漢書》本傳章懷注下文「有于德不台淵穆之讓」，亦作「言二祖初即位居尊之時」云云，此或亦陳校所宗，然終不及奎、尤二本作「主」為近似。蔡注未必從本文、《文選》未必同《後漢書》也。毛本固形近而誤。

有于德不台淵穆之讓　蔡注：《漢書音義》曰昭曰：古文台為嗣。

【陳校】

注「曰昭曰」。上「曰」，「韋」誤。

【集說】

余氏《音義》曰：「義曰昭」。「曰」，何改「韋」字。

【疏證】

奎本以下諸六臣合注本、尤本悉作「韋」字。謹案：毛本涉下而誤，陳、何當據贛、尤二本等正之。《後漢書》作「《音義》曰：『台，讀曰嗣。』」引《漢書音義》而略去主名，疑章懷所見本或有闕略矣。

用討韋顧黎崇之不恪　蔡注：《書》曰：西伯既勘黎。

【陳校】

注「勘黎」。「勘」，「戡」誤。

【集說】

胡氏《考異》曰：注「西伯既戡黎。」袁本「戡」作「龕」，是也。茶陵本亦誤「戡」。

梁氏《旁證》曰：胡公《考異》曰：「六臣本戡作龕。是也。」姜氏皋曰：「《說文・戈部》云：『戜，殺也。从戈，今聲。《商書》曰：西伯既黎。』《書大傳》亦作『戜』。《說文・邑部》『郼』下，又引『西伯戡郼。』《爾雅・釋詁》：『堪，勝也』，郭注又引『《書：西伯堪黎。』惟本書謝玄暉《和伏武昌登孫權故城詩》注云：『龕，與戡，音義同。』然則，戜、堪、龕，皆以同音假用也。」

許氏《筆記》曰：注「勘黎」。當作「戡」。正。嘉德案：戡，從力，譌字。注「西伯既戡黎」，胡曰「袁本」云云。嘉德案：考《說文》「戜，殺也。」引《商書》曰「西伯既黎。」戡，刺也。今《尚書》作「勘黎」。《爾雅・釋詁》：「堪，勝也」，郭注引《書》：「西伯堪黎」。《左傳》「王心弗堪」，《漢・五行注》作「王心弗戜」，云：「勝也。」《文選》注引《尚書》孔傳曰：「龕，勝也」，故又叚借為戜亂字，亦作「龕黎」。段氏曰：「漢魏六朝人戜、戡、堪、龕四字不甚區別。蓋訓勝，則堪為正字，或假戜，或假戡，又或假龕，皆以同音為之也。」據此，則作戡、作龕，諸書通用，無甚是非耳。

【疏證】

奎本以下諸六臣合注本、尤本悉作「戡」。謹案：語見《尚書注疏・西伯戡黎》，字正作「戡」。《後漢書》引《尚書》亦作「戡」。「戡」與「龕」通。

《說文通訓定聲‧臨部》：「上今下龍」（龕），段借為「右戈左下今（戡）。」本書謝玄暉《和伏武昌登孫權故城》「西龕收組練」注：「《尚書序》曰：『西北戡黎。』孔安國曰：『戡，勝也。』龕，與戡音義同。」《說文新附》：「勘，校也。从力，甚聲。」鄭珍新附考：「古戡勝、戡定，經典史籍通作戡、右戈左下今、勘、龕四形。《說文》四字注皆無其說，蓋戡、堪有別義訓勝、訓定，勘定書籍，又其後一文也。」檢清‧黃中松《詩疑辨證》卷四《貝》「在水者蜬」注引《書‧大傳》，正作「勘」。然則，毛本从「力」，亦不必改也。陳校、前胡皆未免拘泥。此陳校、前胡皆失之例。梁引姜皋說，正坐實鄭珍說。

京遷鎬亳　善曰：《尚書‧湯誥》曰：王歸自夏，至於亳。

【陳校】

注「王歸自夏。」「夏」上脫「克」字。

【集說】

胡氏《考異》曰：注「王歸自夏。」陳曰云云。是也，各本皆脫。

【疏證】

奎本以下諸六臣合注本、尤本悉脫。謹案：語見《尚書注疏‧湯誥》正有「克」字，《太平寰宇記‧絳縣》「古亳城，在縣西北十五里。《尚書‧湯誥》：『王歸自克夏，至於亳。』」亦有「克」字。毛本誤從尤、建二本等，陳校當從《尚書》補之。

護有慙德，不其然與　蔡注：《護》，殷樂也。延陵季子聘魯。觀樂，見舞《大護》者，曰：聖人之治也，而猶有慙德。恥於征伐也。豈不然乎？《左氏傳》：臧哀伯曰。

【陳校】

「護有慙德」。「護」，「濩」誤。又，注：「聖人之治」。「治」，「弘」誤。「豈不然乎」下，脫「善曰」二字。

【集說】

余氏《音義》曰：何曰：「《左氏傳》臧」上增「善曰」二字。

孫氏《考異》曰：「濩有慙德」。「濩」誤「護」。

顧按：「護」，即「濩」字。

　　胡氏《考異》曰：注「《左氏傳》曰：臧哀伯曰。」袁本、茶陵本「左」上有「善曰」二字，是也。後注「甄陶已見上文」上……皆同。

　　梁氏《旁證》曰：按：「湯樂」，或作「護」。《春秋繁露‧楚莊王篇》：「湯之時，民樂其救之於患害也，故〔曰〕護。」《白虎通》云：「湯曰大護者，言湯承衰，能護民之急也」，故《廣雅‧釋詁》有「護，護也」之訓。《說文‧音部》無「護」字，其《言部》「護」字云：「救視也。」湯樂既取救義，正宜作「護」字矣。《玉篇》：「《大護》，湯樂名。」是也。《周禮》及《左傳》皆作「護」，《風俗通‧聲音篇》：「濩，言救民也。」亦仍救義耳。

　　朱氏《集釋》曰：注引「延陵季子觀樂，見舞《大護》者」云云。蓋本《左傳‧襄二十九年》文。今《傳》「《大護》」作「《韶濩》」。案：湯樂，或作「《護》」。《春秋繁露‧楚莊王篇》：「湯之時，民樂其救之於患害也，故曰護。」《白虎通》曰：「湯曰大護者，言湯承衰，能護民之急也」，故《廣雅‧釋詁》有「護，護也」之訓。然《說文‧音部》無「護」字，其《言部》「護」字云「救視也。」湯樂既取救義，正宜作「護」字矣。《墨子‧三辯篇》、《呂氏春秋‧古樂篇》、《韓詩外傳》俱作「護」。《玉篇》：「《大護》，湯樂名。」是也。《周禮》及《左傳》皆作「濩」，《莊子》亦云「湯有《大濩》。」據《竹書》：「成湯二十四年，禱於桑林，雨。二十五年作《大濩》樂」，《帝王世紀》略同。是大濩，因得雨而名也。《說文》：「濩，雨流霤下皃」，則作「濩」尤合。惟「濩」、「護」二字古以同音通用，《周禮‧大司徒》「大濩」，《釋文》：「濩，本作護。」《禮記‧禮器》注「護」字《釋文》又云：「護，本作濩。」而《風俗通‧聲音篇》云：「濩，言救民也。」「濩」，仍取救義者，蓋亦以「濩」為「護」耳。

　　姚氏《筆記》曰：「《左氏》」上脫「善曰」二字。按《典引》蔡邕注加以善注，則注「善曰」字以別之。凡脫十餘處，今並校增。

【疏證】

　　明州本、尤本、建本並注作「護」，奎本、贛本並注作「濩」。奎本以下諸六臣合注本、尤本悉作「弘」。惟尤本脫「善曰」，奎本以下諸六臣合注本皆有「善曰」。謹案：《後漢書》本傳作「護」、「弘」。「護」與「濩」同。商湯樂名。《墨子‧三辯》：「湯因先王之樂，又自為樂，命曰護」，《集韻‧莫韻》：「濩：《大濩》。湯樂名。通作護。」《周禮注疏‧大司樂》「以樂舞教國子舞《雲門》、《大卷》、《大咸》、《大磬》、《大夏》、《大濩》、《大武》」鄭注：「《大濩》，湯樂

也。」《春秋左傳注疏・襄公二十九年》:「見舞《韶》《濩》者」注:「殷湯樂。」皆其證。季子觀樂,事見《春秋左傳注疏・襄公二十九年》,正作「弘」字。毛本作「濩」,蓋從尤、建二本,不誤。陳校欠明通假。毛本作「治」,則獨形近而誤。至於「左」上「善曰」二字,陳、何校蓋從贛本、建本等增,是也。本篇善用蔡邕舊注。按善注例:舊注置前,善注上加「善曰」以為畛域。前胡即以善注例補,故較何校為縝密。姚氏尚未及悟此理,然彼乃就一篇用類比法,亦得之。參拙著《何校集證》。梁氏《旁證》實從朱《集釋》刪節而成,例當節略之,姑存此以為考兩家淵源云。

豈不克自神明哉　善曰:言二代以臣伐君,尚能行樂配天。

【陳校】

　　注「行樂」。「行」,「作」誤。

【疏證】

　　奎本以下諸六臣合注本、尤本悉作「作」。謹案:毛本獨因形近而誤,陳校當從尤本等正之。

乃先孕虞育夏　蔡注:言測度漢本至唐,乃任舜育禹。

【陳校】

　　注「任舜育禹」。「任」,似當作「姙」。

【疏證】

　　奎本以下諸六臣合注本、尤本悉同。謹案:「任」,與「姙」同。《大戴禮記・保傅》「周后妃任成王於身」。《漢書敘傳上》:「劉媼任高祖而夢與神通」顏注:「任,謂懷任也。」並是其證。毛本當從尤、建二本等,陳校疏於通假。

內霶豪芒　注:言漢道外則運行於渾元,內則霶潤於毫芒。言巨細咸被也。

【陳校】

　　注首脫「善曰」二字。

【集說】

　　胡氏《考異》曰:後注「言漢道外則運行於渾元」上……,皆同(脫「善

曰」）。

姚氏《筆記》曰：注「言漢」上，脫「善曰」二字。

【疏證】

尤本脫同。奎本以下諸六臣合注本皆有「善曰」二字。謹案：理同上注「《左氏傳》臧」條。前胡說是。毛本當誤從尤本等，陳校當從尤本等正之。

品物咸亨　注：《易》曰：品物咸享。

【陳校】

注首脫「善曰」二字。又，注中「咸享」。「享」，「亨」誤。

【集說】

胡氏《考異》曰：後注「《易》曰：品物咸亨」上……皆同（脫「善曰」）。

【疏證】

尤本脫同、作「亨」。奎本以下諸六臣合注本皆有「善曰」、作「亨」。謹案：注首脫「善曰」，已見上條。引《易》語，見《周易注疏・坤》，正為「亨」，本書王子淵《四子講德論》「品物咸亨」並注同。《後漢書》本傳引作「亨」。《說文・言部》：「亯，獻也。從高省。曰：『象進孰物形。』《孝經》曰：『祭則鬼享之。』享，篆文亯。」段注：「據玄應書：則亯者，籀文也。小篆作亯，故隸書作亨。作享，小篆之變也。」吳大澂《古籀補》：「古亯字象宗廟之形。」《周易・大有》：「公用亨于天子」釋文：「用亨，京云：獻也。于云：享，宴也。姚云：享，祀也。」亯，玄應與許氏說有籀文與小篆之歧，然古亯一字後世分化為：享、亨、烹三字，古則多通用，當無異議。故本條毛本脫「善曰」，乃誤從尤本等，陳補是；作「享」，則不得謂譌，陳校反拘泥也。

功君百王　注：言漢之德能臣古之列辟。

【陳校】

注首脫「善曰」二字。

【集說】

胡氏《考異》曰：後注「言漢之德能臣古之列辟」上……皆同（脫「善曰」）。

【疏證】

尤本脫同。奎本、明州本、建本皆有「善曰」。贛本脫「善曰」，誤為蔡注。謹案：毛本當誤從尤本。陳校當從建本等補之。參見上文。

乃始虔鞏勞謙，兢兢業業　注：《尚書》曰：兢兢業業。

【陳校】

注脫「鞏，亦勞也。善曰：《易》曰：勞謙君子，有終吉」六句。

【集說】

胡氏《考異》曰：後注「《易》曰勞謙」上……皆同（脫「善曰」）。

許氏《筆記》曰：下注脫，何加「鞏，亦勞也。善曰：《易》曰：勞謙君子有終吉」十五字。嘉德案：六臣茶、袁本皆有「蔡邕曰：鞏，勞也。善曰：《易》曰：勞謙君子有終吉。」此舊注脫也。尤校併刪「蔡邕曰」三字，今並補十七字。

【疏證】

尤本有「鞏，亦勞也」四字、「《易》曰」云云九字，無「蔡邕曰」、「善曰」。奎本以下諸六臣合注本並有「蔡邕曰」以下十八字。謹案：毛本此句無注。善引舊注體例：篇首冠舊注者姓氏，注文則舊注居前，不再署名；善若有補苴，以「善曰」為界欄。其有舊無注而善有說者亦標「善曰」。六家本系統以五臣為底本，故以五臣注居前，奎本尚明善此例，因添舊注姓氏以域舊注。如本條前既有向注，故添「蔡邕曰」三字。贛本為首之六臣本系統，倒置明州本注，既恢復以善注居五臣注前，則合該刪此舊注姓氏，而因昧於此例，襲而不刪。尤本從贛本，知刪「蔡邕曰」，是；而並去「善曰」，則混一舊注與善注。其誤實與贛本伯仲耳。陳、何校補皆是，嘉德補，亦非。參拙著《何校集證》。

渙揚寓內　注：《禮記》曰：聖人南面而治天下也。

【陳校】

「渙」，「煥」誤。又注「《禮記》」上，脫「善曰」二字。

【集說】

余氏《音義》曰：何曰：「《禮記》曰聖上」，增「善曰」二字。

胡氏《考異》曰：後注「《禮記》曰：聖人南面而治天下也」上……皆同（脫「善曰」）。

姚氏《筆記》曰：「至於遷正黜色」注「《禮記》曰」上，脫「善曰」。

【疏證】

奎本以下諸六臣合注本、尤本悉作「渙」。尤本脫「善曰」二字，諸六臣合注本皆有此二字。謹案：《後漢書》本傳作「煥」。「渙」與「煥」同。《釋名·釋彩帛》：「紈渙也。細澤有光，渙渙然也。」《漢書·揚雄傳》：「渙若天星之羅，浩如濤水之波。」《說文通訓定聲·乾部》：「渙，字亦作煥。」故毛本作「渙」不誤，陳校當據《後漢書》而欠明通假。毛本脫「善曰」二字，蓋誤從尤本，此則陳校是。參見上文。

雖云優慎，無乃葸與　蔡注：慎而無禮則葸。優，謂優游也。

【陳校】

注「優」上，脫「善曰」二字。

【集說】

胡氏《考異》曰：後注「優謂優游也」上……皆同（脫「善曰」）。

【疏證】

尤本脫同。奎本以下諸六臣合注本皆有「善曰」二字。謹案：毛本誤從尤本。陳校是。參見上文。

躬奉天經　注：《孝經》曰：夫孝，天之經也。

【陳校】

注「《孝經》」上，脫「善曰」二字。

【集說】

余氏《音義》曰：何曰：「《孝經》曰夫」上，增「善曰」二字。

胡氏《考異》曰：後注「《孝經》曰：夫孝」上……皆同（脫「善曰」）。

姚氏《筆記》曰：注「《孝經》曰」上，脫「善曰」。

【疏證】

尤本脫同。奎本以下諸六臣合注本皆有「善曰」二字。謹案：毛本誤從

尤本。陳校是。參見上文。

巡靖黎蒸，保鰥寡之惠浹　蔡注：懷，安也。保，養也。巡靖，巡狩而安之也。

【陳校】

「保，養也」下，脫「善曰」二字。

【集說】

余氏《音義》曰：何曰：「巡靖」上，增「善曰」二字。

胡氏《考異》曰：後注「巡靖，巡守而安之也」上……皆同（脫「善曰」）。

【疏證】

尤本脫同。奎本以下諸六臣合注本有「善曰」。謹案：注首六字為蔡注，尤本「養也」下脫「善曰」，則誤「「巡靖」以下為舊注也。毛本誤從尤本。陳校是。參見上文。

燔瘞縣沈　注：《爾雅》曰：祭天曰燔柴，祭地曰瘞理。祭山曰疲懸。

【陳校】

注首脫「善曰」二字。又「瘞理」。「理」，「埋」誤。「疲懸」。「疲」，「庋」誤。

【集說】

余氏《音義》曰：何曰：「『《爾雅》曰祭』上，增『善曰』二字。」「皮懸」。「皮」，何改「疲」。案：《爾雅》作「疲縣」。

胡氏《考異》曰：後注「《爾雅》曰：祭天」上……皆同（脫「善曰」）。

姚氏《筆記》曰：注「《爾雅》曰」上，脫「善曰」。

【疏證】

尤本脫「善曰」、作「埋」、「庋」。奎本有「善曰」二字、作「埋」、「庋」。明州本、贛本、建本作「庋」，餘同奎本。謹案：《後漢書》本傳引作「埋」、「庋」。「庋」，與「庋」同。檢《爾雅注疏·釋天》：「祭山曰庋懸」音義：「庋，本或作庋。」《禮記注疏·雜記上》「甕甒筲衡」注：「此謂葬時藏物也。衡，當為桁，所以庋甕甒之屬。」音義：「庋，字亦作庋，同。」皆其證。何、余二家作「疲」、「皮」者，皆篆書形近「庋」而譌。頗疑余氏迻錄有誤。又，《爾

雅注疏・釋天》正作「埋」。毛本脫，蓋誤從尤本，獨誤「理」，蓋形近而誤。陳校從《爾雅》、《後漢書》、贛本等補正之。參見上文。

是以來儀集羽族於觀魏　注：《尚書》曰：鳳皇來儀。

【陳校】

注「《尚書》」上，脫「善曰」二字。

【集說】

胡氏《考異》曰：後注「《尚書》曰：鳳皇來儀」上……皆同（脫「善曰」）。

姚氏《筆記》曰：注「《尚書》曰」上，脫「善曰」。

【疏證】

尤本脫同。奎本以下諸六臣合注本皆有「善曰」二字。謹案：毛本誤從尤本。陳校從贛本等補，是。參見上文。

升黃輝采鱗於沼　蔡注：聽德知正，則黃龍見。《禮記》曰：龜龍在宮沼。

【陳校】

注「聽德知正」。「德」，似當作「聰」。又「《禮記》」上，脫「善曰」二字。

【集說】

胡氏《考異》曰：注「聽德知正，則黃龍見。」陳云：「德，似當作聰。」案：所校最是，各本皆誤。蔡說與《周南》正義引服虔《左氏注》全同，可證也。又曰：後注「《禮記》曰：龜龍在宮沼」上……皆同（脫「善曰」）。

梁氏《旁證》曰：陳曰：「德，當作聰。」段校同。各本皆誤。

姚氏《筆記》曰：注「《禮記》曰」［上］，脫「善曰」。

【疏證】

尤本作「德」、脫「善曰」。奎本以下諸六臣合注本皆作「德」、有「善曰」。謹案：《周南》正義引服虔《左氏注》語，見《毛詩注疏・周南・麟之趾》篇，正作「聰」。謹案：毛本誤、脫皆誤從尤本。陳校、前胡之說皆是。尤本「善曰」之脫，說見上文。

甘露宵零於豐草　蔡注：德至天則甘露降。《毛詩》曰：湛湛露斯。

【陳校】

　　注「《毛詩》」上，脫「善曰」二字。

【集說】

　　余氏《音義》曰：何曰：「《毛詩》曰湛」上，增「善曰」二字。

　　胡氏《考異》曰：後注「《毛詩》曰：湛湛露斯」上……皆同（脫「善曰」）。

【疏證】

　　尤本脫同。奎本以下諸六臣本皆有「善曰」二字。謹案：毛本誤從尤本。陳校從贛本等補，是。說參見上文。

三足軒翥於茂樹　注：《楚辭》曰：鸞鳥。

【陳校】

　　注「《楚辭》」上，脫「善曰」二字。

【集說】

　　余氏《音義》曰：何曰：「《楚辭》曰鸞」上，增「善曰」二字。

　　胡氏《考異》曰：後注「《楚辭》曰：鸞鳥」上……皆同（脫「善曰」）。

　　姚氏《筆記》曰：注「《楚辭》曰」［上］，脫「善曰」。

【疏證】

　　尤本脫同。奎本以下諸六臣本皆有「善曰」二字。謹案：毛本誤從尤本。陳校從贛本等補，是。說參上文。

昔姬有素雉朱鳥，玄秬黃䅤之事耳　注：素雉，白雉也。……《韓詩外傳》曰：貽我嘉䅤。（辭）〔薛〕君曰：䅤，大麥也。音莫倭切。

【陳校】

　　注「素雉」上，脫「善曰」二字。又「莫倭」。「倭」，「侯」誤。

【集說】

　　胡氏《考異》曰：後注「素雉白雉也」上……皆同（脫「善曰」）。

姚氏《筆記》曰：注「素雉」上，脫「善曰」。

【疏證】

尤本脫同、作「侯」。奎本以下諸六臣本皆有「善曰」二字、「麰」下音作「莫侯」。謹案：「麰」，「麳」之俗字。《毛詩注疏·周頌·思文》「貽我來牟」音義：「鄭：來、牟並如字。《字書》作麳，音同牟。字或作麰」《集韻·侯韻》：「麳麰：《說文》：來麳，麥也。或作麰」。此可為音「莫侯切」之借證。毛本脫「善曰」，當誤從尤本；誤「侯」，蓋獨形近而誤。陳校當從贛本等補正之。說參上文。「《韓詩外傳》」，當「《韓詩》」之譌。

蓋用昭明寅畏，承聿懷之福　注：《尚書》曰：嚴恭寅畏。

【陳校】

注「《尚書》」上，脫「善曰」二字。

【集說】

余氏《音義》曰：何曰：「《尚書》曰嚴」上，增「善曰」二字。

胡氏《考異》曰：後注「《尚書》曰：嚴恭寅畏」上……皆同（脫「善曰」）。

姚氏《筆記》曰：注「《尚書》曰」上，脫「善曰」。

【疏證】

尤本脫同。奎本以下諸六臣本皆有「善曰」二字。謹案：毛本誤從尤本。陳校從贛本等補，是。說參上文。

亦以寵靈文武　注：《左氏傳》遠啟疆曰。

【陳校】

注「《左氏傳》」上，脫「善曰」二字。

【疏證】

尤本脫同。奎本以下諸六臣合注本並有「善曰」。謹案：毛本誤從尤本。陳校從贛本等補。說參上文。

啟恭館之金縢，御東序之秘寶 〔蔡〕注：恭館，宗廟。金縢之所在。東序，牆也。《尚書》曰：顓頊《河圖》、《雒書》在東序。流，演也。《雒書》皆存亡之事（尚）〔也〕。覽之，以演禍福之驗也。

【陳校】

按光武先據《河圖·赤伏符》即位，及後封禪，又據《河圖·會昌符》之文。當日崇信緯書，至矣！但史不著藏弄之所耳。此二句當謂出所藏緯書而陳之也。注非。

【疏證】

尤本同。奎本以下諸六臣本並有「蔡邕曰」，餘同。謹案：尤本脫「蔡邕曰」，毛本誤從之。此亦陳論善注之非。

順命以創制 蔡注：《易》曰：湯武革命，順乎天，應手人。

【陳校】

注「手人」。「手」，「乎」誤。

【疏證】

奎本以下諸六臣合注本、尤本悉作「乎」。謹案：語見《周易注疏·革》，正作「乎」，又「天」下有「而」字。本書陸士衡《皇太子宴玄圃宣猷堂有令賦詩》「昔哲王先天而順」注、鍾士季《檄蜀文》「應天順民」注、干令升《晉紀論晉武帝革命》「湯武革命應天人也」注、班孟堅《述高帝紀》「革命創制」注、班叔皮《王命論》「至於應天順人」注、陸佐公《石闕銘》「雖革命殊乎因襲」注皆作「乎」、有「而」字。蓋蔡無，然善有「而」耳。毛本獨因形近而脫，陳校當從《周易》、本書內證、尤本等正之。

展放唐之明文 善曰：《尚書璇璣鈴》曰：述堯治世放唐之文。

【陳校】

注「璇璣鈴」。「鈴」，「鈐」誤。

【疏證】

奎本以下諸六臣合注本、尤本悉作「鈐」。謹案：《尚書璇璣鈐》，屢見上文，參王元長《三月三日曲水詩序》「延喜之玉攸歸」條。《後漢書》本傳章懷注云：「《尚書璇璣鈐》曰：『平制禮樂，放唐之文』」，又《曹褒傳》云：「元和

二年下詔曰……《尚書璇璣鈐》曰：『述堯理世，平制禮樂，放唐之文』」，所引略同，並可為作「鈐」之佐證。毛本傳寫獨誤，陳校當從贛、尤二本等正之。

茲事體大，而允寤寐次於聖心，瞻前顧後　善曰：允，信也。次，止也。言此事體大式弘大，信能寤寐常止於聖心，不可忘也。

【陳校】

「茲事體大，而允」。「而允」二字當屬上讀。范《書》注謂：「封禪之事大而且信也。」又「寤寐次於聖心」。「次」當作「次且」之「次」解。「瞻前顧後」，即「次且」意也。又注中「體」下，衍「大」字。

【集說】

胡氏《考異》曰：「而允寤寐次於心」。案：「心」上脫「聖」字。袁本、茶陵本有。又曰：注「次，止也。」袁本、茶陵本無此三字，是也。尤取章懷注添。又曰：注「言此事體大式宏大」。陳云：「體下，衍大字。」是也，各本皆衍。又曰：注「常止於聖心，不可忘也。」袁本、茶陵本作「次於聖上之心也」，是也，尤取章懷注改也。「瞻前顧後」。袁本云：「善無此一句。」茶陵本云：「五臣有此一句。」案：此尤延之添之也。《後漢書》所載有此一句。章懷注「前，謂前代帝王，後，謂子孫也」，尤並取以增多，其實未必是。

梁氏《旁證》曰：「而允寤寐次於心」，六臣本及《後漢書》「於」下並有「聖」字。此尤本脫。又曰：陳校「體下去大字。」各本皆衍。又曰：六臣本於「瞻前顧後」四字，校云：「善無。」恐未是。

黃氏《平點》曰：「而允寤寐次於心，瞻前顧後」二句。據注及別本「心」上增「聖」字。上句謂思制作，下句謂仰觀附貽。或云：「善無瞻前顧後四字」。

【疏證】

奎本有「次，止也」三字、衍「大」、「於」下有「聖」（無校語）、作「次於聖上之心也」（無「不可忘」）、有「瞻前顧後」四字。明州本、建本惟脫「次，止也」三字，餘同奎本。贛本「於」下，有校云「五臣本作聖」、作「常止於聖心，不可忘也」（獨「弘」，館臣傳寫作「張」），餘同奎本。尤本同贛本。謹案：「而允寤寐次於心。」「於」下，五臣正德本及陳本並有「聖」，向注可證。

《後漢書》本傳亦有。尤本脫，蓋誤從贛本及其校語爾。「次，止也」三字，亦見《後漢書》注。奎本亦有，明州本、袁本、建本、茶陵本皆脫也。「大」字，各本皆衍。「常止於聖心，不可忘也。」此贛本擅改從《後漢書》，惟「不」上少一「言」字耳。非尤本之首罪。奎本、明州本、建本等作「次於聖上之心也。」皆是。「瞻前顧後」四字，《後漢書》有，諸《文選》本悉有五臣有，翰注可證。五臣與善，區別惟在科段不同，屬下從上耳。毛本衍「大」字、作「常止於聖心，不可忘也」，皆誤從尤本。前者「大」字，陳從上下文義刪，是也；後者，陳不能正焉。觀善注有「信能」一語，則「而允」應下讀可知。五臣屬上，向注可證，蓋求異善注而從《後漢書》也。陳校非是，故不獲前胡等響應。前胡「尤取章懷注添」、「此尤延之添之也」，皆厚誣尤氏。

豈蔑清廟 蔡注：蔑，輕也。憚，難也。敕，止也。言封禪之事，皆述祖宗之德，今乃推讓，豈輕清廟而難正天命乎？善曰：《毛詩序》曰：清廟，祀文王也。

【陳校】

注「蔑」上脫「善曰」二字。又，「止也」。「止」，「正」誤。

【集說】

余氏《音義》曰：何曰：「蔑，輕也」上，增「善曰」二字。

胡氏《考異》曰：注「憚，難也」，下至「而難正天命乎」。袁本、茶陵本無此三十一字。是也。尤取章懷注添。

姚氏《筆記》曰：「善曰：《毛詩序》曰。」何移「善曰」於「蔑，輕也」上。

【疏證】

贛本皆同。尤本作「正」外，餘同。奎本、明州本、建本無「憚，難也」三十一字、「《毛詩》」上有「善曰」。謹案：前胡謂三十一字出章懷注，是。奎本既無，緣何贛本有之？的是贛本據《後漢書》注添。然則，前胡以尤本為禍首，亦非。三十一字中，毛本誤「止」，當誤從贛本。《後漢書》作「正」，本書吳季重《答魏太子牋》「但欲保身敕行」注引「孔安國《尚書傳》」亦作「正」，並尤本、陳校所據，然尤、陳不能正三十一字之非。參拙著《何校集證》。

伊考自遂古　注：伊，維也。遂古，遠古也。戾，止也。言自遠古以來至於此也。《楚辭》曰：遂古之初，誰傳道之？

【陳校】

注首脫「善曰」二字。又，「未至於此」。「未」，「來」誤。

【集說】

余氏《音義》曰：何曰：「『伊，維也』上，增『善曰』二字。」

胡氏《考異》曰：注「伊，維也。遂古，遠古也。」袁本、茶陵本無此八字，是也。尤取章懷注添。注「言自遠古以來，至於此也」。袁本、茶陵本無此十字，是也。尤取章懷注添。以上各條，皆未必是。又曰：後注「《楚辭》曰：遂古之初」上……皆同（脫「善曰」）。

姚氏《筆記》曰：注「伊，維也」上，脫「善曰」。

【疏證】

尤本作「來」，餘同。贛本作「來」、「善曰」在「伊維」上，餘同。奎本、明州本惟「戾，止也」三字為蔡注。並無其前「伊，維也」字、後「言自」凡十八字。「《楚辭》」上有「善曰」二字。謹案：語見《後漢書》本傳章懷注，「未」，作「來」。毛本獨傳寫而誤，陳校當從《後漢書》、尤本等正之。毛本脫「善曰」，當誤從尤本。贛本注首有「善曰」，亦祇是循倒轉明州本之例而加。尤本亦不究就裏，依例照刪，並不知將贛本之「善曰」移至「《楚辭》」上。前胡謂「尤取章懷注添」，亦不實。

有不俾而假素　注：言前封禪之君，有天下使之，而尚假竹素。

【陳校】

注首脫「善曰」二字。「天下」。「下」，「不」誤。

【集說】

余氏《音義》曰：何曰：「『言前封』上，增『善曰』二字。」

胡氏《考異》曰：後注「言前封禪之君」上……皆同（脫「善曰」）。又曰：注「有天下使之」，陳曰云云。是也，各本皆誤。

梁氏《旁證》曰：陳校「下」改「不」。各本皆誤。

【疏證】

尤本脫、誤同。奎本、明州本、建本有「善曰」、誤「下」。贛本獨是，有

「善曰」、作「不」。謹案：贛本之有「善曰」，是循例而加，已見上條，尤本不能知。《後漢書》章懷注作「不」。王氏《讀書志餘》引善注亦作「天不」。毛本誤從尤本，陳校當從《後漢書》、建本等補正之。

今其如台而獨闕也　注：《尚書》曰：夏罪其如台。孔安國傳曰：台，我也。

【陳校】

注首脫「善曰」二字。

【集說】

余氏《音義》曰：何曰：「『《尚書》曰夏』上，增『善曰』二字。」

胡氏《考異》曰：後注《尚書》曰：夏罪」上……皆同（脫「善曰」）。

梁氏《旁證》曰：此條乃李氏增注，非蔡氏舊注也。《尚書》上，亦有「善曰」字，已見余校。

朱氏《集釋》曰：案：《典引》一篇，蔡邕舊注，六臣本、五臣本各條多有「蔡邕曰」三字，尤本皆刪之。又兼有「善曰」字，乃李氏增注。此條「《尚書》」上，亦必有「善曰」字，而尤本誤脫。否則，晚出孔安國傳，豈蔡邕所得見耶？

姚氏《筆記》曰：注「《尚書》曰」上，脫「善曰」。

【疏證】

尤本脫。奎本以下諸六臣合注本皆有「善曰」二字。謹案：王氏《讀書志餘》亦以「《尚書》曰夏」云云為善注。毛本當誤從尤本，陳校當從贛本等補之。本條略可見前胡依善注體例校，可執簡馭繁、舉一反三。朱氏亦深知善例，然未知前胡已補，蓋讀前胡《考異》未熟爾。比較梁、朱，則可見《旁證》自《集釋》出焉。梁所謂「余校」，實何校。

包舉藝藪

【陳校】

「藪」，「文」誤。

【疏證】

諸《文選》本咸作「文」。謹案：《後漢書》、《通志·班固傳》本傳作「文」。

毛本蓋涉下文而誤，陳校當從《後漢書》、尤本等正之。

將絣萬嗣　注：絣，使也。絣與栟，古字通也。

【陳校】

　　「將絣萬嗣」。絣」，五臣本作「伻」。注中「栟」字，似即「伻」誤。又，「絣，使也」上，脫「善曰」二字。

【集說】

　　孫氏《補正》曰：許自注：慶宗云：「《爾雅》：『拼，使也。』《廣雅》：『絣，續也。』此當作續字解。善注非。」

　　胡氏《考異》曰：後注「絣，使也」上，皆同（脫「善曰」）。又曰：注「絣，與栟」。案：「栟」，當作「拼」。各本皆譌。

　　梁氏《旁證》曰：注「絣，與栟，古字通。」段校：「栟」，改「拼」。

　　姚氏《筆記》曰：「將絣萬嗣」注脫「善曰」。「絣，使也」，按章懷注「絣，續也。」善注以「使」為義，則「栟」疑「伻」之誤。

　　朱氏《集釋》曰：案：此亦善注也，觀其言「字通」可知。《爾雅》：「拼，使也。」「拼」，本與「彈抨」之「抨」同。俱借為「使」。前《思玄賦》「抨巫咸以占夢兮」舊注：「抨，使也。」通作「伻」，《書·洛誥》：「伻，來來」《正義》引鄭注：「使二人也。」亦通作「苹」，《堯典》「平秩」《釋文》：「平，馬作苹，云：使也。」……凡皆同音借字，故此處又可通作「絣」矣。而《後漢書》注則引《廣雅》「絣，續也。」今《廣雅》「續」字條脫「絣」字，王氏《疏證》即據此以補，云：「絣者，縫之續也。下文……紹、絣，皆縫之義。」余謂：衣帛有斷裂者，縫紩蓋所以續之也。章懷之釋「絣」為「續」，言其將繼續萬世。自較「使」義為長。

　　薛氏《疏證》曰：張平子《思玄賦》「抨巫咸以占夢兮」舊注：「（平）〔抨〕，使也。」《一切經音義》十二：「拼，古文抨，同。」《說文》云：「抨，彈也。」《廣雅》云：「彈，拼也。」此「抨」即「拼」字之證。《說文》：「彈，行丸也。」引弓以行丸，有使令之義。故拼字本義為彈。引申之，即可訓「使」也。《說文》：「絣，氐人殊縷布也。」與「使」義無涉，特「拼」、「絣」皆並聲，故得通用耳。

　　許氏《筆記》曰：注「絣，使也。絣與栟，古字通也。」當作：「伻，使也。伻與絣，古字通也。」改正。嘉德案：胡曰：「栟，當作拼。」孫曰「許

曰」云云。考《爾雅》:「俾、拼、抨,使也。」又曰:「從也。」郭曰:「皆謂
使令,又為隨從。」《正義》云:「抨,通作伻。」又考《尚書·立政》:「乃伻
我有夏」、《洛誥》:「食伻來,以圖及獻卜,」皆言使也。《爾雅》作「抨」,《尚
書》作「伻」,同義。《玉篇》抨、拼同字。此作「伻」、作「拼」,皆是。至《後
漢書》章懷注引「《廣雅》曰:絣,續也。」彼注自訓「續」,故作「絣」。李
氏自作「使」字解,當為「伻」,不必同也。

【疏證】

尤本誤、脫皆同。奎本、明州本作「伻」,校云:善本作「絣」字。有「善
曰」,注作「枡」。贛本作「絣」,校云:五臣本作「伻」。注作「伻」。有「善
曰」。建本惟注作「枡」,餘同贛本。謹案:五臣作「伻」,翰注可證。《爾雅·
釋詁下》:「拼,使也」郭注:「謂使令。」同篇:「抨,使也。」陸氏《釋文》:
「抨,字又作伻,音同。使人也。」皆與善注「使也」合。然則,從「木」,
作「枡」者誤,陳校作「伻」、前胡說「拼」皆得。五臣慣於善注中襲其異文,
以求歧出,作「伻」,正合此例。作「拼」,則與誤字「枡」形最近,形近致誤,
為校勘習見,故段、前胡皆主其說。脫「善曰」,已見上文。毛本脫、誤當誤
從尤本,陳校當從贛本正之。許慶宗、王念孫、朱氏並以章懷注釋「絣」為
「續」,較善注「使」義為長,依上下文意,能得作者初衷,足可備訓詁異聞。
以「絣」為「續」,至今尚為吳中裁縫術語。

文選卷四十九

公孫宏傳贊一首　班孟堅

贊曰：公孫弘、卜式、倪寬　注：弘等言皆以大材初困。

【陳校】

注「（宏）〔弘〕等言」。「言」字當在「（宏）〔弘〕」上。

【集說】

胡氏《考異》曰：注「弘等言皆以大材」。茶陵本無「言」字，是也。袁本亦衍。案：《漢書》注無。

梁氏《旁證》曰：注「弘等言皆以大材」。六臣本無「言」字，是也。

【疏證】

明州本、尤本、建本誤同。奎本、贛本作「言弘等」。謹案：《漢書・公孫弘贊》李奇注，確無「言」字。「言」字本善注用語耳。善與《漢書》注固不同。奎、贛二本有者是，明州本首倒，尤本等誤從之，非。毛本當誤從尤、建二本，陳校當據贛本及善注用語習慣正之，是。此條轉見陳校是而前胡非也。

版築飯牛之明已

【陳校】

「明」,「朋」誤。

【集說】

余氏《音義》曰:何曰:「明」,《漢書》作「朋」。

孫氏《考異》曰:潘校「明」,改「朋」。何曰云云。

胡氏《考異》曰:「斯亦曩時板築飯牛之明已。」何曰云云。陳曰云云。是也,各本皆誤。

梁氏《旁證》曰:《漢書》「明」作「朋」,是也。此傳寫誤。

胡氏《箋證》曰:《旁證》曰云云。

許氏《筆記》曰:當依《漢書》「明」作「朋」。嘉德案:何曰云云。陳曰:「明,朋誤。」胡曰:「是也,潘校亦改朋。」

【疏證】

明州本、尤本、五臣陳本、建本誤同。五臣正德本、奎本、贛本作「朋」。謹案:《史記集解》本傳亦誤「明」。《史記》本傳、《藝文類聚》卷四十五等,並同《漢書》本傳作「朋」。但觀上文「羣士慕嚮,異人並出」下,歷數卜式、桑弘羊、衛青、金日磾等,即可斷定:作「朋」是也。五臣銑曰「言此數君之遇,亦同類之朋」,是五臣本亦不誤。奎本銑注已脫「類」字,致語意不明,加之「朋」、「明」形近,遂致明州本此誤。毛本當誤從尤、建二本等,陳校當從《漢書》、上下文義、贛本等正之。

將帥則衛青、霍去病　注:衛青、霍去病,已見《長楊風》。

【陳校】

注「長楊風」。「風」,「賦」誤。

【疏證】

奎本、明州本、尤本作「賦」。贛本、建本複出。謹案:衛、霍二人,見本書《長楊賦》「廼命驃衛」注。毛本傳寫偶誤,陳校當從本書內證、尤本等正之。

晉紀論晉武帝革命一首　　（于）〔干〕令升

于令升　　注：何法盛《晉書》曰：于寶，字令升。……評論切中，咸稱之善。

【陳校】

「于令升」。「于」，「干」誤。注及後篇並同。又注「咸稱之善。」「之善」二字，當乙。

【集說】

何氏《讀書記》曰：宋人定為「干」。葉刻同。

余氏《音義》曰：六臣同。案：王應麟《姓氏急就篇》注：「干氏。《吳越春秋》：『干將，吳人。晉有干寶。』」則「于」當為「干」。段校亦作「干」。

孫氏《考異》曰：何云：「宋人定為干寶。」《音義》云：「按王應麟《姓氏急就篇》注：干氏……當為干」云云。

梁氏《旁證》曰：余曰：「王應麟《姓氏急就篇》注」云云。

姚氏《筆記》曰：何曰云云。按：此本采真子《千姓編》、宋·邢凱《坦齋通編》引之。

許氏《筆記》曰：何云：「案《姓氏急就篇》注」云云。案：《左傳·昭公二十一年》：「干犫御、呂封人、華豹。」亦干姓也。嘉德案：何氏《讀書記》曰云云。又考《隋志》及《史通》並作「干」，今六臣及汲古閣本作「于」，皆誤。

【疏證】

奎本、建本並注及後篇《晉紀總論》同，注倒同。明州本並注及後篇作「干」，注倒同。贛本並注及後篇作「干」，注作「其善」。尤本並注及後篇作「干」，注作「善之」。五臣正德本作「干」，陳本作「于」。《集注》本逸本篇，而後篇《晉紀總論》作「于」，可推本篇。謹案：元·于欽《齊乘·釋音》卷一：「干寶，《搜神記》是其撰。作于，非。」《四庫全書考證·隋書》「卷十五《音樂志》」下「干寶」，館臣曰：「監本干作于。按《姓譜》：『干寶，系出潁川宋大夫干犫之後。漢末有干吉。』」文獻多見「稱善之」，而少見「稱之善」。如：《吳志·張昭傳》「陳琳等皆稱善之」。宋·洪遵《翰苑羣書》卷三韋處厚《翰林學士記》「沈公以為稱善之在已，不若使其在人」等。毛本誤、倒，當並從建本，陳校當從贛、尤二本等正之。參拙著《何校集證》。引王氏「《姓氏

急就篇》注」云云，蓋余氏《音義》，非何校，孫氏《考異》不誤，許氏誤作
「何云」，非。

晉紀總論一首　（于）〔干〕令升

外襲王陵　注：干寶《晉紀》曰：高祖東襲太尉王陵于壽春。

【陳校】

　　「外襲王陵」。「陵」，「凌」誤。注同。

【集說】

　　孫氏《考異》曰：「外襲王凌。」「凌」誤「陵」。

　　胡氏《考異》曰：「外襲王陵。」陳曰云云。是也。各本皆誤。《晉書》所
載作「凌」。

　　梁氏《旁證》曰：《晉書》「陵」作「凌」。

　　許氏《筆記》曰：「王陵」。今《晉書》作「王凌」。嘉德案：陳曰云云。
胡曰：「陳校是也」云云，蓋皆從《晉書》校。

【疏證】

　　《集注》本、奎本以下諸六臣合注本、尤本並注誤同。五臣正德本作「陵」，
陳本作「凌」。謹案：趙氏《長短經》卷二「及誅爽之際」注、《初學記》卷九
「又晉紀總論」注引並作「陵」。五臣作「陵」，正德本翰注可證陳本已有後人竄
改。而《晉書‧宣帝繫》作「凌」，《水經注‧潁水》、《蒙求集註》卷下同。毛
本當誤從尤本等，陳校則從《晉書》正之耳。本篇以《晉書》所載較少譌誤，
觀下文可證。

世宗承基，太祖繼業。軍旅屢動，……大象始構矣。玄豐亂內。

【陳校】

　　（世宗）二句當在「大象始構矣」之下。

【集說】

　　孫氏《考異》曰：何校從六臣本，此二句移於「玄豐亂內」之上。

　　胡氏《考異》曰：「世宗承基，太祖繼業。」袁本、茶陵本此二句在「大
象始構矣」下。袁有校語云：「善在『軍旅屢動』上。」茶陵失著校語，詳注

中次序，所見與袁、尤無異。何校乙轉，陳同。案：依文義是也，各本所見，蓋並注誤倒一節，《晉書》所載正在下。

　　梁氏《旁證》曰：此八字，六臣本在「大象始構矣」下。《晉書》亦然。六臣本校云：「善本序『世宗承基，太祖繼業』在『軍旅屢動』文上」。今尤本正如此。

　　許氏《筆記》曰：「世宗承基，太祖繼業」二句，在「大象始構矣」下。嘉德案：六臣茶陵本、袁本此二句並在「大象始構矣」之下。袁本有校語云：「善在『軍旅屢動』上」，恐非。何校移於「大象」句下，陳同。胡曰：「《晉書》所載正在下」。

【疏證】

　　尤本誤同。《集注》本、奎本以下諸六臣合注本、五臣正德本、陳本皆在「大象始構矣」之下。謹案：《藝文類聚》卷十一，同奎本等。《長短經》卷二「及誅爽之際」注、《初學記》卷九「又晉紀總論」注引並在「大象始構矣」下。尤本蓋誤從明州本等校語謬改耳。毛本蓋誤從尤本，陳、何校據《晉書》、上下文義等正之。

玄豐亂內　注：干寶《晉紀》曰：豐知禍及，遂放惡言。勇士氣殺之。

【陳校】

　　注「勇士氣殺之。」「氣」，「築」誤。

【疏證】

　　奎本以下諸六臣合注本、尤本悉作「築」。《集注》本作「築腰」。謹案：《太平御覽》卷三百七十一引干寶《晉紀》曰：「中書令李豐謀廢大將軍。世宗使舍人王羨請之。豐來，辭不遜。左右以刀環築腰死。」然則，尤本等「築」下，尚脫一「腰」字，陳校亦尚未得肯綮。毛本從尤本等而傳寫又有譌。本條再見《集注》本之可貴。《資治通鑑·魏紀八·高貴鄉公上》「正元元年」亦載其事：「豐不以實告。師怒，以刀鐶築殺之」胡注：「刀把上有鐶。築，擣也。」胡注恐非。「築」與「祝」音同可通，斷也。《古文苑·雜文·王褒僮約》：「切脯築肉，矐芋膾魚」章注：「築與祝同。斷也。」可證。魏氏《五百家注昌黎文集·汴泗交流贈張僕射》「汴郡城角斸場，千步平如削」注：「斸音竹。一作築。」斸，即斫，斷也。此可為「築與祝同」之借證。

三關電掃　注：北為三關。張瑩《漢南記》曰：蜀有陽平、江關、白水，北為三關

【陳校】

注「北為三關。」「北」，「此」誤。

【集說】

余氏《音義》曰：「北為三」。「北」，何改「此」。

【疏證】

建本誤同。明州本、尤本作「此」。《集注》本作「江關、陽平關、白水關。此為三關。」奎本作「陽平關、白水關，此為三關」，脫「江關」。謹案：本條亦以《集注》本為是。毛本之誤，獨從建本。陳校從尤本等改「此」，固是，然未及三關次序。考奎本翰注有：「三關，謂蜀有陽平關、江關、白水關也，」五臣正德本同（明州以下諸六臣合注本、五臣陳本皆脫）。然則，今作「陽」、「江」、「白」者，是五臣次序，善注則當如《集注》本為「江」、「陽」、「白」也。奎本所脫在句首。

天府人事　注：《東觀漢記》：耿純說上曰：天時人事，已可知矣。

【陳校】

「天府人事。」「府」，疑「時」誤。

【集說】

胡氏《考異》曰：「天符人事」。袁本、茶陵本云：「符，善作府。」案：此尤延之校改正之也，《晉書》所載作「符」。

梁氏《旁證》曰：六臣本「符」誤作「府」。

【疏證】

奎本以下諸六臣合注本、尤本悉作「符」，奎本等六臣合注本並校云：善本作「府」。《集注》本作「符」，引《鈔》同。五臣正德本作「符」、陳本作「府」。惟毛本、五臣陳本作「府」。謹案：府與符，並由「付」得聲，二字或得通。本書司馬子長《報任少卿書》「修身者，智之符也。」善注同，而《漢書‧司馬遷傳》載其《書》作「府」，《說苑‧說叢》同。是二字相通之證。然則，六臣本校語作「府」之李善、前胡校可推舊作「府」之尤本，並不誤。且尤本本係毛本遠祖，毛本作「府」反倒是保存了蕭《選》本貌、崇賢舊觀。又

檢《東觀漢記·世祖光武皇帝紀》正作「時」。陳校疑作「時」者，當從善注「天時人事」及《東觀漢記》而來，然未悟此李善本釋「人事」而非「天府」耳。此從上下文義可推，故陳校之非，亦可必也。前胡以今尤本為「正」，則前胡亦非，梁校則誤從前胡耳。五臣陳本與正德本不合，當亦從舊尤本改耳。

江湘來同 注：干寶《晉紀》曰：王濬鼓譟入于石頭城。

【陳校】

注「石頭城」。舊刻無「城」字。

【疏證】

《集注》本、奎本以下諸六臣合注本、尤本悉無「城」字。謹案：《長短經·三國權》「乃令王濬等滅吳」注亦無「城」字。毛本獨衍。陳氏此處所謂「舊刻」，當泛指毛本以前諸舊本《文選》爾。

百伐之一時矣 注：《論語》曰：百世可知，言喻遠也。

【陳校】

「伐」，「代」誤。

【疏證】

尤本作「代」。《集注》本、五臣正德本、陳本作「世」，奎本以下諸六臣合注本同，校云：善本作「代」。謹案：《選》文自唐以來，「世」、「民」字，多見諱改、回改，幾不可窮究，然自李濟翁有「李善不諱本朝」之說，而五臣避諱，亦自來為治《選》家信奉。以此論本條，善本固當作「世」，注引《論語》及《集注》本，足可為證。五臣合為「代」，濟注可證。正德本所祖本，已誤在奎本之先。然則，奎本所見已誤，尤本則誤信明、贛二本校語耳。毛本誤從尤本而復傳寫而誤。是誤中有誤，陳校亦非。

山陵未乾 注：《漢書》：崔禹曰：將軍墳墓未乾。

【陳校】

注「崔禹」。「崔」，「霍」誤。

【疏證】

奎本以下諸六臣合注本誤同。《集注》本、尤本作「霍」。謹案：事見《漢

書‧霍光傳》，正為「霍禹」。孫氏《職官分紀‧三公‧大司馬》「奪我印綬」注同。毛本誤從建本等，陳校當從《漢書》、尤本等正之。

閼伯實沈之郤歲搆　注：《左氏傳》：子產曰：居曠壄，不相能。

【陳校】

　注「曠（戀）[壄]」。「（戀）[壄]」，「林」誤。

【集說】

　胡氏《考異》曰：注「居曠壄，不相能。」陳曰云云。是也，各本皆誤。案：「居」下本有「於」字，「能」下本有「也」字，蓋不備引也。

　梁氏《旁證》曰：陳校「壄」，改「林」。各本皆誤。胡公《考異》曰云云。

【疏證】

　奎本、明州本、尤本、建本誤同。贛本作「野」。《集注》本作「林」。謹案：事見《春秋左傳注疏‧昭公元年》正作「林」，《史記‧鄭世家》同。本書陸士衡《為顧彥先贈婦（東南）》「形影參商乖」注引亦作「林」。毛本當誤從尤、建二本等，陳校當從《左傳》、本書內證等正之。贛本亦誤，「壄」，蓋「野」之俗字。此亦《集注》本獨是。周鈔「壄」譌「戀」。已正之。

至乃易天子以太上之號，而有免官之謠　注：臧榮緒《晉書》曰：從以兵留守衛，上號曰：大上皇。……中書令繆播云：太史案星變事，當有免官太子。

【陳校】

　注「從以（令）[兵]留守衛。」「從」，「倫」誤。又，「免官太子」。「太」，「天」誤。

【疏證】

　《集注》本、奎本以下諸六臣合注本、尤本悉作「倫」、「天」。謹案：毛本作「從」，蓋形近而誤；作「太」，則涉上而誤。陳校當從贛、尤二本等正之。

劉淵王彌撓之於青冀　注：干寶《晉紀》曰：王彌攻東黨、東安二郡。

【陳校】

　注「攻東黨」。「黨」，「莞」誤。

【疏證】

　　《集注》本、奎本以下諸六臣合注本、尤本悉作「莞」。謹案：《晉書·地理志下》：「元康七年，又分東莞，置東安郡」，可為作「莞」之旁證。毛本獨因形近而誤，陳校當從尤本等正之。

後嬪妃主　　注：孫盛《晉陽秋》曰：劉曜入于京都……征西將軍將南陽王模出降。

【陳校】

　　注「征西將軍」下，衍一「將」字。

【疏證】

　　《集注》本、奎本以下諸六臣合注本、尤本「軍」下皆不衍「將」字。謹案：考《晉書·南陽王模傳》曰「永嘉初，轉征西大將軍開府都督秦雍梁益諸軍事。」毛本獨傳寫而衍，陳校當從尤本等刪之。

基廣則難傾　　注：《文子》曰：根深則本固，基厚則土安。

【陳校】

　　注「（上）［土］安」。「（上）［土］」，「（土）［上］」誤。

【疏證】

　　《集注》本、奎本以下諸六臣合注本、尤本悉作「上」。謹案：語見《文子·上義》，作「基厚即上安」，正為「上」字。本書曹元首《六代論》「且墉基不可倉卒而成」注引《文子》亦作「上」。《淮南子·泰族》篇作「基美則上寧」，亦可為作「上」之借證。毛本形近而誤，陳校當從《文子》、本書內證、尤本等正之。周鈔「土」「上」互譌，誤亦甚矣。已正之。

宣景遭多難之時　　注：《左氏傳》：司馬侯曰：或乃多難。《尸子》曰：便事以立官也。以固其國。

【陳校】

　　注末「以固其國」四字，當在上「或乃多難」下。

【集說】

　　胡氏《考異》曰：注「以固其國。」何校此四字，改在上文『或乃多難』

之下，陳同。是也，各本皆誤。

梁氏《旁證》曰：何校「以固其國」四字，改在「或乃多難」之下，陳同。是也，各本皆誤。按《群書治要》所引《尸子》，「官」字下無「也以固其國」五字。

姚氏《筆記》曰：注「或乃多難以固其國」，〔「以固其國」〕四字，錯在「立官也」之下，「乃」字衍。

王煦《拾遺補編》曰：煦案：《左·昭四》：「司馬侯曰：『或乃多難，以固其國，啟其疆土。」蓋闕文也。

【疏證】

奎本以下諸六臣合注本、尤本悉同。《集注》本惟「《尸子》曰：便事以立官」。謹案：「或乃多難」，見《春秋左傳注疏·昭公四年》，作「或多難以固其國」。本書劉越石《勸進表》「或多難以固邦國」注引同，王煦案語，即出此《表》善注。善引「《尸子》」，乃注下句「務伐英雄，誅庶桀以便事」。毛本當誤從尤、建二本等，陳、何校當從本書內證、《左傳》正之。姚云「乃字衍」，或是。《集注》本不見此注，或所據本，非善注後期注本，或為所遺漏。

誅庶桀以便事

【陳校】

「桀」，《晉書》作「孼」，為是。謂害楚王彪也。

【集說】

余氏《音義》曰：何曰：「庶桀」。《晉書》「桀」，作「孼」。

孫氏《考異》曰：「桀」，《晉書》作「孼」。

胡氏《考異》曰：「誅庶桀以便事。」何曰云云。陳云：「作孼為是。」案：善注未有明文，五臣作「桀」，濟注：「桀，傲也。」今無以考之。

梁氏《旁證》曰：《晉書》「桀」作「孼」。

【疏證】

諸《文選》本、《集注》本皆作「桀」。《集注》本引陸善經注同。謹案：《長短經·運命》注引亦同。五臣作「桀」，濟注可證。《說文》：「桀，磔也。」徐灝注箋：「磔，當作傑。字之誤也。桀、傑，古今字。」然則，「桀」，「傑」本一字。今觀上文既云「務伐英雄」，則此作「庶桀」，自於義為長。毛本當從

贛、尤二本等，何校聊備異聞，前胡說實同。陳校則泥矣。

屢遇廢置，故齊王不明　注：《魏志》曰：以太后令，遣芳歸蕃于齊。

【陳校】

　　注「遣芳歸蕃」。「蕃」，「藩」誤。

【疏證】

　　《集注》本、奎本以下諸六臣合注本皆同。尤本作「藩」。謹案：事見《魏志・齊王芳傳》，字作「藩」。《太平御覽》卷九十四引《魏志》同。然「蕃」與「藩」通。參上《三國名臣序贊》「然而杜門不用」條。又上顏延之《應詔讌曲水作》詩「有晬睿蕃」注：「謂諸王睿蕃也」、陸士衡《答賈長淵》「陳留歸蕃」，並可為證。毛本從建本等不誤。陳校當據尤本、《魏志》，而疏於通假。

高貴沖人　注：《魏志》曰：《魏氏春秋》曰：帝師潰。騎督成倅弟濟以矛進，帝崩于師。

【陳校】

　　注「騎督成倅」。「倅」，「倅」誤。

【疏證】

　　《集注》本、奎本以下諸六臣合注本、尤本皆作「倅」。謹案：事見《魏志・高貴鄉公髦傳》作「倅」，《晉書・文帝紀》同。《世說新語・方正》「高貴鄉公薨」注引《魏氏春秋》，亦作「倅」。毛本獨因形近而誤，陳校當從《魏志》、尤本等正之。

悠悠風塵　注：孔安國《論語注》曰：悠悠，周流之貌。

【陳校】

　　注「悠悠，周流之貌。」按《論語》注：「滔滔，周流之貌。」又，陸氏《釋文》云：「滔滔，鄭本作悠悠。」則與孔氏異矣。今李善似據鄭本易孔注，未詳其義也。

【集說】

　　梁氏《旁證》曰：《論語》：「滔滔者」釋文曰：「滔滔，鄭本作悠悠。」

《史記》亦作「悠悠」。翟氏灝曰：「《史·世家》注引孔安國云：『悠悠者，周流之貌也。』今《集解》本已改滔滔。」

胡氏《箋證》曰：注「善曰：孔安國《論語注》曰：『悠悠，周流之貌。』」按：此「滔滔者」注文。《釋文》：「鄭本作悠悠。」據此注，則鄭與孔同。翟氏灝曰：「《史記·世家》注」云云。

【疏證】

奎本以下諸六臣合注本、尤本悉同。《集注》本無此「滔滔」十九字之注。謹案：《史記·孔子世家》：「桀溺曰：悠悠者，天下皆是也。」裴駰《集解》引「孔安國曰：『悠悠者，周流之貌也。』」然則，早於李善，劉宋裴氏已見有以「悠悠」歸孔注者也。李善所見《論語》，孔與鄭注同。余蕭客《古經解鈎沈·論語》：「悠悠者，周流之貌」自注：孔解。注曰：「《史記注》四十七、宋本《文選注》四十九。」是同里後輩余氏已可破陳校之疑矣。

子真著《崇讓》而莫之省　注：干寶《晉紀》曰：少府劉實著《崇讓論》。孫盛《晉陽秋》曰：劉實，字子真。平原人。

【陳校】

注兩「劉實」並當作「寔」。

【疏證】

《集注》本、奎本以下諸六臣合注本、尤本悉作「寔」。謹案：子真，見《晉書·劉寔傳》。《隋書·經籍志一》載：「劉寔等《集解春秋序》一卷。」《藝文類聚》卷二十一、《白孔六帖》卷二十九「崇讓論」注並同。而唐·林寶《元和姓纂》卷五「劉」、《太平御覽》卷四百二十四引「干寶《晉紀》」、《冊府元龜》卷七百七十八、清·朱彝尊《經義考》卷一百七十四，皆作「實」。毛本當有所本。陳校當從《晉書》、《隋書》、尤本等，然不必改，蓋「實」與「寔」通。《禮記·坊記》：「寔受其福」孔疏：「寔，實也。」《說文通訓定聲·解部》：「寔，叚借為實。」並其證也。

季札必得之於聲樂　注：《左氏傳》又曰：季札來騁。

【陳校】

注「季札來騁。」「騁」，「聘」誤。

【疏證】

《集注》本、奎本以下諸六臣合注本、尤本悉作「聘」。謹案：事見《春秋左傳注疏・襄公二十九年》，正作「聘」。《太平御覽》卷五百六十四、卷七百引並同，本書左太沖《魏都賦》「吳札聽歌而美其風」注引亦同。毛本當形、音兩近而誤，陳校當從《左傳》、本書內證、尤本等正之。

故大命重集于中宗元皇帝　　注：《晉中興》曰：中宗元皇帝，諱睿。

【陳校】

注「晉中興」下，脫「書」字。

【集說】

胡氏《考異》曰：注「晉中興曰」。陳曰云云。是也，各本皆脫。」

梁氏《旁證》曰：何校「興」下添「書」字，陳同。各本皆脫。

【疏證】

奎本以下諸六臣合注本、尤本脫同。《集注》本有「書」字。謹案：自《遊天台山賦》，善首引何法盛《晉中興書》以注「孫興公」，本書見引蓋書達五十餘次，大略克定陳校之說可信，何況有《集注》本之佐證。毛本當誤從尤、建二本等。

後漢書皇后紀論一首　　范蔚宗

世婦主知喪祭賓客，女御序于王之燕寢　　注：《周禮》曰：世婦掌祭祀賓客喪禮之事。

【陳校】

注「喪禮之事」。「禮」，「紀」誤。

【集說】

余氏《音義》曰：「喪禮」。「禮」，何改「紀」。

【疏證】

奎本以下諸六臣合注本、尤本悉作「紀」。《集注》本作「兆」。謹案：語見《周禮注疏・世婦掌》，字正作「紀」，《太平御覽》卷一百四十五引同，《後

漢書·皇后紀》「世婦主喪祭賓客」，章懷注引亦同。毛本獨涉上而誤，陳、何校當從《周禮》、尤本等正之。

哀窈窕而不淫其色　注：《毛詩序》曰：《關雎》……哀窈窕，思賢才。

【陳校】

「哀窈窕」。「哀」，今本范《書》作「衷」，為是。說見《詩序》鄭《箋》。

【集說】

梁氏《旁證》曰：五臣「哀」作「衷」。翰注：「衷，念也。」《後漢書》亦作「衷」。按本書《毛詩序》「哀窈窕」注：「哀，當作衷。」

胡氏《箋證》曰：五臣「哀」作「衷」。翰注：「衷，念也。」《後漢書》亦作「衷」。按：此並依鄭《箋》改也。毛本作「哀」。「哀」與「愛」古通。《呂覽·報更篇》「人主胡可不務與哀士」注「哀，愛也。愛乃思念之也。」是「哀」本有思念意，鄭恐學者讀為「哀痛」之「哀」，故易為「衷」以曉之，實即所以申毛耳。

【疏證】

《集注》本、奎本以下諸六臣合注本、尤本悉同。謹案：語見《毛詩注疏·周南·關雎序》「哀窈窕」，鄭《箋》曰：「哀，蓋字之誤也。當為衷。衷，謂中心恕之。」五臣作「衷」，翰注可證。五臣蓋從《後漢書》。《後漢書》見《皇后紀》「哀窈窕而不淫其色」章懷注。汲古閣本《後漢書》正作「衷」，王先謙《後漢書集解》同。然《後漢書》本亦有作「哀」者，殿本、今坊本即作「哀」。善本作「哀」，本書卜子夏《毛詩序》「哀窈窕」注引同，可證。然則，善注從經、五臣從箋。今五臣正德本、陳本，已失其舊。奎本失著校語。五臣與善既有異同，毛本當從尤本等是。後胡調和「哀」、「衷」字，說可備參考，然要害還在善固從經，陳校不當從五臣改焉。

《關雎》作諷　注：《列女傳》曰：曲沃負謂其子如耳曰：周之康王晏出朝，《關雎》預虞貞節曰。

【陳校】

注「《關雎》預虞」。「虞」，「見」誤。

【疏證】

《集注》本、奎本以下諸六臣合注本、尤本「虞」上，有「見」。謹案：
事見《列女傳》，而今本不見「關雎」以下二十餘字。依上述諸本，毛本「虞」
字不誤，乃「虞」上脫「見」字耳。王應麟《詩攷·齊詩》引作「《關雎》預
見」。本書任彥昇《為范始興作求立太宰碑表》「慮先犬馬，厚恩不答」注引
「《列女傳》」，亦作「虞貞節曰」，「虞」字乃不可無。然則，陳校猶非。

齊桓有如夫人者六人　　注：《左氏傳》曰：與貂因寵以殺羣吏。

【陳校】

注「與貂因寵」。「因」下，脫「內」字。

【集說】

胡氏《考異》曰：注「與貂因寵」。何校「因」下，添「內」字，陳同。
各本皆脫。

梁氏《旁證》同胡氏《考異》。

姚氏《筆記》曰：注「與貂因寵以殺羣吏。」「因」下，脫「內」字。

【疏證】

奎本以下諸六臣合注本、尤本悉脫。《集注》本作「與寺人貂因內寵」。
謹案：事見《左傳·僖公十七年》，正有「內」字。《史記·齊太公世家》「易
牙入與豎刁，因內寵殺羣吏」、《後漢書·宦者列傳》「豎刁亂齊」章懷注引同。
毛本當誤從尤、建二本等，陳、何校當據《左傳》補之。

高祖帷薄不修　　注：《漢書》曰：呂后年長，常留好希見。

【陳校】

注「常留好希見。」「好」，「守」誤。又，此下當引審食其事乃合。

【疏證】

《集注》本、奎本以下諸六臣合注本、尤本悉作「守」。謹案：事見《漢
書·外戚列傳》，正作「守」字。《史記·呂后本紀》、《通志·高祖呂皇后傳》
同。毛本乃傳寫而誤耳，陳校當從《史》、《漢》尤本等正之。下半條，陳論善
注之不當。

六宮稱號，惟皇后貴人金印紫綬

【陳校】

「金印」上，范《書》有複出「貴人」二字，為是。

【集說】

余氏《音義》曰：《後漢》複出「貴人」二字。

胡氏《考異》曰：「唯皇后貴人金印紫綬。」何校《後漢書》複出「貴人」二字，陳云：「複出為是。」案：所校是也，各本皆脫。皇后自同乘輿耳。又考《輿服志》：「天子貴人赤綬同諸侯王。」與此不合。或光武時紫綬，以後乃赤綬也。

姚氏《筆記》曰：何從《後書》重「貴人」二字。

許氏《筆記》曰：《後書》「貴人」下，更有「貴人」二字。嘉德案：何曰云云。胡曰云云。

【疏證】

監本、諸《文選》本同。惟《集注》本複出「貴人」二字。謹案：《藝文類聚》卷十五、《太平御覽》卷一百三十五等悉同《後漢書》。毛本當誤從尤、建二本等，陳、何校從《後漢書》、類書等補，是也。

漢法：常因八月筭民　注：應劭《風俗通》曰：以歲八月雒陽民。

【陳校】

注「歲八月」下，脫「筭」字。

【集說】

胡氏《考異》曰：注「以歲八月雒陽民」。陳曰云云。是也，各本皆脫。

梁氏《旁證》曰：陳校曰云云。各本皆脫。

【疏證】

《集注》本、奎本、明州本、尤本、建本脫同。贛本有「筭」字。謹案：但觀正文，亦當有「筭」字。又，《後漢書·后紀》作「筭人」，章懷注：「《漢儀注》曰：『八月初，為筭賦，故曰筭人。』」《漢書·高帝紀上》「八月初，為算賦。」如淳曰：「《漢儀注》：『民年十五以上至五十六，出賦錢。人百二十為一算。為治庫兵車馬』」，並可為當有「筭」字佐證。毛本當誤從尤、建二本

等，陳校當從正文、贛本、《後漢書》等補之。

遂忘淄蠹。

【陳校】

「淄」，即「淄」字也。或謬從惡本，改為「澢」。

【集說】

余氏《音義》曰：何曰：「淄即淄字。今本《後漢》作淄。」

孫氏《考異》曰：何云：「淄即淄字，謬改作澢。今本《後漢》作淄。」自注：張銑注：穢也。

顧按：章懷注：「淄，黑也。」

梁氏《旁證》曰：何曰云云。張銑注云：「穢也」。按《隸釋》載《州輔碑》：「涅而不緇」，即「淄」字也。

姚氏《筆記》曰：何云：「（澢）〔淄〕即淄字。不識字人謬改為澢。今從《後書》作淄。」

胡氏《箋證》曰：「淄」，《後漢書》作「淄」，章懷注：「淄，黑也。」按：「淄」、「淄」古今字。隸書作「淄」。淄之作「淄」，猶蕾之作「薔」。《漢書·揚雄傳》：「灑沈薔於豁瀆」顏注：「薔，古蕾字。」

許氏《筆記》曰：何曰云云。嘉德案：《後漢書》注云：「淄，黑也。」……考《集韻》：「淄，俗作澢。」今《選》本改作「澢」者，俗「淄」字與「澢」字形相似而誤耳。

黃氏《平點》曰：「遂忘澢蠹」句。「澢」，即「淄」之隸變也，《後漢書》作「淄」。

【疏證】

奎本、贛本正譌作「澢」。五臣正德本、陳本、明州本、尤本、建本作「淄」。《集注》本作「淄」。引《鈔》作「淄」，曰：「澤也。亦淄之古字耳。」《音決》、陸善經注皆作「淄」。謹案：此陳校他本之誤，不多見。《說文·水部》：「澢，不滑也。」與「淄」音、義皆別。《藝文類聚》卷十五誤同奎本等。《後漢書·后紀》作「淄」。淄與緇，古字通。淄，則「淄」之古字。s.388《正名要錄》：「淄、淄右字形雖別，音、義是同。古而典者居上，今而要者居下」《敦煌俗字典》第？頁。《集韻·之韻》亦云：「淄，俗作澢」。然則，毛本從尤、建二本等

不誤，何校從《後漢書》，亦是。《太平御覽》卷一百三十五作「滋」。此蓋唐人經典「茲黑」字、「茲生」字已混用不辨，習譌成是。《御覽》蓋沿襲之耳。諸家說，以後胡說最得其實。參拙著《何校集證》。人不辨偏旁嗇之隸與薔之隸迹近，是致誤之由。

東京皇統屢絕　注：范曄《後漢書》曰：孝安皇帝諱祐。又曰：立齊北惠王子北鄉侯懿。又曰：父萇，解汷亭侯。

【陳校】

注「諱祐」。「祐」，「祜」誤。又，「齊北惠王」。「齊」，「濟」誤。「解汷」。「汷」，「瀆」誤。

【集說】

余氏《音義》曰：「齊北」、「汷」。六臣「齊」作「濟」、「汷」作「瀆」。
梁氏《旁證》曰：注「解瀆亭侯」，毛本「瀆」作「汷」，誤。

【疏證】

奎本以下諸六臣合注本、尤本悉誤「祐」、作「濟」、「瀆」。惟《集注》本作「祜」、「濟」、「瀆」。謹案：事分別見《後漢書·孝安帝紀》，正作「祜」、同篇「立章帝孫濟北惠王壽子北鄉侯懿。……乙酉，北鄉侯即皇帝位」云云，正作「濟」、《孝靈帝紀》正作「瀆」。《集注》本最是。毛本誤「祐」，當誤從尤、建二本等、獨誤「齊」、「汷」，皆因形近傳寫譌誤。陳校當從《後漢書》等正之。

文選卷五十

後漢書二十八將傳論一首　　范蔚宗

或任以阿衡之地　　注：《毛詩》曰：實惟阿衡，〔實〕左右商王。毛萇曰：阿衡，伊尹也。

【陳校】

注「伊尹也」下，脫「衡，平也」三字。

【疏證】

奎本以下諸六臣合注本、尤本悉無「衡，平也」三字。謹案：毛《傳》，見《商頌‧長發》，傳云：「阿衡；伊尹也。」下有鄭《箋》云：「阿，倚；衡，平也。」然「衡，平也」三字，非是毛《傳》，實為鄭《箋》，且與陳校字數、內容相差甚多。陳有此校，蓋以下「即以事相權」條注末有此三字，陳以為是本條錯簡所致，實不然。詳見下文。毛本當誤從尤本等。

遂使縉紳道塞　　注：司馬相如《封禪書》曰：因雜縉紳先王之略術。

【陳校】

注「先王」。「王」，「生」誤。

【疏證】

奎本以下諸六臣合注本、尤本悉作「生」。謹案：《封禪書》載在本書，正

作「生」字,《通志‧司馬相如傳》同。又本書任彥昇《天監三年策秀才文(問朕本自)》「且夫縉紳道行祿利然也」注、《百辟勸進今上牋》「搢紳顒顒」注、劉伯倫《酒德頌》「搢紳處士」注、潘安仁《楊荊州誄》「祁祁搢紳」注蔡伯喈《郭有道碑文》「洋洋搢紳」注引《封禪書》悉作「生」。此毛本形近傳寫偶誤,陳校當從本書內證、尤本等正之。

即以事相權 注:《漢書》曰:量資弊,權輕重。于是有母權子而行,有子權母而行。韋昭曰:重為母,輕為子。衡,平也。

【陳校】

注末「衡,平也」三字,乃上「任以阿衡」注「毛《傳》」下脫文。又,此上並當有「鄭玄曰:阿,倚也」六字。

【集說】

胡氏《考異》曰:注「衡,平也」。案:「衡」上當有「權」字。各本皆脫。此韋《漢志注》。以解「權輕重」之「權」。言「衡平」者,謂衡用權而平也。其注《周語》云:「權,稱也。」義亦同。

梁氏《旁證》曰:注「衡,平也。」胡公《考異》曰:「衡上,當有權字。」各本皆脫。

許氏《筆記》曰:嘉德案:注「衡,平也。」「衡」上脫「權」字,補。胡曰:「此韋《漢志注》……謂衡用權而平也。」

【疏證】

尤本有「衡,平也」三字。奎本無此三字。明州本、贛本、建本有「衡平」二字。謹案:尤本三字蓋據明、贛二本「衡平」二字而來。前胡實從陳校,然復增字為注,無版本依據,實不可從。《後漢書》李賢注:「權,謂平其輕重。」可證若果如前胡說有脫文,則當如李賢所釋者,是「權」字,而非「衡」字,蓋承上兩句「母權子」、「子權母」,理當如此,故當改「衡」為「權」。《周禮‧考工記‧弓人》「九和之弓,角與幹權」鄭玄注:「權,平也。」此或韋注之出。上「任以阿衡」條,所涉是「衡」字,非「權」字,故陳校錯簡說,亦非。

宦者傳論一首　范蔚宗

王之正內者五人　注：《周禮》曰：寺人，王之正內五人。

【陳校】

「者」字，衍。

【集說】

孫氏《考異》曰：何校刪「者」字。

胡氏《考異》曰：「王之正內者五人。」何校去「者」字。陳云：「者字衍。」案：皆據《周禮》序官校也。今范《書》亦有，恐此是蔚宗自為文，不全同所引也。

梁氏《旁證》曰：何校去「者」字，陳同。蓋據《周禮》序官也。《後漢書》亦衍。或自為文，不同所引耳。

許氏《筆記》曰：「王之正內者五人。」「者」字，何云「衍」。嘉德案：何校去「者」字，陳校亦云「者字衍」。胡曰云云。案：注引《周禮》為正。善本自無「者」字。

【疏證】

諸《文選》本悉同。謹案：語見《周禮注疏・天官冢宰》「序官」，正無「者」字。依注例文，善自無「者」字。陳、何校是。《四庫全書考證・後漢書卷一百八》：「何焯校本：『者』字衍。」亦是肯定何以《選》文校正史。前胡「蔚宗自為文」說，未免牽強為辭。

然宦人之在王朝者，其來舊矣，將以其體非全氣，情志專良，通關中人，易以役養乎　注：《漢書》曰：元帝以石顯久典事。中人無外黨，精專可信任。遂委以政。應劭《漢官儀》曰：掖庭，後宮所處。中宮，謂諸中人。

【陳校】

注「中宮，謂諸中人。」當作「中人謂諸宮人。」此與上引《漢書》解「中人」之義不同。細尋本文，後說為長。

【疏證】

奎本同（惟「諸」作「之」）、明州本、尤本、建本同。贛本作「中官，謂

諸中人。」陳校是。銑注：「中人，謂宮人也。」可證應注所釋對象，乃是正文之「中人」，而非「中宮」。毛本蓋誤從尤本等，陳校當據上下文義，參酌五臣正之。又上引《漢書》解中之「中人無外當」之「中人」，蓋指宦官，應解之「中人」，乃指後宮之內眷，其義不同。陳校善引《漢書》解義不及應注「為長」，亦是。

其能者，則勃貂管蘇有功于楚晉　注：《左氏傳》曰：寺人披請見。又曰：晉侯問原守于寺人勃鞮。杜預曰：勃鞮，披也。《史記》以勃提為履貂上。

【陳校】

注「以勃提為履貂上」。按：「提」，「鞮」誤。「貂」，據《史記》當作「鞮」。「上」字，疑衍。

【集說】

何氏《讀書記》曰：「勃貂」，當作「勃鞮」。因齊寺人貂而譌。

余氏《音義》曰：「提為履貂」。「提」、「貂」，何並改「鞮」。

孫氏《考異》同《讀書記》。

胡氏《考異》曰：注「《史記》以勃鞮為履貂上。」何校「貂上」二字，改「鞮」字，陳同。案：所校非也。此當衍「上」字。《答任少卿書》引《史記》『履貂曰』可證。又何改正文「貂」為「鞮」，更非。范《書》亦作「貂」，章懷注：「勃貂，即寺人披也。一名勃鞮，字伯楚」，是蔚宗自作「貂」。

張氏《膠言》曰：注「《史記》以勃鞮為履鞮。」胡中丞曰：「《史記》作『履貂』，《答任少卿書》引《史記》『履貂曰』可證。范《書》亦作『貂』，章懷注：『勃貂，即寺人披也。一名勃鞮，字伯楚。』是蔚宗自作『貂』。注中『鞮』字，何校所改，並改正文『貂』字，更非。」自注：下注「豎刁」亦當作「貂」，所引《僖公二年》「齊寺人貂」之注也。

梁氏《旁證》曰：注「《史記》以勃鞮為履貂上。」胡公《考異》曰云云。謹按：寺人披，字伯楚。見《晉語》四。一曰：「寺人勃鞮」，見《左僖二十五年傳》，又稱「宦官履鞮」，見《史記·晉世家》。其本書《答任少卿書注》所引《史記》「履貂曰」云云。今《史記》是「宦者曰」，上下並無「履貂」之文，然則「履貂」二字，僅見此注。何、陳之校改「履鞮」者，亦依《史記》耳。惠氏棟以「勃鞮」為「披」之反切。梁氏玉繩以「勃鞮、勃貂，為官號之異，

蓋主履者，若周官之鞮鞻氏。勃，乃排比之義」云。

姚氏《筆記》曰：「其能者則勃貂管蘇」注「《史記》作履貂。」按今《史記》作「履鞮」。

徐氏《規李》曰：注引「《史記》履貂」云云，即《左傳》「寺人勃鞮」。詳見范蔚宗《宦者傳論》「勃貂管蘇」注。

胡氏《箋證》曰：注「善曰：《史記》以勃鞮為履貂」。《旁證》曰云云。紹煐按：此及《後漢書》「勃貂」，當為「勃鞮」字之誤也。貂即刀，乃豎刀名。貂、刀古通。此「勃鞮」不得與彼同。注引《史記》，今亦無云「履貂」者。何氏焯、陳氏景雲校改「貂」為「鞮」，是也。「勃鞮」即「披」之合音，長言曰「勃鞮」，短言曰「披」。

【疏證】

五臣正德本及注同。奎本、明州本、建本、尤本同。贛本獨作：「以勃提為履貂也」。謹案：「《史記》以勃鞮為履鞮」，見今本《史記・晉世家》「獻公使宦者履鞮趣殺重耳」索隱：「履鞮，即《左傳》之『勃鞮』，亦曰『寺人披』也。」勃鞮、履鞮、寺人披是一人。《後漢書》「勃貂」是「勃鞮」之誤。陳、何校依《史記》索隱，不誤。「勃鞮」，是晉宦一人；「勃貂」，則為晉宦勃鞮與齊宦豎刁二人矣。故諸家說，以後胡佐證陳、何校最力。「上」字之衍，陳校疑在先，前胡則以陳校混同「貂上二字改鞮字」之何校，復奪為己有，未免魯莽。

則豎刁亂齊　注：《史記》曰豎貂為豎刁。

【陳校】

注「《史記》曰」。「曰」字，衍。

【集說】

顧按：此「以」字之誤。

胡氏《考異》曰：注「《史記》曰豎貂為豎刁。」案：「曰」，當作「以」。各本皆誤。

梁氏《旁證》曰：「曰」，當作「以」。各本皆誤。姜氏皋曰：「刁，當作刀。《管子・戒・小稱》、《大戴禮・保傅》、《公羊・僖十八年傳》、《墨子・所染》均作『豎刀』。《玉篇》云：刀，丁么切。亦姓。俗作刁。是也。」

胡氏《箋證》曰：注「善曰：《史記》以豎貂為豎刁。」按：刁，俗字。《後漢書》作「刀」，章懷注：「刀，即貂也。」後人以「豎刀」、「刀斗」、「刀刁」別於刀劍字，俱改作「刁」。《玉篇》：「刀，亦姓。俗作刁。」是也。

【謹案】

奎本、贛本、尤本、建本誤同。明州本省作善同良注，不及《史記》。謹案：「豎貂為豎刁」，不見《史記》，何況明非轉錄史家敘事語，不當用「曰」字。陳校、顧按、二胡皆是。

伊戾禍宋　注：《左氏傳》曰：而聘告平公曰：太子將為亂……太子死，公徐聞其罪，乃烹伊戾。

【陳校】

注「而聘告平公」。「聘」，「騁」誤。又「徐聞其罪」。「其」下脫「無」字。

【集說】

胡氏《考異》曰：注「公徐聞其罪。」陳云：「其下，脫無字。」是也，各本皆脫。

梁氏《旁證》曰：陳校「其」下添「無」字。各本皆脫。

【疏證】

奎本誤、脫皆同。明州本省作善同良注，無及相關文字。贛本、尤本、建本作「騁」、脫「無」。謹案：事見《春秋左傳注疏·襄公二十六年》，正作「騁」、有「無」字。《後漢書·孔融傳》「伊戾禍宋」章懷注引《左傳》作「馳」、有「無」字，《通志·向戌傳》同。《冊府元龜》卷六百七十作「騁」自注：並有注：「騁，馳也」、有「無」字。毛本「聘」涉上文而誤，脫，則誤從尤、建二本，陳校當從贛、尤二本正其誤字，從《左傳》補其脫耳。

出入臥內　注：仲長子《昌言》曰：宦豎傳近房臥之內。

【陳校】

注「宦豎傳近」。「傳」，「傅」誤。

【疏證】

奎本以下諸六臣合注本、尤本悉作「傅」。謹案：《說文通訓定聲·豫部》：「傅，叚借為附。」《漢書·王莽傳上》「諸哀帝外戚及大臣居位素所不說者，

莽皆傅致其罪」師古曰：「傅，讀曰附。」《後漢書・孔融傳》「出入臥內受宣詔命」章懷注引《昌言》，亦作「傅」。明・楊慎《丹鉛餘錄》卷十四：「俗語附近，古作傅近。」所舉例正是本條。毛本因形近傳寫而誤，陳校當從《後漢書》、尤本等正之。

故請奏機事　注：《漢官解故》曰：機事所總，號令攸發。故廣曰：機密之事。

【陳校】

　　注「故廣」。「故」，「胡」誤。

【疏證】

　　奎本以下諸六臣合注本、尤本悉作「胡」。謹案：本書干令升《晉紀總論》「機事之失」注引亦作「胡」。毛本獨因形近而誤，陳校當從本書內證、尤本等正之。

和帝即祚幼弱

【陳校】

　　「祚」，「阼」誤。

【疏證】

　　諸《文選》本咸同。謹案：《藝文類聚》卷五十五作「祚」。《後漢書・宦者列傳》、《東漢會要・宦者封侯》、《職官分紀》卷二十六並作「阼」。《說文通訓定聲・豫部》：「國運曰阼。阼，位也。今字亦作祚。」《廣韻・暮韻》：「祚，位也。」《史記・秦楚之際月表》：「自項氏撥亂誅暴，平定海內。卒踐帝祚，成於漢家。」本書班孟堅《東都賦》「往者王莽作逆，漢祚中缺」注：「賈逵《國語注》曰：祚，位也。」皆「祚」與「阼」相通之證。毛本當從尤、建二本等，陳其拘於《後漢書》，抑古今字歟？泥亦甚矣。

手握王爵　注：范曄《後漢書》：諫議大夫劉陶上疏訟朱穆曰：今權官傾擅朝室，手握王爵。

【陳校】

　　注「權官」。「官」，「宦」誤。

【集說】

徐氏《規李》曰：注「諫議大夫陶侃上疏訟朱穆。」案：是時，陶侃以大學生上疏，未為諫議大夫也。當援范《書》為證。

【疏證】

奎本以下諸六臣合注本、尤本悉作「宦」。謹案：今本《後漢書·朱穆傳》作「當今中官近習，竊持國柄。手握王爵」云云，作「中官」，《通志·朱穆傳》、《冊府元龜》卷八百七十三並同；而《後漢書·陳蕃傳》有「諸尚書畏懼權官，託病不朝」云云，則作「權官」。本書任彥昇《齊竟陵文宣王行狀》「實諸掌握」注引「范曄《後漢書》：劉陶曰：今權官手握王爵」云云，亦作「權官」。然則，非善所見本有異，善與范《書》實並作「官」，毛本或從《後漢書》不誤，陳校從尤本等則誤矣。徐氏所據作「陶侃」者，當係誤本，況所引本出范《書》，徐亦疏矣。

其後孫程定立順之功，曹騰參建桓之策　注：范曄《後漢書》曰：孫程，字雅卿。又曰：曹勝遷中常侍。

【陳校】

注「字雅卿」。「雅」，「稚」誤。又「曹勝」。「勝」，「騰」誤。

【集說】

余氏《音義》曰：「雅卿」。「雅」，何改「稚」。

【疏證】

奎本以下諸六臣合注本、尤本悉作「稚」、「騰」。謹案：語見《後漢書》、《東觀漢記·孫程傳》，並作「稚」。「曹騰遷中常侍」，並見《後漢書·曹騰傳》、《通志·曹騰傳》、《水經·淮水》「又東過鍾離縣北」注等。毛本注皆因形近而誤。陳、何校當據《後漢書》、尤本等正之。

續以五侯合謀　注：范曄《後漢書》曰：媛束武〔陽〕侯……五人同日封，故俗謂之五侯。

【陳校】

注「媛束武〔陽〕侯」。「媛」，「瑗」誤、「束」，「東」誤。

【集說】

梁氏《旁證》曰：毛本「瑗東」作「媛束」，誤。

【疏證】

奎本、贛本、尤本、建本悉作「瑗東」。明州本作「善同濟注」，濟注祇及「瑗」字。謹案：《後漢書·單超傳》作「瑗東」，《通志·單超傳》、《冊府元龜》卷六百六十五同。《東漢會要·宦者封侯》作「具瑗東武陽侯。」毛本獨因形近而誤，陳校當從《後漢書》、尤本等正之。

基列於都鄙

【陳校】

「基」。五臣作「棊」，為是，今本范《書》同。

【集說】

孫氏《考異》曰：「基」，當從《後漢書》作「棊」。五臣本同。

胡氏《考異》曰：袁本云：善作「基」，茶陵本云：五臣作「棊」。今范《書》作「棊」，章懷有注。何校依之改。陳云：「作棊為是。」案：此各本所見傳寫誤，善亦不作「基」也。

梁氏《旁證》曰：六臣本及《後漢書》「基」作「棊」，是也。何、陳據改。

胡氏《箋證》曰：六臣本「基」作「棊」，校云：善本作「基」。按：此言如棊之布列也。作「基」，蓋傳寫誤。

許氏《筆記》曰：嘉德案：袁本云：善作「基」，茶陵本云：五臣作「棊」。胡曰：「二本所見傳寫誤」云云。

黃氏《平點》曰：「府署第館，基列於都鄙」四句，據《後漢書》及別本「基」改「棊」。

【疏證】

尤本同。建本同，校云：五臣本作「棊」。五臣正德本、陳本作「棊」，奎本、明州本、贛本同，有校云：善本作「基」。謹案：尤氏《考異》曰：「五臣基作棊。」《後漢書·宦者列傳》作「棊」，章懷注：「棊列，如棊之布列。《史記》曰：『往往棊置。』」《職官分紀》卷二十六、《東漢會要·宦者封侯》並作「棊」。尤本誤從贛、明二本校語，毛本則因尤本而誤。陳、何校從《後漢書》

及其注正之。後胡說是。

希附權彊者

【陳校】

「彊」,「疆」誤。

【疏證】

奎本以下諸六臣合注本、尤本悉作「彊」。謹案:《後漢書‧宦者列傳》作「彊」,《東漢會要‧宦者封侯》同。「彊」與「彊(強)」通。《呂氏春秋‧長攻》:「凡治亂存亡,安危彊弱,必有其遇,然後可成。」蔡邕《汝南周巨勝碑》:「彊禦不能奪其守,王爵不能滑其慮」。皆其證。毛本作「彊」,不誤。陳校欠明通叚,失之。

皆腐身薰子　注:班固《漢書》曰:司馬遷述曰:……薰骨以行刑。韋昭曰:古者腐刑,必薰合之。

【陳校】

注「《漢書》曰」。「曰」字,衍。又,「薰骨以行刑。」「骨」,當作「胥」、「行」字,衍。

【集說】

余氏《音義》曰:「薰骨」。「骨」,何改「胥」。

胡氏《考異》曰:注「班固《漢書》曰」。陳云:「曰字,衍。」是也,各本皆衍。又注「薰骨以行刑」。何校「骨」,改「胥」。陳同,又云:「行字衍。」是也,各本皆誤。

梁氏《旁證》同胡氏《考異》。

許氏《筆記》曰:何校曰云云。案:「薰」,當作「熏」。嘉德案:《說文》:「熏,火煙上出也。」熏燒字如此。從艸之「薰」,香艸也。義別不可混。此當作「熏」,注同。又注「班固《漢書》曰」。「曰」字衍。「薰骨以行刑。」何校「骨,改胥」。陳校同,又云:「行字,衍。」胡曰:「是也。各本皆誤。」今並正。

【疏證】

奎本以下諸六臣合注本、尤本悉衍「曰」字、「行」字。奎本、明州本、

建本正文作「熏」，注作「薰」、誤「骨」字。贛本正文及注皆作「熏」，注誤「骨」。尤本正文作「薰」，注作「薰胥」，最是胡克家本誤作「薰骨」，此早期印尤本所以可貴。五臣正德本、陳本作「熏」。五臣作「熏」，銑注可證。謹案：引書衍「曰」字，不合善注體例、「骨」之誤「胥」，並屢見前文，不贅。本書陸機《演連珠》：「薰息猶芳」，善注引《字書》曰：「薰，火煙上出也。」《說文・屮部》：「熏，火焰上出也。」是薰、熏音義皆同，其字可通。又，《漢書・敘傳下・述司馬遷傳》曰：「史遷薰胥以刑」注引「晉灼曰：《齊韓魯詩》作薰。薰，帥也，從人得罪相坐之刑也。」《後漢書》作「熏」，章懷注曰：「《前書》曰：『史遷熏胥以刑。』」足證「薰」與「熏」古通。嘉德說，非也。毛本之誤，當遠祖尤本後印本即胡本之祖，陳、何校當從《漢書》、尤本等正之。餘參拙著《何校集證》。

寇劇緣間　注：劉駒駼《與李子豎書》曰：劇賊未擒。地詩曰：讒言緣間而起。

【陳校】

注「李子豎」。「豎」，「堅」誤。又，「地詩」。「地」，「韓」誤。

【集說】

余氏《音義》曰：「豎書」。「豎」，何改「堅」。又曰：「地詩」。六臣「地」作「韓」。

胡氏《考異》曰：注「《與李子豎書》曰。」茶陵本「豎」作「堅」，是也。袁本亦誤「豎」。

梁氏《旁證》曰：六臣本「豎」作「堅」，是也。

【疏證】

奎本同。明州本、尤本、建本作「豎」。贛本作「堅」。上述諸《文選》本皆作「韓」。謹案：「豎」與「竪」同，作「豎」、「竪」者，並譌。贛本「堅」，獨是。子堅，乃東漢名臣李固字。本書沈休文《齊故安陸昭王碑文》「疆民獷俗」注引此《書》，正作「劉（驗）〔駒〕駼《與李子堅書》。」毛本當誤從尤、建二本，陳、何校當從贛本、本書內證等正之。「讒言」句，見載王應麟《詩攷・韓詩》：「《沔水》：讒言緣間而起」自注：《文選》注。毛本當傳寫獨誤，陳、何校當從《詩攷》、尤本等正之耳。

因復大考鉤黨　注：《東觀漢記》曰：靈帝時，故人僕杜密……尚書曰下本州考治。時上年十三，問諸長侍曰。

【陳校】

　　注「人僕」。「人」，「大」誤。「尚書曰」。「曰」，「白」誤。又「諸長侍」。「長」，「常」誤。

【集說】

　　余氏《音義》曰：「諸長侍」。「長」，何改「常」。

　　胡氏《考異》曰：注「尚書曰下本州考治」。陳曰云云。是也，各本皆譌。

　　梁氏《旁證》曰：陳校「曰」改「白」。各本皆誤。

【疏證】

　　奎本以下諸六臣合注本、尤本悉作大（太）、誤「曰」、作「常」。謹案：語見《東觀漢記‧孝靈皇帝》，字正作「太」、「白」、「常」。「人」、「長」字，毛本獨因形、音近而誤，「曰」字，則誤從尤、建二本等。陳、何校當從《東觀漢記》等正之。

而以疑留不斷　注：范曄《後漢書》曰：張驤、趙心等因進入省。

【陳校】

　　注「張驤趙心」。「驤」，「讓」誤、「心」，「忠」誤。

【集說】

　　「張驤」、「趙心」。「驤」，何改「讓」、「心」改「忠」。

【集說】

　　余氏《音義》曰：「張驤」、「趙心」，「驤」，何改「讓」、「心」改「忠」。

　　胡氏《考異》曰：注「張驤趙忠等」。何校「驤」，改「讓」，陳同。又下節注中袁、茶陵二本亦作「驤」，尤改作「讓」。案：今范《書》作「讓」，「讓」字是也。

　　梁氏《旁證》曰：何校「驤」，改「讓」，陳同。下注同。據《後漢書》也。

【疏證】

贛本、尤本、建本作「驤」、作「忠」。奎本作「讓」、「忠」。明州本脫「又曰」以下誅何進事四十七字，無以考之。謹案：事見《後漢書‧宦者列傳》，字正作「讓」、「忠」，《太平御覽》卷六百二十七引范《書》並同。《職官分紀》卷六「十常侍」注：「靈帝時，宦者張讓、趙忠等凡一十人，皆為中侍」云云，亦可為借證。奎本獨是。毛本當誤從尤本、建本等，陳校當據《後漢書》等正之。

雖袁紹龔行　注：范曄《後漢書》曰：張驤投于河而死。

【陳校】

注「張驤」。「驤」，「讓」誤。

【集說】

胡氏《考異》語，已見上條。

梁氏《旁證》語，亦見上條。

【疏證】

贛本、建本誤同。奎本、尤本作「讓」。明州本為濟注，不及張投河事。謹案：毛本當誤從建本等。陳校當從《後漢書》正之。已見上條。

遂遷龜鼎　注：《左氏傳》曰孫滿曰：桀有昏德。

【陳校】

注「《左氏傳》曰」。「曰」，「王」誤。

【疏證】

建本誤同。奎本、明州本、贛本、尤本作「王」。謹案：事見《春秋左傳注疏‧宣公三年》，正王孫滿語。《藝文類聚》卷七十三、卷九十九，《太平御覽》卷七百五十六等引，《後漢書‧獻帝紀》「故神之所寶，不可奪移」注引《左傳》，並作「王」。按善注引書用「曰」字例，此處「傳」下，固不得有「曰」字，故祇能如陳校，改「曰」為「王」，而非「孫」上添「王」字。毛本誤從建本，陳校當從《左傳》、尤本等正之。本條亦毛本之誤獨合建本例。

逸民傳論一首　范蔚宗

《易》稱遯之時義　注：《易》曰：艮下乾上。遯：彖曰：遯之時義大矣哉。孔子曰：遯，逃也。

【陳校】

注「孔子曰」三字，疑有誤。

【集說】

梁氏《旁證》曰：注：「《易》曰：艮下乾上。遯。」又「孔子曰：遯，逃也。」朱氏珔曰：「艮下乾上，非《易》之辭。『曰』字不當有。『遯，逃也』之訓，屬之孔子，疑有誤，意當作『《序卦》傳曰：遯者，退也。』」

【疏證】

奎本以下諸六臣合注本、尤本悉衍。謹案：今本《周易注疏·遯亨》「艮下乾上·遯」下，無「孔子曰」三字。朱氏云「曰字不當有」，是也。「孔子曰」云云，朱說當作「《序卦》傳曰：『遯者，退也。』」蓋出音義引鄭《傳》。而清·張次仲《周易玩辭困學記》卷七疑當為「《說文》曰」三字。皆可備異聞。朱說，未見《集釋》，當朱校《旁證》時所下批語爾。

弋者何慕焉　注：《法言》曰：鴻飛冥冥，弋人何篡焉。宋衷曰：篡，取也。鴻高飛冥冥薄天，雖有弋人執矰繳，何所施巧而取焉？喻賢者深居亦不羅暴亂之害。今篡或為慕，誤也。

【陳校】

據注，則正文「慕」字亦當作「篡」。范《書》亦可證。後校元本正作「篡」。又注「羅暴亂」。「羅」，「罹」誤。

【集說】

孫氏《考異》曰：何云：「據注，則正文中『慕』字，亦當作『篡』，有今本范《書》可證。」趙氏曦明曰：「篡字不及慕字理足。注非也。」又《野客叢書》曰：「三山老人云：揚子雲《法言》：『鴻飛冥冥，弋人何慕焉？』一本作篡，故退之詩云：『肯效屠門嚼，久嫌弋者篡。』僕觀《後漢·逸民傳序》云：『揚子曰：鴻飛冥冥，弋者何篡焉？』注：『篡，本作慕。《法言》：篡，宋衷注曰：篡，取也。今人謂以計取物曰篡。』乃是篡字，又非篡字也，故

陳子昂《碑》曰：『弋人何篡，鴻飛高雲。』、張曲江《詩》曰：『今我游冥冥，弋者何所慕？』則用原字。」

胡氏《考異》曰：「弋人何篡焉」。袁本、茶陵本「人」作「者」，范《書》亦作「者」。「者」字是也。尤蓋依所見《法言》改耳。此注引《法言》，袁、茶陵仍作「者」。其宋衷注乃云「弋人」。「弋人」不出正文。蔚宗及善與尤所見自不同，改之非是。

梁氏《旁證》曰：毛本「篡」誤作「慕」。章懷注：「篡字，諸本或作慕。《法言》作篡。」

尤本「者」作「人」，乃依所見《法言》改。

胡氏《箋證》曰：按：依注則正文作「篡」，《後漢書》亦作「篡」。章懷注：「篡字，諸本或作慕。《法言》作篡。」

許氏《筆記》曰：嘉德案：注明曰：「今篡或為慕，誤也。」是正文作「篡」。顯然，各本作「慕」者，譌也。一本「弋者」作「弋人」。胡曰：「尤延之以所見《法言》改耳。袁、茶本作『者』，范《書》亦作『者』。『者』字是也。」（嘉德）又案：注引「弋人」乃釋「弋」字，不必正文並同「人」也。李例類如此。孫曰：「何云：『據注則正文中慕字，亦當作篡，有今本范《書》可證。』又趙氏曦明曰：『篡字不及慕字理足，注非。』又《野客叢書》曰：『三山老人云……則用原字。』」據此，則「慕」、「篡」本兩作，亦作「纂」字。

【疏證】

本條諸《文選》本正文及注，異文紛雜，不徒一「慕」字而已。奎本、明州本、建本：正文同，注作「者」、「慕」；善注引《法言》同；引宋注則作「篡」、「人」。尤本正文作「人」、「篡」，善注引《法言》、宋注同。贛本正文作「者」、「篡」。善引《法言》、宋注則作「人」、「篡」。奎本以下諸六臣合注本、尤本悉作「罹」。謹案：「今篡或為慕，誤也。」據善此語，則善本必為「篡」，此善校他本也。《方言》（卷）一：「自關而西、秦晉之閒，凡取物而逆謂之篡」注，即援《後漢書·逸民傳》「雄曰：『鴻飛冥冥，弋者何篡焉？』宋衷曰：『篡，取也。』今人謂以計數取物為篡爾。」云云，以楊證楊，足為佐證。據前胡校，則正文「者」為是。贛本獨是。《四庫全書考證·後漢書·逸民傳序》「弋者何篡焉？」：「刊本『篡』譌『慕』。據《揚子（法言）》及《後漢書》改」，亦得其實。尤本作「篡」是，以所見《法言》改作「人」，非。五臣作「者」、誤「慕」，良注可證。五臣正德本尚是五臣原貌。五臣陳本並良注作

「纂」字,蓋已據尤本改耳。毛本作「者」,不誤;作「慕」,則誤從建本等;作「羅」,則因形近「罹」字獨誤耳。陳、何校當從善注、《後漢書》、贛本、上下文義等正之。參拙著《何校集證》。

宋書謝靈運傳論一首　沈休文

楊班崔蔡之徒　注:揚,雄子雲,班,班孟堅。

【陳校】

注「雄子雲」。「雄」,「揚」誤。

【疏證】

奎本作「楊」。尤本作「揚」。明州本、贛本、建本省作「善同濟注」,無此八字。謹案:但觀上下文,亦不得作「雄」,作「楊」、「揚」則皆得。此毛本傳寫獨誤,陳校當從尤本等正之。

三祖陳王　注:《魏志》曰:明帝青龍四年,有司奏……明皇帝為魏列祖也。

【陳校】

注「列祖」。「列」,「烈」誤。

【集說】

胡氏《考異》曰:注「明皇帝為魏列祖也。」茶陵本「列」作「烈」,是也。袁本亦誤。

【疏證】

明州本、贛本、尤本、建本同。奎本作「烈」。謹案:事見《魏志・明帝紀》,正作「烈」。「列」,與「烈」本通。參上《羽獵賦》「鱗羅布列」、《長笛賦》「激朗清厲」二條。然烈祖是謚號,固當依陳校、前胡、奎本從《魏志》本紀為是。毛本當誤從尤、建二本耳。

莫不同祖風騷　注:《續晉陽秋》曰:皆體則《風》《騷》,詩總百家之言。

【陳校】

注「詩總」,當作「旁綜」。見《世說》注。

【集說】

　　胡氏《考異》曰：注「詩綜百家之言。」陳曰云云。是也。

　　梁氏《旁證》曰：陳校「詩總，蓋旁綜。」見《世說・文學篇》注。

【疏證】

　　奎本以下諸六臣合注本、尤本誤同。謹案：事見《世說・文學篇》「簡文稱許掾云：『玄度五言詩，可謂妙絕時人』」下注，作「傍綜」。「旁」，與「傍」通。《說文通訓定聲・壯部》：「旁，叚借為傍」。若作「詩」字，則與上文《風》（或《風》、《騷》）相重，可知陳校之是。毛本當誤從尤、建二本等，陳校則從《世說》注、上下文義正之。

潘陸持秀　　注：《續晉陽秋》曰：潘陸之徒有文質而宗師不異。

【陳校】

　　「持」，「特」誤。又注「有文質」，當作「雖時有質文」。

【集說】

　　胡氏《考異》曰：注「潘、陸之徒，有文質」。陳曰云云。是也，各本皆誤。案：亦據《世說・文學篇》注也。

　　梁氏《旁證》曰：陳曰：「有文質，當作雖時有質文。」亦據《世說》注也。各本皆誤。

【疏證】

　　諸《文選》本咸作「特」、奎本以下諸六臣合注本、尤本悉誤「有文質」。謹案：《宋書・謝靈運傳》，正作「特」。《太平御覽》卷五百八十五引《宋書》同。《世說》注，正為「雖時有質文」。毛本獨誤「持」、脫「雖時」二字，則誤從尤本等，陳校當從《宋書》、《世說》、尤本等補正之。

在晉中興　　注：《續晉陽秋》曰：王弼、何晏，好莊子玄勝之談。

【陳校】

　　注「好莊子」，當從《世說》注作「好莊老」。

【集說】

　　胡氏《考異》曰：注「好莊子元勝之談」。陳云：「子，當從《世說》注，作老。」是也，各本皆誤。

梁氏《旁證》曰：陳校「子」改「老」。據《世說》注。各本皆誤。

【疏證】

奎本、贛本、尤本、建本誤同。明州本省作「善同銑注」，銑注兼及「老、莊」。謹案：但觀下文「為學窮於柱下，博物止乎七篇」，兼容老、莊，已可見《世說》注引為是。毛本當誤從尤、建二本等，陳校當從上下文義、《世說》等正之。

低昂舛節

【陳校】

「舛」。今本《宋書》作「互」，為是。

【集說】

余氏《音義》曰：何曰：「舛，《宋書》作互」。

孫氏《考異》曰：今本《宋書》作「互」。

梁氏《旁證》曰：《宋書》「舛」作「互」。

胡氏《箋證》曰：按：「舛」，猶「互」也。言高下互為其節也。《說文》：「舛，對臥也。」本書《吳都賦》「飛甍舛互」。「甍互」連文，是「舛」為「互」也。《淮南‧俶真訓》「二者代謝舛馳」。「舛馳」，猶「代謝」。謂互馳也，故高注云：「舛，互也。」《宋書》作「互節」，與此作「舛節」義同。五臣讀「舛」為「舛謬」之「舛」，謬矣。

【疏證】

諸《文選》本惟正德本脫葉悉同。謹案：《南齊書》、《通志‧陸厥傳》、《太平御覽》卷五百八十五、《玉海》卷四十四皆作「舛」。五臣銑注「舛，背也」云云，後胡《箋證》駁銑注非，其說誠辯。毛本當從尤、建二本等。何校聊備史書異文，得；陳校過於何，則猶不及。前胡不取陳校，亦思過半矣。本條大略可見三家校之軒輊甲乙。

自靈均以來，多歷年代。雖文體稍精，而此秘未覩。

【陳校】

「靈均」。今本《宋書》作「騷人」，並無「多歷年代」以下十字。

【集說】

余氏《音義》曰：何曰：《宋書》「靈均」作「騷人」。（何）又曰：「多歷年代，雖文體稍精，而（今本《宋書》無）。」

梁氏《旁證》曰：「自靈均以來，多歷年代。雖文體稍精，而此祕未覩。」《宋書》作「自騷人以來，此祕未覩。」

姚氏《筆記》曰：何云：「宋（本）［書］無多歷年代」以下十字。

【疏證】

諸《文選》本悉作「靈均」、有「多歷年代」以下十字。謹案：《南齊書·陸厥傳》作「靈均」，《南史·陸厥傳》、《玉海》卷四十四同，《玉海》又有「雖文體稍精，而此祕未覩」十字。毛本蓋從尤、建二本等，陳、何校聊備異聞而已。

恩倖傳論一首　　沈休文

題下注：約言當時遇幸會者，即時好官。

【陳校】

注「即時好官。」「時」，「得」誤。

【疏證】

建本誤同。奎本、明州本、贛本、尤本作「得」。謹案：建本因「時」，「得」二字形近而誤，毛本誤從之。陳校當從上下文義、尤本等正之。此又毛本之誤，獨同建本例。

板築，賤役也。

【陳校】

「板」，「版」誤。

【疏證】

《敦煌·法藏本》P.2525、諸《文選》本咸作「板」。謹案：《宋書》作「版」。毛本當從尤、建二本等，陳校蓋據《宋書》改，然「板」與「版」通。《戰國策·秦策四》：「決晉水以灌晉陽，城不沈者，三板耳」高誘注：「廣二尺曰板。」《史記·趙世家》：「引汾水灌其城，城不浸者三版」注引

《正義》「何休云：『八尺曰版。』」《春秋公羊傳注疏·定公十二年》亦作「版」。又，本書鮑明遠《蕪城賦》「是以板築雉堞之殷」善注引「郭璞《三蒼解詁》曰：『板築，牆上下板築杵頭鐵杳也』」；而羊叔子《讓開府表》「假令有遺德於版築之下」引郭注並作「版」。並是其證。參上王元長《三月三日曲水詩序》「甌牘相尋」條。陳校之所以失誤，並非全是疏於通假，亦屢見拘泥於經典文獻耳。

胡廣累世農夫，伯始致位公（卿）〔相〕。黃憲牛醫之子，叔度名動京師
注：范曄《後漢書》曰：胡廣，字伯始，南陽人。

【陳校】

「伯始致位公（卿）〔相〕」、「叔度名動京師」。「伯始」、「叔度」四字，無之為是。

【集說】

《讀書記》：「胡廣」，當作「匡衡」，《前、後漢書》考之可見，注家無改正者。若「伯始」，亦當作「稚圭」。葉刻脫「若」字，餘同。

余氏《音義》曰：何曰：「胡廣，當作匡衡。伯始，亦當改稚圭。」

孫氏《考異》曰：何曰云云。志祖按：《漢書·匡衡傳》云：「字稚圭。父世農夫，至衡好學。家貧，傭作以供資用」，《後漢書·胡廣傳》不言「累世農夫」，何說是。

顧氏評校孫氏《考異》曰：此大不然。休文時，謝承等書俱在，安知不據成文？即以范史言，亦未有廣非「累世農夫」之證。何此等最不妥，侍御偏有取焉。此古人所以有珠櫝之嘆也。王氏《蛾術軒篋存善本書錄·甲辰稿》卷四，1411頁。

梁氏《旁證》同孫氏《考異》。

姚氏《筆記》曰：何云：「伯始，當作稚圭。注胡廣，當作匡衡。以《前、後漢書》考之，可見注家無改正者。」

許氏《筆記》曰：何曰云云。嘉德案：孫曰云云。

【疏證】

《敦煌·法藏本》P.2525、諸《文選》本悉同。謹案：《宋書·恩倖傳》、宋·馬永易《實賓錄》卷十三亦同諸《文選》。此顧炎武《日知錄》卷二十三所

謂「史文有一人而兼舉其名字」者也。陳校主去胡、黃兩人之字，何校則改動「胡廣」其人，皆因《日知錄》而起。然即便正為作者之過，依注，善本必是如此，不改為宜。

且士子居朝。

【陳校】

「士子」，今本《宋書》作「任子」，為是。

【集說】

孫氏《考異》曰：何校「士」，改「任」。

胡氏《考異》曰：「且士子居朝。」袁本「士」，作「仕」，云：善作「士」，茶陵本云：五臣作「仕」。何校「士」，改「任」。陳云：「今《宋書》作任，為是。」案：所校是也。「士」、「仕」皆傳寫誤，下注云：「言仕子不居賤職」，可見善並非作「士」。蓋初誤作「仕」，後又誤作「士」。

梁氏《旁證》曰：六臣本「士」作「仕」，亦誤。《宋書》作「任」，是也。

胡氏《箋證》曰：《旁證》曰云云。

許氏《筆記》曰：何改「任」。嘉德案：胡氏《考異》曰云云。

【疏證】

尤本同。贛本、建本同，校云：五臣作「仕」。《敦煌・法藏本》P.2525、五臣正德本、陳本作「仕」。奎本、明州本作「仕」，校云：善本作「士」字。謹案：諸《文選》本悉誤，《宋書》為正，誤者蓋不明「任子」之義爾。《漢書・王吉傳》：「今使俗吏得任子弟，率多驕騖，不通古今……宜明選求賢，除任子之令。」師古引張晏曰：「子弟以父兄任為郎。」蘇洵《上皇帝書》：「夫所謂任子者，亦猶曰信其父兄，而用其子弟云爾。」「任子」是專有名詞，指漢以來任子入仕制度。父兄二千石任職二年，得任其子弟云。詳見《文獻通考・選舉考七》。毛本當誤從尤、建二本，此亦陳、何校得力於史學焉。二胡、梁氏亦是。

郡縣緣吏　注：掾吏，卑位。

【陳校】

「郡縣緣吏」。「緣」，「掾」誤。今本《宋書》作「掾史」。

【集說】

余氏《音義》曰：何曰：「吏，今本《宋書》作史。」

孫氏《考異》曰：何云：「吏，疑作史。」

胡氏《考異》曰：「郡縣掾吏」。何校「吏」，改「史」。陳云：「今《宋書》作史。」案：所校是也，「吏」，傳寫誤。

梁氏《旁證》曰：《宋書》「吏」作「史」，是也。何、陳據改。

姚氏《筆記》曰：何云：「吏，當作史」。

胡氏《箋證》曰：《旁證》曰云云。

許氏《筆記》曰：何改「郡縣掾史。」嘉德案：胡氏《考異》曰云云。

【疏證】

諸《文選》本並注悉作「掾吏」。《敦煌·法藏本》P.2525 作「掾史」。謹案：《後漢書·張酺傳》有云「郡縣掾史，竝會庭中」，同《宋書》。本書盧子諒《贈劉琨》「授之朝右」注、潘安仁《河陽縣作》「朱博糾舒慢，楚風被琅邪」注二引，並作「掾吏」。「吏」與「史」古通用。然則，陳、何不必改焉。參上《贈白馬王彪》「援筆從此辭」條。本條所須正者，惟在「緣」字。毛本獨作「緣」，傳寫而誤，陳校當據注、《宋書》、尤本等正之。

政以賄成　注：《左氏傳曰襄十年》。

【陳校】

注「左氏傳曰」。「曰」字衍。

【疏證】

奎本以下諸六臣合注本、尤本衍同。謹案：毛本誤從尤、建二本等，凡引《左傳》，「傳」與下時君紀年之間，不當有間隔，陳校當從上下文義正之。

牀笫之曲　注：《左氏傳》：趙孟曰：牀第之言不踰閾。杜預曰：第，簀也。

【陳校】

注「牀第」。「第」，「笫」誤。

【疏證】

奎本以下諸六臣合注本、尤本並注悉作「第」。謹案：今本《春秋左傳注

疏・襄公二十七年》，亦誤作「第」。《藝文類聚》卷三十三作「第」，不誤。《爾雅・釋器》：「簀，謂之第。」《說文・竹部》：「第，牀簀也。」《方言》（卷）五：「牀，齊魯之間，謂之簀。自注：音迮。陳楚之閒，或謂之（第）［第］。自注：音濟，又音姊。牀版也。」本書沈休文《奏彈王源》「施矜之費，化充牀第」注引《左傳》趙孟語正作「第」，不誤。毛本作「第」，蓋文獻傳寫多不分「第」、「第」，正如今本《春秋左傳注疏》。陳校當從本書「第」下音注「側里」、本書內證及《爾雅》等正之。

服冕乘軒　注：《左氏傳》：魏太子謂渾良夫曰：服冕乘軒。

【陳校】

注「魏太子」。「魏」，「衛」誤。

【疏證】

奎本以下諸六臣合注本、尤本悉作「衛」。謹案：事見《春秋左傳注疏・哀公十五年》，正是「衛太子」，《冊府元龜》卷七百四十六同。本書陸士衡《謝平原內史表》「服冕乘軒」注亦作「衛」。毛本獨因音近而誤，陳校當從本書內證、《左傳》、尤本等正之。

漢書述高帝紀第一　班孟堅

五星同晷　注：應劭曰：東井，然之野民，五星所在。其下以義取天下之象也。

【陳校】

注「應劭曰」上，脫「《漢書》曰：元年冬十月，五星聚於東井。」又「東井，然之野民」。「然」，「秦」誤、「之」下脫「分」字、「民」字衍。

【集說】

余氏《音義》曰：「然之野民」。「然」，何改「秦」、「之」下增「分」字、刪「民」字。

【疏證】

尤本無「《漢書》曰：元年冬十月，五星聚於東井」十四字、作「秦之分」、無「民」字。奎本「所在」誤「所生」外，餘同尤本。明州本、贛本、建本逕

省作「善同翰注」。翰注云:「高祖西入關,五星聚於東井。東井秦分。是應天也。」除「秦分」二字有關外,餘無涉陳校相關內容。謹案:檢《漢書・高帝紀上》:「元年冬十月,五星聚于東井」顏注引應劭曰:「東井,秦之分野,五星所在。其下當有聖人以義取天下」云云。荀悅《前漢紀・高祖二》「東井,秦之分野,五星所聚。」可為佐證。毛本從尤本,然傳寫多誤,陳校乃據《漢書・高帝紀》補「《漢書》曰」十四字,以為應劭注所依附。此點與何校不同。然應劭注「以義」上,尚當補「當有聖人」四字,方為完整。何校亦脫。

述韓英彭盧吳傳第四

布實黥徒 注:《漢書》曰:黥布汪英。

【陳校】

注「黥布汪英」。「汪」,「姓」誤。

【疏證】

奎本、贛本、尤本、建本作「姓」。明州本省作「善同向注」,向注不及陳校內容。謹案:事見《漢書・黥布傳》,作「姓」。然《冊府元龜》卷八百六十、《古今事文類聚》前集卷三十九引、《揚子法言・重黎篇》「韓信黥布皆劍立」吳秘注、《北堂書鈔》卷四十五「英布為黥徒」注、《白孔六帖》、《職官分紀》卷三十一「當刑而王」注等引,並作「黥布姓英氏。」本書陸士衡《漢高祖功臣頌》「烈烈黥布」注亦同。頗疑古本《漢書》本有「氏」字。毛本獨傳寫而誤,陳校當從本書內證、《漢書》、尤本等正之,然尚當補一「氏」字。

割有齊楚 注:韓信初為齊王,後楚王。

【陳校】

注「後楚王」。「後」,「徙」誤。

【疏證】

尤本同。奎本作「後為」。明州本、建本省作「善同良注」,良注未及陳校所涉內容。贛本脫善注。謹案:毛本當誤從尤本也。《漢書・五行志》云:「後二年,齊王韓信徙為楚王」、《漢書・曹參傳》云:「漢王即皇帝位,韓信徙為楚王。」然則,當作「徙為」為長。陳校原有來歷,祗是尚脫一「為」字。證

之奎本，善注本當作「徙為」也。此見奎本之可寶。

後漢書光武紀贊一首　范蔚宗

尋邑百萬，貔虎為羣。長轂雷野，高旗彗雲　注：《（後）漢書》曰：旌旂輜車，千里不絕。《穀梁傳》者：長轂五百乘。

【陳校】

　　注「輜車」。「車」，「重」誤。「穀梁傳者。」「者」，「曰」誤。

【集說】

　　胡氏《考異》曰：注「旌旗輜車」。陳曰云云。是也，各本皆誤。

　　梁氏《旁證》曰：陳校「車」改「重」。各本皆誤。

【疏證】

　　奎本、尤本、建本誤同。明州本善注無「《漢書》」百十五字、「《穀梁傳》」十七字。贛本作「重」。除明州本外，其餘諸本皆作「曰」。謹案：事見《後漢書・光武帝紀》，正作「重」，《通志・光武紀》、《太平御覽》卷三百六引、《冊府元龜》卷九百十二引並同。《北堂書鈔》卷一百十八「驅犀象」注、《初學記》卷九「殺王尋」注引《後漢書》亦同。「長轂」語見《春秋穀梁注疏・文公十四年》「晉人納捷菑于邾」傳。但觀上下文義，固當作「曰」。本書班孟堅《封燕然山銘》「長轂四分」注亦作「曰」。「車」字，毛本當誤從尤、建二本等，「者」字，獨傳寫而誤。陳校當從《後漢書》、《穀梁傳》、本書內證、上下文義等正之。

新都自焚　注：（《漢書》曰）：又曰王莽何不出降？

【陳校】

　　注「又曰」，當作「反虜」。

【疏證】

　　奎本、贛本、尤本、建本作「反虜」。明州本省作「善同濟注」，濟注未及陳校內容。謹案：事見《漢書・王莽傳下》，正作「反虜」，《太平御覽》卷八十九、卷八百六十八、《冊府元龜》卷九百十三引並同。《通志・王莽傳》亦同。毛本獨涉上文而誤，陳校當從《漢書》、尤本等正之。

虔劉庸代　注：范曄《後漢書》曰……又曰：彭寵自立為燕王。代，即燕也。

【陳校】

「虔劉庸代。」《後漢書》注謂：「盧芳據代郡也。」善注誤。

【疏證】

奎本、尤本同。明州本省作「善同良注」。良注作「代燕，謂彭寵也。」贛本、建本脫「善同良注」，餘同明州本。謹案：此亦論善注之失當。盧芳據代郡，事見《後漢書・盧芳傳》。芳與彭寵同時，陳說當是。

文選卷五十一

過秦論一首　賈誼

賈誼　注：《漢書》應劭曰：賈誼《書》第一篇名也。言秦之過。

【陳校】

　　注「《漢書》」下，脫「注」字。

【集說】

　　胡氏《考異》曰：注「《漢書》應劭曰。」袁本、茶陵本無「漢書」二字。案：二本是也。以下所引諸家，皆《陳涉傳》注。凡如此者，例不云「《漢書》」。

　　許氏《筆記》曰：「注《漢書》應劭曰。」嘉德案：「《漢書》」下脫「注」字，補。胡曰：「袁本、茶陵本無《漢書》二字。以下所引諸家，皆《陳涉傳》注。凡如此者，例不云《漢書》。」胡說似是。其實「《漢書》」下脫一「注」字耳。

【疏證】

　　尤本同。奎本、明州本無「《漢書》」二字、「應劭」上有翰注、「言秦」上，有「善曰」二字。贛本、建本「應劭」上，無「《漢書》」二字。「言秦」上之「善曰」，移至注首。末有翰注。謹案：李善引《漢書》及其注，亦大略有一定義例。大致可分四類。一、單引《漢書》。祗作「《漢書》曰」，與引他書無異。二、兼引《漢書》及其注。作「《漢書》曰」云云……「某某注」云

云。《漢書》居前,其舊注則冠有姓氏,承上而下,讀來無疑。三、獨引《漢書》之注。情況就較復雜。首先,有顏本與非顏本之別。其次顏本注,有顏師古本人注,例稱「顏監曰」;有顏引舊注,則分別冠姓氏,如:「應劭曰」、「張晏曰」之類。無論顏注,還是舊注,姓氏前都無須冠「漢書」,即前胡所謂「例不云《漢書》。」按善援舊注通例,例居善注前,以「善曰」界限畛域之。非顏本舊注,比如項岱注,多不見于顏本《漢書》者,然屢見李善援引。如《述成紀第十》篇,為袖珍《選文》,僅三十二字,分四科斷,卻三段有項注。考《隋書‧經籍志二》項有《漢書敘傳》五卷。又本書《述成紀》「光允不陽」注,項注居首,在張晏之前,皆可推證:項是《漢書》注家,李善採用者,的為彼《漢書》注文也。善引《漢書》舊注(包括顏注)篇首不如他篇有署名者,蓋因所引往往不止一家,故不得署名篇首,祇能每於注首頻冠,不厭其煩矣。四、兼引《漢書》與《漢書音義》。注中後者若緊承前者,大致省略作「《音義》」。今遵此第三條以覈陳校「漢書」下補「注」字,似是而非;前胡無「漢書」說甚是。嘉德說,模棱兩可,不足取。又,贛、建二本移「言秦」上之「善曰」至注首,亦非,蓋「言秦之過」本是善注也。奎本、明州本不誤。前胡亦未及。毛本衍「《漢書》」、「言秦」上脫「善曰」,皆誤從尤本耳。

外連衡而鬭諸侯　注:《戰國策》蘇秦故惠王曰:始將連衡。高誘曰:合關東從,通之於秦,故曰連衡。

【陳校】

　　注「故惠王曰」四字衍。又,「始將連衡」下,脫「秦惠王曰」四字。

【疏證】

　　明州本、建本同。奎本、尤本作:「蘇秦說秦王曰:始將連橫。」贛本作:「蘇秦始將以連橫說秦惠王。」謹案:事見《戰國策‧秦策一》,作「蘇秦始將連橫說秦惠王曰。」諸本非衍即倒譌。毛本誤從建本等,傳寫復涉高注誤入「故」字,陳校則從《戰國策》正之。

齊明周最……之徒通其意　注:《戰國策》曰:齊令周最使鄭……高誘曰:周最,周君之子也。仕於齊,故齊伐之也。《字林》曰:最,才勾切。

【陳校】

　　注「故齊伐之」。「伐」,「使」誤。又,「才勾切」。「勾」,「句」誤。

【集說】

胡氏《考異》曰：陳云「勾，句誤。」是也，各本皆譌。案：《周本紀》索隱曰：「最，詞喻反。」與此正同，皆讀「最」為「聚」也。

張氏《膠言》曰：注「《字林》曰：最，才勾切。」胡中丞曰：「《周本紀》索隱云：『最，詞喻反』，與才句正同，皆讀最為聚。」

梁氏《旁證》曰：《漢書·古今表》：「周景」。梁氏玉繩謂：「景，當是最之譌。」又《史·周紀》云：「齊重，則固有周聚以收齊。」徐廣曰：「（亦）〔一〕作最。」

徐氏《規李》曰：注「《字林》曰：『冣，才句切。』」案：「冣」，即古「聚」字。从宀，从取。《史記》作「周聚」，如《戰國策》「趙有顏冣」，《史記》作「顏聚」。是也。流俗譌刻、譌讀，因附及之。自注：《鶡冠子》「憂喜聚門」，或作「冣」，亦「聚」也。見《鵩鳥賦》注。

許氏《筆記》曰：當作「冣」，古聚字。《國策》「趙顏冣」，《史記》作「聚」。《說文》「冣，積也。从宀从取，才句切」；「聚，會也。从乑取聲。邑落曰聚。才句切」；最，犯而取也。从冃从取，祖外切。不與冣同。嘉德案：冣與最，音義皆殊。至南北朝而最冣不分。段氏辨之甚詳。……此作最，亦冣之譌。注引《字林》，亦譌作最。所當並正。段注《說文》云：「《字林》固有冣字，音才句切。」見李善《文選注》，可證一本作「才勾切」。陳云：「勾，句誤」，是也。胡云「《周本紀》索隱曰：『最，詞喻反』正同，皆讀最為聚」不誤，而字亦作最，非矣。

【疏證】

奎本、贛本作「使」、「句」。明州本、尤本、建本作「使」、誤「勾」。謹案：「齊令周最使鄭」事，見《戰國策·韓策二》，今本《戰國策·西周策》惟見：「謂齊王曰：『王何不以地齎周最以為太子也？』」注：「周最，為周之太子」云，然據正文可推，自當作「使」字。《小爾雅·廣詁》：「最，叢也。」胡承珙《義證》：「最，當從《說文》作冣。《說文》：『冣，積也』、『最，犯取也』。本為二字。後人多混冣為最。冣字遂廢。蓋冣本有聚義，故叢亦通作冣。」《義證》說甚精，《玉篇·曰部》：「最，齊也，聚也。」上《旁證》引《史記》「徐廣」言，實作「《集解》：徐廣曰：『一作最。最，亦古之聚字』」，皆是其證，故《字林》必作「句」。《說文·句部》「句，曲也。從口丩聲。」段注：

「古音總如鉤。後人句曲音鉤，《章句》音屨。又改句曲字為勾。」辨句、勾源流甚明。毛本「伐」字，當形近獨誤，作「勾」，當誤從尤、建二本等，陳校當從贛本、字書等正之。

吳起……之倫制其名。

【陳校】

「名」,「兵」誤。

【疏證】

諸《文選》本咸作「兵」。謹案：《史記·陳涉世家》、《漢書·陳勝傳》、宋·湯漢《妙絕古今編·國策》引亦作「兵」。毛本獨因形近而誤，陳校當從《史》、《漢》、尤本等正之。

於是散從約解

【陳校】

「散從」，當乙。

【疏證】

諸《文選》本悉作「從散」。謹案：《史記》、《漢書》作「從散約敗」，賈誼《新書·過秦》《風俗通義·六國》同。《古今合璧事類備要》別集卷一「賈誼《過秦論》」注作「從散約解」。毛本獨倒，陳校當從《史》、《漢》、尤本等乙正。

銷鋒鍉鑄以為金人十二　注：如淳曰：鍉，箭足也。鄧展曰：鍉是扦頭戟也。《史記》曰：始皇收天下兵聚之咸陽，以銷鋒鍉為鍾鐻金人十二。鍉，或為提。

【陳校】

「銷鋒鍉鑄」，下二字當乙。

【集說】

胡氏《考異》曰：「銷鋒鍉鑄以為金人十二」。袁本、茶陵本云：「鍉鑄」，善作「鑄鍉」。案：此尤校改之也。《漢書》作「鍉鑄」。《賈子》作「鏑鑄」。「鏑」，即「鍉」也。鍉，句絕。鑄，下屬。《史記》作「銷鋒鑄鐻」，似四字

連文。「鏑」、「鍉」亦異。未審善果何作。

　　梁氏《旁證》曰：六臣本「鍉鑄」作「鑄鍉」，誤也。《史記・始皇本紀》作「銷鋒鑄鐻」。《新書》「（鋒）［鍉］」作「鏑」。「鏑」，即「鍉」也。按：「鍉」字斷句。

　　朱氏《集釋》曰：注引如淳曰：「鍉，箭足也。鄧展曰：鍉是扦頭戟也。」案：《漢書》顏注云：「鍉與鏑同。即箭鏃也。」《說文》無「鍉」字，惟「鏑」字云：「矢鋒也。」古亦作「鍉」者，「是」聲、「商」聲，同部也。《史記・秦楚之際月表》「銷鋒鏑」《集解》引「徐廣曰：鏑作鍉」，而《始皇紀》後論於此作「銷鋒鑄鐻」，其前《紀》文，亦作「銷以為鍾鐻」。自注：此注引作「銷鋒鍉為鍾鐻」，「鋒鍉」二字，因正文而增之。鐻與鍉，音亦相近，言既為鍾鐻，又以為金人也，義得兩通矣。

　　許氏《筆記》曰：「銷鋒鍉鑄」。六臣本云：善本作「鑄鍉」。《說文》作「鏑」。嘉德案：六臣茶陵本、袁本作「鑄鍉」，並云：善作「鑄鍉」。而《漢書》作「鍉鑄」，《賈書》作「鏑鑄」，「鏑」，即「鍉」也，並以「銷鋒鍉」三字絕句，「鑄」屬下讀。胡曰：「《史記》作『銷鋒鑄鐻』，似四字連文。鐻、鍉亦異。未審善果何作。」嘉德謂：若依《漢書》、《賈書》「鍉」字絕句，「鑄」屬下讀，不當「鑄鍉」二字倒轉。而觀六臣校語，是李氏以「銷鋒鑄鍉」四字為句，自不與《漢書》、《賈書》同。公依六臣善本校。

【疏證】

　　尤本同。奎本以下諸六臣合注本同，並校云：善本作「鑄鍉」。謹案：《史記・陳涉世家》作「銷鋒鍉鑄」與《始皇本紀》不同，與《漢書》則同，《新書》作「鏑鑄」，故無論尤本是否已經校改，毛本作「鍉鑄」非倒可必。陳校之誤，當從明、贛二本校語。前胡云「未審善果何作」，蓋就《史記》一書異篇，載一事亦有異文而發。此亦是前胡校勘謹慎於陳校之處。朱氏雖未直接出校，按其文意，似亦主「銷鋒鑄鍉」四字連文。

陶朱猗頓之富　　注：《孔叢子》曰：大畜牛羊于猗氏之南……以興富，故曰猗頓也。

【陳校】

　　注「故曰」上脫「猗氏」二字。

【集說】

姚氏《筆記》曰：注「其滋息不可計以興富」。按：「富」下脫「於猗氏」三字。

【疏證】

奎本以下諸六臣合注本、尤本悉有「猗氏」二字。謹案：事見《孔叢子‧陳士義》，正有「於猗氏」三字。《太平御覽》卷四百七十二引、《冊府元龜》卷八百十二、《古今事文類聚》別集卷二十九並同。但觀上下文，蓋述猗頓得名之由來，已可決當有此三字。本書吳季重《答東阿王書》「慕猗頓之富」注正有「於猗氏」三字。韋弘嗣《博弈論》「是有猗頓之富也」注、劉孝標《辨命論》「猗頓之與黔婁」注，並作「猗頓，已見（賈誼）《過秦論》」，用善注「已見上文例」誠是。毛本獨脫三字，尤本等「猗氏」上尚脫一「於」字。陳校當從尤本等補之，故亦尚脫一「於」字焉。姚氏校是。

嬴糧而景從　注：《莊子》曰：今使民曰：（其）〔某〕所有賢者，嬴糧而趣之。《方言》曰：嬴，擔也。音盈。

【陳校】

「嬴糧」。「嬴」，「贏」誤。注並同。

【集說】

顧按：「嬴」字不誤。

許氏《筆記》曰：「嬴糧」，當作「贏」。嘉德案：《說文》：「嬴，帝少皞之姓也」、「贏，賈有餘利也。」並以成切。義各不同，世多舛混。俗語謂贏者，輸之對。

【疏證】

明州本、尤本、建本並注同。奎本、贛本並注作「贏」。五臣正德本、陳本作「贏」，銑注同。謹案：《史記》、《漢書》並作「贏」。毛本當從尤、建二本等，陳校當從贛本、《史》《漢》等。然「嬴」與「贏」通。《集韻‧清韻》：「攍、搝：《方言》：『儋，齊楚陳宋曰：攍。』或从盈，通作嬴。」是其驗。顧按是也。參見上《幽通賦》「故遭罹而嬴縮」及《為齊明帝讓宣城郡公第一表》「訓誓在耳」諸條。

非有先生論一首　東方曼倩

東方曼倩　注：班固《漢書》：東方明，字曼倩。平原厭次人。武帝即位，言得失。又設《非有先生論》。

【陳校】

注「東方明」。「明」，「朔」誤。

【集說】

胡氏《考異》曰：注「班固《漢書》：『東方朔，字曼倩，平原厭次人。武帝即位，言得失。』」袁本、茶陵本無此二十二字，有「《漢書》曰：朔」四字，是也。朔，見於《畫贊》注。其《答客難》下，亦不復出。或記於旁，尤誤取以增多耳。

許氏《筆記》曰：嘉德案：胡曰「注『班固』云云，至『言得失』……有『《漢書》曰：朔』四字，是也。尤［誤］取以增多耳。」依善注例，胡說是。

【疏證】

尤本誤同。奎本以下諸六臣合注本作「《漢書》曰：朔」。謹案：本書東方曼倩「《答客難》」作者下注、夏侯孝若《東方朔畫贊》「平原厭次人也」下注，並作「《漢書》曰：朔」四字。前胡說，嘉德案並是。毛本誤從尤本，陳校當從本書內證、贛本等正之。

目不視靡曼之色　注：《呂氏春秋》曰：越王目不視靡曼。高誘曰：靡曼，好色曰。

【陳校】

注「好色曰。」「曰」，「也」誤。

【集說】

余氏《音義》曰：「好色曰。」「曰」，何改「也」。

【疏證】

奎本以下諸六臣合注本、尤本悉作「也」。謹案：事見《呂氏春秋·順民》，高注作「好色」。「也」字，疑為刻工所刪。同書《本生》篇「靡曼皓齒」高注：「靡曼，細肌。美色也。」句尾有「也」字。既有誤「曰」之字，亦善本原本當有之佐證。毛本獨因形近而誤，陳、何據《文選》諸本補之。

臣不忠也

【陳校】

「臣」,「是」誤。五臣本有「臣」字。

【集說】

余氏《音義》曰:「臣不」。善無「臣」字。

孫氏《考異》曰:「臣」。《漢書》作「是」。

梁氏《旁證》曰:「臣不忠也。」六臣本「是」作「臣」。

【疏證】

五臣正德本同。奎本同,無校語。明州本、贛本同,校云:善本無「臣」。尤本、五臣陳本作「是」。建本無「臣」字,校云:五臣本有「臣」字。謹案:《漢書》本傳作「是」,《通志》本傳同。毛本當從六臣合注本,陳校當從尤本、《漢書》等正之。陳校「五臣本有臣字。」「有」字,當為「作」字,方妥。

夫談者有悖於目而佛於耳　注:子書曰:佛,違也。

【陳校】

注「子書」。舊刻「字書」。

【疏證】

奎本以下諸六臣合注本、尤本悉作「字」。謹案:《隋書‧經籍志二》載:「《古今字書》十卷。《字書》三卷。《字書》十卷」三種。無撰者姓氏。或李善所用。陳校當從尤本等。然考揚雄《揚子法言‧寡見篇》:「荒乎淫,佛乎正,沉而樂者,君子弗聽也」注:「佛,違也。」正有「佛,違」之注。其「字書」乃「揚子書」歟?如此,則毛本係「子」上脫一「揚」字耳。俟考。

謗君之行　注:如淳曰《漢書注》曰:誹,非上所行也。

【陳校】

注「如淳曰」。「曰」字,衍。

【集說】

胡氏《考異》曰:注「如淳曰《漢書注》曰。」陳曰云云。是也,各本皆衍。

梁氏《旁證》曰：注「如淳曰《漢書注》曰。」陳校去上「曰」字。

【疏證】

奎本以下諸六臣合注本、尤本悉衍。謹案：《漢書》有如淳注。如淳，馮翊人。魏陳郡丞。載在《漢書敘例》「諸家注釋」名氏中。本書作「如淳《漢書注》曰」有三十餘例。本條毛本衍上「曰」字，蓋誤從尤、建二本等，陳校當從本書內證、上下文義等刪之。

遂及飛廉、惡來革等　注：《史記》曰：中橘生蜚廉……惡來父子俱以材力事殺紂。

【陳校】

注「中橘」。「橘」，「潏」誤。又「材力事殺紂」。「殺」，「殷」誤。

【集說】

余氏《音義》曰：「殺紂」，「殺」，何改「殷」。

【疏證】

奎本誤「滴」、作「殷紂」。贛本、尤本、建本作「潏」、「殷紂」。明州本作「潏」、「事於紂」。謹案：事見《史記·秦本紀》，字正作「潏」、「殷紂」，本書李蕭遠《運命論》「而不惟飛廉惡來之滅其族也」注、劉孝標《辯命論》「辛受生而飛廉進」注並同。《冊府元龜》卷一百八十二作「中潏」注「一作滑」；「俱以材力事紂」。《太平御覽》卷八十六引《史記》作「潏」、「事紂」，蓋脫一「殷」字。毛本獨傳寫形近而誤，陳、何校當據《史記》、尤本等正之。

陰奉凋琢刻鏤之好

【陳校】

「凋」，「琱」誤。

【集說】

梁氏《旁證》曰：《漢書》作「琱琢」。

許氏《筆記》曰：「彫琢」，《漢書》作「琱琢」。師古曰：「琱，與彫同。琢，音篆。」嘉德案：《說文》琢、琱二字皆訓治玉。段曰：「琢、琱字，謂鐫鏨之字，經傳以雕、彫為琱。」又「瑑者，圭璧上起兆瑑也。」鄭云：「瑑，文飾也。」段曰：「大圭不琢，以素為貴也。」然則，雕、瑑、彫、琢義並同。

【疏證】

諸《文選》本咸作「彫」。謹案：《漢書》作「琱」。師古曰：「琱，與彫同。畫也。」唐太宗《帝範‧誠盈》「雕琢刻鏤」注引作「雕」。《集韻‧蕭韻》：「彫剮：《說文》：『琢文也。』或从刀，通作雕、琱。」又：「凋：《說文》：『半傷也』」。足見毛本獨音近而誤，陳校不從尤本等，則當從《漢書》校。略可窺其校觭重經史之傾向。

則得於邪主之心

【陳校】

「得」，「忤」誤。

【疏證】

諸《文選》本咸作「忤」。謹案：《漢書》本傳作「忤」。《通志》本傳同。得，與忤，義相反，但觀上下文義，亦可必作「得」之非，毛本獨因傳寫而誤，陳校當從《漢書》、尤本等正之。

箕子被髮佯狂　注：《尸子》曰：箕子骨餘漆體而為厲。

【陳校】

注「骨餘」。「骨」，「胥」誤。

【集說】

汪氏《權輿》曰：《七發》云：「通厲骨母之場。」注曰：「《史記》曰：『吳王殺子胥，投之於江。吳人立祠於江上，因名胥母山。』《越絕書》曰：『闔廬旦食鮒山，晝游於胥母。』疑骨母字之誤也」。按：李氏以骨母為胥母之誤，是已。但據《史記》，則「胥母」，乃因祀子胥而得名，闔廬時何遂有此名乎？李氏並引二書，未知孰是。又考《吳越春秋‧闔廬內傳》：「十年治姑蘇之臺。旦食鮒山，晝游蘇臺。」注云：「吳縣西南三十里，有姑蘇山，亦名姑胥。」竊意闔廬所游者吳縣之山，子胥所投者，浙江之江也。《七發》「廣陵曲江之濤」，曲江正指浙江，故其文曰「弭節伍子之山」。「通厲骨母之場」，不當遠及吳縣，且《吳越春秋》注「鮒山」，《越絕書》作「紐山」，而於「蘇臺」不云有「胥母」之異，則是《越絕》於「晝遊」句，或亦是「姑胥」，而李注誤記為「胥母」耳。見卷八《質疑‧骨母》。

徐氏《規李》曰：注「《尸子》曰：箕子骨俗亦譌骨餘。」案：**骨**，古胥字。與《七發》「通厲**骨**俗亦譌骨母之場」同。「胥餘」之名，亦見《莊子‧大宗師》。

許氏《筆記》曰：注「骨餘」，骨，當是冑字。嘉德案：注「《尸子》：箕子骨餘。」考骨餘，當是胥餘之譌。孫星衍《尸子校集》作「箕子胥餘」，既非（骨）〔胥〕亦非冑。又考《莊子‧大宗師》篇「箕子胥餘」陸氏釋文曰「司馬云：『胥餘，箕子名也。』見《尸子》。崔同。」又云：「《尸子》曰：箕子胥餘漆身為厲，被髮佯狂。」《釋文》又曰：「或云：《尸子》曰：比干也。胥餘，其名。」然則，胥餘之為箕子、為比干，不得確證。而其字作胥不作骨，皆可證也。然公校各本骨皆疑冑。冑音緝，不與胥同，未審所本。待再考。

【疏證】

奎本、贛本作「胥」。明州本、尤本作「**骨**」。建本誤「骨」。謹案：胥餘，箕子名，一曰比干名。見《經典釋文‧莊子音義》「箕子胥餘」，嘉德引已詳。「**骨**」係「胥」之俗字。《廣韻‧魚部》：「胥，俗作**骨**」或云「胥」之古文。建本因此字與「骨」形近而誤，毛本當誤從建本，陳校當從贛本、《莊子》等校之。此亦毛本之誤獨同建本例。參上謝靈運《石門新營——》「清醑滿金樽」及拙著《何校集證》之《七發》「通厲骨母之場」條。許巽行所以譌冑，蓋所據本與胥之俗字或隸書**骨**，形近致誤耳。

故號聖主

【陳校】

「主」，「王」誤。

【疏證】

諸《文選》本咸作「王」。謹案：《漢書》、《通志》本傳並作「王」。毛本獨因形近而誤，陳校當從《漢書》尤本等正之。

仰而泣下交頤　　注：《孫子兵法》曰：令發之日，立寢者涕交頤。

【陳校】

注「立寢」。「立」，「士」誤。

【集說】

余氏《音義》曰：「立寢」。「立」，何改「士」。

【疏證】

奎本以下諸六臣合注本、尤本悉作「士」。謹案：語見《孫子・九地》，原文作：「令發之日，士卒坐者涕沾襟，偃臥者涕交頤。」宋・曾公亮等《武經總要》前集卷九作「士坐者涕流襟，偃寢者涕交頤。」此可見善注已有改動，然字當作「士」，決無異議。毛本獨因形近而誤，陳、何當據《孫子》、尤本等正之。

萬物咸得其宜　注：《孫卿子》曰：萬物得宜，時變得應。

【陳校】

注「時變」。「時」，「事」誤。

【集說】

余氏《音義》曰：「時變」，「時」，何改「事」。

【疏證】

奎本以下諸六臣合注本、尤本悉作「事」。謹案：語見《荀子・富國篇》，字正作「事」。毛本獨因音近而誤，陳、何當據《荀子》、尤本等正之。

囹圄空虛　注：文王曰：法寬刑緩，囹圄空虛。

【陳校】

注「文王」。「王」，「子」誤。

【集說】

余氏《音義》曰：「文王」。「王」，何改「子」。

【疏證】

奎本以下諸六臣合注本、尤本悉作「子」。謹案：語見《文子・精誠》篇。本書左太沖《魏都賦》「囹圄寂寥」注、王子淵《聖主得賢臣頌》「故有囹空之隆」注引並作「子」。陳、何校當據《文子》、本書內證、尤本等正之。

四子講德論一首　王子淵

於是欲類名號

【陳校】

「類」,「顯」誤。

【疏證】

諸《文選》本咸作「顯」。謹案:宋‧扈仲榮等《成都文類》卷四十九載本篇作「顯」,《北堂書鈔》卷九十七「專精趨學」注引亦作「顯」。毛本獨傳寫形近而誤,陳校當從尤本等正之。

附驥尾則涉千里　注:《文子》曰:蝱與冀致千里而不飛。

【陳校】

注「與冀」。「冀」,「驥」誤。

【疏證】

奎本以下諸六臣合注本、尤本悉作「驥」。謹案:語見《文子‧上德》,正作「驥」。《淮南子‧說林訓》亦有此語,亦作「驥」、《太平御覽》卷九百四十五引《淮南子》同。毛本獨傳寫而誤,陳校當從《文子》、正文、尤本等而正之。

晉甯戚商歌以干齊桓

【陳校】

「晉」,「昔」誤。

【集說】

孫氏《考異》曰:「昔甯戚商歌以干齊桓。」「昔」,誤「晉」。

許氏《筆記》曰:「晉甯戚」。何改「晉」作「昔」。嘉德案:孫亦云:「昔,誤晉。」何改是也。

【疏證】

《集注》本、諸《文選》本皆作「昔」。謹案:朱氏《集釋》引作「昔」,扈仲榮等《成都文類》卷四十九引亦作「昔」。毛本獨因形近而譌,陳、何當據贛、尤本等正之。

故作三篇之詩，以歌之也。

【陳校】

「歌」下，脫「詠」字。

【集說】

孫氏《考異》曰：六臣本「歌」下有「詠」字。

許氏《筆記》曰：「歌」下，何加「詠」字。嘉德案：茶、袁六臣本「歌」下有「詠」字。何校依六臣改。

【疏證】

《集注》本、諸《文選》本悉有「詠」字。謹案：《成都文類》卷四十九、《玉海》卷五十九亦有「詠」字。毛本傳寫偶脫。陳、何據贛、尤二本等補之。

太子擊誦《晨風》 注：《韓詩外傳》曰：倉唐至曰：此藩中山之君再拜獻之。

【陳校】

注「此藩」。「此」，「北」誤。

【集說】

余氏《音義》曰：「此藩」。六臣「此」作「（比）［北］」。

【疏證】

《集注》本、奎本以下諸六臣合注本、尤本皆作「北」。謹案：《韓詩外傳》卷八作「北蕃」，《太平御覽》卷七百七十九同。毛本獨因形近而誤，陳校當從《韓詩外傳》、尤本等正之。

故美玉蘊於砇砆，凡人視之怢焉 注：張楫《漢書注》曰：武夫，石之次玉者。《廣蒼》曰：怢，忽忘也。

【陳校】

注「張楫」。「楫」，「揖」誤。又「廣蒼」。「蒼」，「倉」誤。

【集說】

顧按：「蒼」，「倉」一字耳。前有。

【疏證】

　　《集注》本、奎本、明州本、贛本、尤本作「揖」、「蒼」。建本誤「楫」、作「蒼」。謹案：張注，本書《子虛賦》「礧石武夫」注亦誤從「木」。此古人傳寫木、才多混之故。《漢書·司馬相如傳》：「礧石武夫」注為「張揖」。本書《魏都賦》「兼重恈以貤繆」善曰：「《廣倉》曰：恈用心並誤也。」又《上林賦》「若人臣之所蹈藉」善曰：「《廣倉》曰：若蹈足貌。」當陳校所據。然《隋書·經籍志一》：「《埤蒼》三卷」注：「張揖撰。梁有《廣蒼》一卷，樊恭撰。亡。」毛本作「楫」，當誤從建本；作「蒼」，不誤。顧按是。陳校當從《漢書》、本書內證等校之，得失參半。此又毛本之誤獨同建本例。

而作《清廟》　注：《毛詩·周頌》曰：《清廟》，祀文王也。

【陳校】

　　注「《周頌》」下，脫「序」字。

【集說】

　　胡氏《考異》曰：注「《毛詩·周頌》曰」。陳曰云云。是也，各本皆脫。

　　梁氏《旁證》曰：陳校「詩」下添「序」字。各本皆脫。

【疏證】

　　《集注》本、奎本以下諸六臣合注本、尤本皆脫「序」字。謹案：語見《毛詩注疏·周頌·清廟序》。《初學記》卷十三「清廟」注、本書傅武仲《舞賦》「所以陳清廟」注、謝玄暉《齊敬皇后哀策》「清廟虛歸」注引「《毛詩》」，並脫「序」字。而班孟堅《典引》「豈蔑清廟」注作「《毛詩序》曰」，不脫。毛本當誤從尤、建二本等，陳校當從本書內證、《毛詩》等補之。

宣布詔書：勞來不殆

【陳校】

　　「殆」，「怠」誤。

【疏證】

　　《集注》本、諸《文選》本皆作「怠」。謹案：詔書，見《漢書·宣帝紀》三年春三月詔曰：「今膠東相成，勞來不怠，流民自占八萬餘口，治有異等」

云云，又見《漢書・循吏傳（王成）》，並作「怠」，《太平御覽》卷六百三十三、《成都文類》卷四十九引、《白孔六帖》卷七十八「自占」注引，亦並作「怠」。然殆與怠通。《毛詩・商頌・玄鳥》「商之先后，受命不殆」鄭《箋》云：「后，君也。商之先君受天命而行之。不解殆。」馬瑞辰《通釋》：「《論語》：『思而不學則殆』釋文：『殆，本作怠。此詩殆即怠借字。』」《商君書・農戰》：「故其民農者寡而游食者眾，眾則農者殆，農者殆，則土地荒。」朱師轍《解詁》：「《意林》引作：『農者少而游食者眾。游食者眾則農怠，農怠則治荒。』」《意林》語，見《商君書四卷》篇。《說文通訓定聲・頤部》：「殆，叚借為怠。」然則，毛本蓋用叚字，陳校從《漢書》、本書內證、尤本等不誤，然固執謂毛本誤，泥亦甚矣。

且觀大化之淳流

【陳校】

「且」字，衍。

【集說】

孫氏《考異》曰：六臣本無「且」字。

顧按：此非衍。

胡氏《考異》曰：「且觀大化之淳流。」袁本、茶陵本無「且」字。案：二本不著校語，無以考之。陳曰云云，恐未必然，當各依其舊。

梁氏《旁證》曰：六臣本無「且」字。

【疏證】

尤本同。《集注》本同，有「今案：五家本無且字。」五臣正德本、陳本、奎本以下諸六臣合注本皆無。謹案：《成都文類》卷四十九作「具」。審上下文義，最切。作「且」者，或壞字耳。原來善本作「具」，五臣本無。六臣合注本失校語。毛本當從尤本，陳校則不如前胡謹慎。此亦陳之一失。從顧按「此非衍」，至為《考異》時云：「恐未必然」，可見其校之審慎不苟。

處把握而卻廖廓

【陳校】

「廖」，「寥」誤。

【集說】

徐氏《規李》曰：案：《說文》「廫」字，《繫傳》云：「俗作廖，非。」今此「廖」字，恐是「廫」之省文，否則，當徇俗作「廖」也。

許氏《筆記》曰：「廖」、「廓」。《說文》作「廫」、「霩」：「廫，空虛也。從广膠聲。徐曰：『今別作寥。非是。』」；「霩，雲止雨罷兒。從雨郭聲。徐曰：『今別作郭。非是。』」嘉德案：「廖」、「廓」字，《說文》作「廫」、「廓」。《玉篇》：「寥，力雕切。空也，寂也，廓也。」《新坿》作「廖」，從「廫」省。亦作「寥」。《玉篇》：「廓，苦莫切。大也，空也。」《淮南子》「道生於虛霩。」今本亦作「廓」。段曰：「廓行而霩廢矣。經典相承皆用之。鼎臣以為非，今亦不能泥矣」。

【疏證】

《集注》本、諸《文選》本咸作「寥」。謹案：《成都文類》卷四十九引，亦作「寥」。鄭珍《說文新附考》：「《說文》：廫，空虛也。後省作廖。又改作寥。……《玉篇》廖為廫重文，合矣」。然則，毛本亦不誤。陳校拘泥矣。陳校當從贛、尤諸本耳。鄭考、徐氏說，皆是。

大青蠅不能穢垂棘

【陳校】

「大」，「夫」誤。

【疏證】

《集注》本、諸《文選》本咸作「夫」。謹案：《成都文類》卷四十九引亦作「夫」。《海錄碎事》卷八上、《記纂淵海》卷五十六引、《九家集注杜詩》、《補注杜詩・敬寄族弟唐十八史君》「物白諱受玷」注引，並脫「夫（大）」字。毛本傳寫獨因形近而誤，陳校當據上下文義、尤本等正之。

鳴聲相應，仇偶相從　　注：《周易》曰：同聲相應，同氣胡求。

【陳校】

注「同氣胡求」。「胡」，「相」誤。

【疏證】

《集注》本、奎本以下諸六臣合注本、尤本皆作「相」。謹案：語見《周

易注疏・乾》，正作「相」，《長短經・是非》、《白虎通義・禮樂》引並同。本書陸士衡《辯亡論上》「等契者以氣集」注引作「相」。毛本傳寫獨因形近而誤，陳校當據上下文義、本書內證、《周易》尤本等正之。

取威定霸　注：《左氏傳》曰：先軫謂晉侯曰：報施救忠，取威定霸，於是乎在矣。

【陳校】

　　注「報施救忠。」「忠」，「患」誤。

【疏證】

　　《集注》本、奎本以下諸六臣合注本、尤本皆作「患」。謹案：事見《春秋左傳注疏・僖公二十七年》，正作「患」，本書張平子《東京賦》「其取威也重矣」注同，《太平御覽》卷二百七十二、卷二百八十二、《冊府元龜》卷二百四十、卷七百三十二等引並同。毛本傳寫獨因形近而誤，陳校當從《左傳》、本書內證、尤本等正之。

秦穆有王由五羖　注：《史記》曰：秦穆公聞百里奚故重贖之。

【陳校】

　　注「聞百里奚故」下，當有「賢」字、「故」字，衍。

【集說】

　　余氏《音義》曰：「故重贖」。「故」，何改「欲」。

　　胡氏《考異》曰：注「秦穆公聞百里奚，故重贖之。」何校「奚」下脫「賢」字，「故」改「欲」，陳同。是也，各本皆誤。

　　姚氏《筆記》曰：「奚」下脫「賢欲」二字，「故」字衍。

【疏證】

　　奎本、明州本、尤本、建本誤同。贛本脫「賢」字、作「欲」。《集注》本有「賢」、作「欲」。謹案：事見《史記・秦本紀》，正作：「繆公聞百里傒賢，欲重贖之」，《冊府元龜》卷二百四十一、任淵《山谷內集詩注》「士或不價五羖皮」注引同。《通志・秦紀》、《百里孟明視傳》二篇惟「百里傒」，因承上文改作「其」，餘同《史記》。《集注》本最是。觀下文「重贖之」，則「故」字當改「欲」，非衍。毛本誤從尤、建二本等，何氏蓋從《史記》等補正之。陳校

補「賢」是，僅云「故字衍」而不改為「欲」，與何校實有別，前胡謂「陳同」，誤也。

永願推主上

【陳校】

「永」，當作「允」。

【疏證】

《集注》本、諸《文選》本悉作「允」。謹案：《成都文類》卷四十九引亦作「允」。毛本獨因形近而譌，陳校當從尤本等正之。

宰相刻削，大理峻法　注：《廣雅》曰：峭，急也。謂嚴急也。峻與峭同。

【陳校】

「削」，「峭」誤。又注「峭，急也。」「急」，「峻」誤。

【集說】

梁氏《旁證》曰：五臣「峭」作「削」，良注可證。

胡氏《箋證》曰：注「善曰：《廣雅》曰：『峭，急也。』謂嚴急也。峭與削同。」按：「削」，古亦讀「峭」。《漢書·司馬相如傳》「刻削崢嶸」注引蘇林曰「削，音峻陗之陗。陗，亦刻也。」山巖峻謂之刻削，故人嚴峻亦謂之刻削。《漢書·晁錯傳》「錯為人陗直刻深」，義與此同。

許氏《筆記》曰：「刻削」，注云「削與峭同」。本或改為「刻峭」，改注云：「峻，與峭同。」大謬。嘉德案：茶陵本作「刻峭」，云：五臣作「削」，注作「峻，與峭同」，皆誤也。注引《廣雅》峭，故云「削與峭同」，以證「削」字，非注「峻」字也。李既注「削」，則正文作「削」自明。豈作「峭」者？

【疏證】

尤本作「峭」。五臣正德本、陳本作「削」，奎本、明州本、贛本同，並有校云：善本作「峭」。建本作「峭」，校云：五臣作「削」。上述諸本注悉作「急」。《集注》本作「峭」、注作「陗，急也。謂嚴急也。陗，與峭同」。謹案：《成都文類》卷四十九引亦作「峭」。五臣作「削」，良注可證。據奎

本校，五臣與善既有別，則毛本作「削」者，蓋以五臣亂善耳。陳校當從尤本、贛本校語正之。《集注》本載善引《廣雅》及其注最是。今考《廣雅·釋詁》：「疾、陵、陗……，急也。」陵、陗二字從「阜」，不從「山」，證《集注》本與《廣雅》密合，又注「峻」作「陗」，皆是善注原貌，能正奎本以下諸六臣本、尤本之誤。陳校未能覈《廣雅》原文是一誤。復見善注謂「峻，與陗同」，遂反以注引《廣雅》作「急」者為誤。是誤中又誤矣。其實，即便注已誤「峻」，「急」字亦不為誤。陳蓋未審：善注「急也」下，緊承「謂嚴急也」，非但將「陗」字，且將「刻峻」二字釋竟。下「峻，與陗同」之「峻」，本可釋為下文「大理峻法」之「峻」爾。（五臣良曰：「刻削，謂損害也。峻，深也」，正如此。）本條包括尤本在內諸本注「陗」之誤「峻」，前胡亦未能正，足證《集注》本之可寶也。後胡證「削」與「陗」古讀同，非無據。「削」與「陗」、「陗」，三字音同義通，《說文·阜部》：「陗，陵也。」王筠《句讀》：「陗，《通俗文》：陵阪曰陗。」《楚辭補注·九章·悲回風》：「上高巖之陗岸兮」注：「陗，一作陗」補曰：「並七笑切。」皆其證，故三字通用，正文作「削」，本無不可，然善作「陗」、五臣作「削」，則不容不辨也。後胡、二許無計及此，亦有失矣。

神雀仍集　注：《宣紀》：神雀儦集。

【陳校】

　　注「儦集」。「儦」，「仍」誤。

【集說】

　　余氏《音義》曰：「儦集」。「儦」，何改「仍」。

【疏證】

　　《集注》本、奎本以下諸六臣合注本、尤本咸作「仍」。謹案：《漢書·宣帝紀》作「神爵仍集」，顏注：「仍，頻也」。《後漢書》「及白烏神雀，甘露屢臻」章懷注引《漢書》同。荀悅《前漢紀·孝宣》，並作「仍」，《太平御覽》卷九百十五、《冊府元龜》卷四十引《後漢書·賈逵傳》亦作「仍」。按之正文，亦固當作「仍」。毛本傳寫而誤，陳、何校蓋從《漢書》、尤本等正之。

走箭飛鏃

【陳校】

「鏃」,「鏃」誤。

【疏證】

《集注》本、諸《文選》本皆作「鏃」。謹案:《成都文類》卷四十九引亦作「鏃」。《九家集注杜詩》、《補注杜詩·留花門》「挾矢射漢月」注引本文並作「鏃」。毛本獨因形近而誤,陳校當從尤本等正之。

往來馳騖

【陳校】

「騖」,「鶩」誤。

【疏證】

《集注》本、諸《文選》本皆作「鶩」。謹案:《成都文類》卷四十九引亦作「鶩」。「鶩」,與「騖」通。《說文通訓定聲·孚部》:「鶩,叚借為騖。」《穆天子傳》卷一:「天子西征,鶩行至于陽紆之山」郭璞注:「鶩,猶馳也。」《南史·恩倖列傳論》亦有「往來馳鶩」語。並是其證。此又毛本獨好用古字、假字之例。陳校不必依贛、尤二本等改也。

扞絃掌拊 注:《禮記》曰:左佩決扞。鄭玄曰:扞,拾也。言所以拾弦也。

【陳校】

「絃」,「弦」誤。

【疏證】

《集注》本、奎本以下諸六臣合注本、尤本作「弦」。五臣正德本作「弦」,陳本作「絃」。謹案:《成都文類》卷四十九引作「弦」。善本作「弦」,據注引《周禮》鄭說可明;五臣亦作「弦」,翰注可證。然《戰國策·秦策一》「未絕一絃,未折一矢。」《淮南子·淑真》:「烏號之弓,谿子之弩,不能無絃而射。」皆證「絃」與「弦」用同。毛本好用異字,或從五臣陳本,然並非善與五臣之別,故陳校不改亦得。

編結沮顏 注：《漢書》又曰：……《音義》曰：力刻其面，蓋沮顏也。

【陳校】

　　注「力刻」。「力」，「刃」誤。

【集說】

　　胡氏《考異》曰：注「刀刻其面。」茶陵本「刀」作「刃」。袁本亦作「刀」，與此同。何校「刀」，改「刃」，陳同。案：考《史記集解》引《音義》作「刃」，《漢書》顏注引如淳，同。「刃」字，是也。

【疏證】

　　《集注》本、奎本、明州本、尤本、建本作「刀」。贛本獨作「刃」。謹案：事見《漢書·匈奴傳》「有罪小者軋」顏注：「服虔曰：『刃刻其面也。』」《史記集解·匈奴列傳》裴駰注引《漢書音義》正作「刃刻其面」。尤本等已因形近而誤作「刀」，毛本誤從之，復傳寫譌作「力」，陳校當從贛本、《漢書》等正之。贛本獨是。疑亦據《史》、《漢》。前胡以顏引「服虔」作「如淳」說，亦非。

泉魚奮躍 注：《韓詩》曰：鳶飛戾天，魚躍于淵。薛君曰：魚喜樂，則踴躍于泉中。

【陳校】

　　注「于淵」。「淵」，「泉」誤。

【疏證】

　　《集注》本正文並注，凡三字同作「淵」。奎本文並注作「淵」，文有校云：善本作「泉」字。明州本文並校同奎本、注二作「泉」。贛本文作「泉」，校云：五臣本作「淵」、注作「淵」、「泉」。建本惟《韓詩》亦作「泉」，餘同贛本。尤本文及注三字並作「泉」。謹案：「魚躍于淵」，見《詩·大雅·旱麓》篇。范家相《三家詩拾遺》卷九輯入「韓詩」，並薛君注作「淵」，正取自《文選》。本條涉及唐諱。五臣諱、李善不諱本朝，舊有李濟翁說可憑據。本條《集注》本，再證濟翁說之不誣。諸本作「泉」者，皆因諱起，具體原因，則有從五臣者，又有後人回改未淨者。五臣正德本、陳本文作「淵」，亦經後人竄改。毛本作「于淵」不誤，文及薛注則皆誤，陳校概從尤本，不該改而改，當改不改，並誤矣。

文選卷五十二

王命論一首　班叔皮

題下注：《漢書》曰：囂問彪曰：往者周亡，戰國並爭。天下分裂。意者縱橫之事，復起於今乎？

【陳校】

　　注「意者」。「意」，當作「抑」。此師古注「語詞」。

【集說】

　　胡氏《考異》云：注「復起於今乎？」案：此下有脫文。必並引「既感囂言，以及迺著《王命論》」等語。各本皆脫。善例不全同，本書無以補也。

　　梁氏《旁證》曰：胡公《考異》曰：「此下有脫文。必並引『既感囂言，以及乃著《王命論》』等語。各本皆脫。」

　　許氏《筆記》曰：題下注「意者縱橫之事。」「意」，今《漢書》作「抑」，師古曰：「抑，語辭。」案：《詩》「抑此皇父」，釋文云：「抑，如字辭也。徐音噫。《韓詩》云意也。」《周頌》：「噫嘻成王」釋文作「意嘻」。惠棟云：「蔡邕《石經論語》云：『意與之與，古文意作抑。』《大雅》有《抑》篇。《外傳》作懿。韋昭云：懿讀曰抑。《說文·印部》：「＊（反印），按也。從反印。」或從手作「抑」，隸作「抑」。古多抑、意、噫同用。嘉德案：抑、意、噫異義，而古書多通用。「抑」，又通「懿」，故「抑戒」，亦作「懿戒」。

【疏證】

奎本以下諸六臣合注本、尤本悉同。謹案：語見《漢書·敘傳》，作：「往者周亡，戰國並爭。天下分裂，數世然後廼定。其抑者從橫之事復起於今乎？自注：師古曰：抑，語辭。將承運迭興，在於一人也？」《漢書》「裂」下，有「數世然後廼定其」七字、「意者」正作「抑者」。據王氏《釋詞》卷三：「抑，詞之轉也。字或作意……又作噫，又作億，又作懿，聲義並同也」云云，則「抑者」與「意者」亦無別。二許說皆是。毛本當從尤、建二本等，陳校亦不必改也。又比勘《漢書》並《選》二家，竊意：「意者」二字，當在「將承」之上，句意方完。蓋「意者」二字，所連接者係「是……還是」之選擇句型。隗囂提供於班彪可選擇者係「戰國並爭」與「在於一人」之兩項選擇。此因善割裂《漢書》，不能正《漢書》之錯接，故引起後來前胡有脫文之疑。其實，隗囂之問，固完整而明確。前胡「必並引感囂言以及乃著《王命論》等語」云云，亦是未審《漢書》，想當然而已。許巽行引蔡邕語，見惠棟《九經古義》卷五《毛詩古義》。許篇名有誤。「《大雅》有《抑》篇」云云，乃惠氏注語。

流澤加於生民　注：《尚書》：周公曰：道洽攻治，澤潤生民。

【陳校】

注「攻治」。「攻」，「政」誤。

【疏證】

奎本以下諸六臣合注本、尤本作「政」。謹案：語見《尚書注疏·畢命》，正作「政」，《冊府元龜》卷三百二十二、卷六百七十一、《記纂淵海》卷六十五引同。本書顏延年《車駕幸京口三月三日侍遊曲阿後湖作》詩「德禮既普洽」注亦作「政」。毛本獨因形近而誤，陳校當從本書內證、《尚書》、尤本等正之。

天下所歸往　注：《韓詩外傳》曰：王者，往也。天下注之，謂之王也。

【陳校】

注「天下注」。「注」，「往」誤。

【疏證】

奎本以下諸六臣合注本、尤本悉作「往」。謹案：語見《韓詩外傳》卷五，

正作「往」字。此善節取其文，《太平御覽》卷七十六引《外傳》略同，亦作「往」。毛本獨因形近而誤，陳校當從《韓詩外傳》、尤本等正之。

思有短褐之襲　注：《說文》曰：襲，重衣也。《字林》曰：襲，大篋也。

【陳校】

「襲」，《漢書》作「褺」。

【集說】

　　梁氏《旁證》曰：《漢書》「襲」，作「褺」。王氏念孫曰：「襲與褻不同字。褻，親身衣也。从衣，埶聲。讀若漏泄之泄。襲，重衣也。字本作褺，從衣，執聲，讀若重疊之疊。其執字或在衣中，作褺，轉寫小異耳。與褻衣之褻，從埶字不同。此言短褐之褺，謂饑寒之人，思得短褐以為重衣，非謂親身之褻衣也。《漢紀》及《文選》並作短褐之襲。李注：『《說文》曰：襲，重衣也。《字林》曰：襲，大篋反。』此即褺借字。何以明之？《說文》：『褺，重衣也，從衣執聲。』《一切經音義》十五：『褺，徒俠反。』引《通俗文》曰：『重衣曰褺。』宋祁引蕭該《音義》曰：『《字林》曰：褺，重衣也，大篋反。』正與李善所引同。則襲為褺之借字，明矣。《說文》以襲為左衽袍，以褺為重衣。今經史中重衣之字皆作襲，而褺字遂廢。惟此一處作褺，乃古字之僅存者。而師古云：『褺，為親身衣也。先列反。』是直不辨褻、褺之為二字矣。《廣韻》褻，在《十七薛》，襲，在《二十六緝》，褺，在《三十帖》。褺與襲聲相近，故《漢紀》、《文選》皆作襲，若褻與襲，則聲遠不可通矣。」

　　朱氏《集釋》曰：案：《說文》「襲」為左衽袍，而「褺」訓重衣。段氏云：「《論》本作褺，李注時不誤，後人妄改耳。《漢書‧敘傳》作褻，師古釋以親身之衣，不知為褺之誤也。」余謂：《內則》：「寒不敢襲」注：「襲謂重衣。」《玉篇》義同。他處「襲」之訓重者甚多。或為「褺」之假借。但此處既引《說文》，固當是「褺」字，乃注又引「《字林》曰：襲，大篋也」，則李氏本未必作「褺」不作「襲」矣。若《漢書》作「褻」者，「褺」，從衣，執聲；「褻」從衣，埶聲，形相近故誤。又案：《字林》曰：「襲，大篋也。」宋祁據蕭該《音義》所引，「也」字作「反」，則是本「褺」字之音，非「襲」字之訓也。《讀書雜誌》云：「襲，在《二十六緝》，褺，在《三十帖》，聲相近，故《漢紀》亦作襲。」惟《漢書》作「褺」而以「褻」字釋之，後人遂不辨「褻」、「褺」之為兩字矣。

　　徐氏《規李》曰：注「《說文》曰：『褻自注：亦作襲。非。重衣也。』」案：《說文》：「褻，重衣」；「襲，左袵」。今以「重衣」為解，則本文及注皆當改「襲」為「褻」。

　　胡氏《箋證》曰：王氏念孫曰：「襲與褻不同字。……若褻與（褺）〔襲〕則聲遠不可通。」自注：見《讀書雜志·漢書》條。

　　許氏《筆記》曰：「短褐之襲」。《漢書》「襲」作「褺」。《說文》：「襲，左袵袍。從衣龖省聲，似入切。」籀文作「𧝜」，不省。（又《說文》）「褺：重衣也。從衣執聲。巴郡有褺江縣，徒叶切。」然《漢書》「褺」為正，後人借用「襲」，經典相沿已久，不可更改。（又《說文》）「褻，私服。從衣𤋱省聲。私列切」，又與「褺」不同。嘉德案：《說文》：「褺，重衣也。」段注云：「凡古云衣一襲者，皆褺之假借字。褺，讀如重疊之疊。今本《文選·王命論》：『思有短褐之襲』李注引《說文》：『襲，重衣也。』《王命論》本作褺。李注引《說文》亦作褺，不誤。淺人妄改《文選》皆作襲耳。《漢書·敘傳》作『短褐之褺』。師古釋以『親身之衣』，不知為褺之誤也。古書之難讀如此。巴郡〔有〕褺江縣，今在四川重慶府合州，嘉陵江、涪江、渠江會於此，入大江。其水如衣之重複然，故以褺江名縣。今《地理志》『巴郡』下作『墊江縣』，（槃）〔蓋〕淺人所改也。」段又曰：「《說文》襲，訓左袵袍。小斂、大斂之前衣死者，謂之襲。《士喪禮》『乃襲三稱』，注曰：『遷尸於襲上而衣之。凡衣死者，左袵不紐。』《喪大記》：『小斂、大斂祭服不倒。皆左袵結絞不紐，襲亦左袵不紐也。』襲字引申為掩襲之用。」（嘉德）又考《玉篇》曰：「褺，重衣也。徒頰切。襲，似立切。左袵袍也。」與《說文》同。「襲」下又曰：「入也，重衣也，因也，還也，掩其不備也。古文作𧜅。」《玉篇》「重衣」之義亦合「褺」之訓。併作襲之訓，則知褺之為襲亦已久矣。此正文並注「襲」字，所當並正。

　　黃氏《平點》曰：「思有短褐之襲」句，據引《說文》及《字林》音，改「襲」為「褺」。《漢書》乃作「褻」，則「褺」之誤也。

【疏證】

　　諸《文選》本咸作「襲」。謹案：《藝文類聚》卷十同《文選》。《漢書·敘傳》作「褺」。各自有注可為證。褻（褺）、褺（褻）、襲三字，上諸家以段氏、王念孫二家辨之最明：褻，音泄、訓「親身衣」，褺，音疊、訓「重衣」，二字本不同，故《漢書》顏注以「親身之衣」釋「褺」，「是直不辨褻、褺之為二字矣」。襲，《廣韻》在《緝部》，義訓「重衣」，音、義並近「褻」，故經史多

見用為「褻」之借字。段注謂「李注引《說文》亦作褻，不誤。淺人妄改《文選》皆作襲」，其說亦可信，故二許欲改正文並注之「襲」為「褻」。王念孫辨而不改，蓋「經史中重衣之字皆作襲，而褻字遂廢」，是文獻相習已久，民間與官方經史，並約定俗成，且觀善所引《說文》、《字林》二字書，並作「襲」，又非五臣與善之別，況善能不受習俗之影響而用正字「褻」。在段氏亦屬推測之辭，故處理還當以王念孫為穩妥。毛本當從尤本等，陳校初衷在備異文，初不知「襲」為「褻（褻）」之借爾。

不騁千里之塗　注：《呂氏春秋》曰：所謂貴驥者，為其一日千里也。

【陳校】

　　注「所謂貴驥」。「謂」，「為」誤。

【集說】

　　余氏《音義》曰：「所謂」，「謂」，何改「為」。

【疏證】

　　奎本以下諸六臣合注本、尤本悉作「為」。謹案：語見《呂氏春秋・貴卒》，字作「為」，本書曹子建《與吳季重書》「家有千里驥」注引同。然「謂」，通「為」，故「所謂」即「所為」，並有「所以」義，大抵表示行為、動作發生之原因。《戰國策・趙策一》：「凡吾所謂為此者，以明君臣之義，非從易也。」所謂，《呂氏春秋・恃君》作「所為」。又，賈誼《新書・壹通》：『所謂建武關、函谷、臨晉關者，大抵為山東諸侯也。」王氏《釋詞》卷二：「所謂，所為也。」又，《公羊傳・隱公三年》：「先君之所為不與臣國而納國乎君者，以君可以為社稷宗廟主也。」王氏《釋詞》卷二則云：「所為，言所以也。」並是其證。毛本嗜用異字，當有出處。陳、何校從《呂氏春秋》、本書內證、尤本等可，然改毛本，則失之輕率矣。

窠梲之材　注：應劭曰：《爾雅》曰：栭，謂之窠。梲，侏儒性。

【陳校】

　　注「侏儒性。」「性」，「柱」誤。

【集說】

　　姚氏《筆記》曰：注「侏儒柱也。」郭或本應。

【疏證】

奎本、明州本、贛本、尤本作「梲」。建本誤作「柷」。謹案：語見《爾雅注疏·釋宮》：「其上楹謂之梲」郭注：「侏儒柱也。」《漢書·貨殖傳》「大夫山節藻梲」師古注亦作「侏儒柱也。」毛本傳寫而誤，陳校當從《爾雅》、尤本等正之。

是故窮達有命　注：《呂氏春秋》曰：道德於此，窮達一也。

【陳校】

注「道德」。「德」，「得」誤。

【集說】

余氏《音義》曰：「道德於」。「德」，何改「得」。

胡氏《考異》曰：注「道德於此。」何校「德」改「得」，陳同。各本皆誤。

梁氏《旁證》同胡氏《考異》。

【疏證】

奎本以下諸六臣合注本、尤本悉同。謹案：語見《呂氏春秋·孝行覽》，正作「得」，高誘注同。然本書王仲宣《登樓賦》「窮達而異心」注引作「德」，與本條同。「德」，與「得」通，已見該條。毛本當從尤、建二本等，陳、何據《呂氏春秋》，然亦不必改焉。

悟戍卒之言　注：《漢書》曰：是日，車駕西都洛陽。

【陳校】

注「西都洛陽」。「洛陽」，「長安」誤。

【集說】

余氏《音義》曰：「都洛陽」。「洛陽」，何改「長安」。

【疏證】

奎本以下諸六臣合注本、尤本悉作「長安」。謹案：語見《漢書·高帝紀》，正作「長安」。《史記》作「關中」，至少可佐證作「洛陽」之必非。《四庫全書考證·漢書卷一下》館臣按：「《史記》作：是日車駕入都關中。是也。櫟陽、長安俱是關中。是日，但決計入關營造長安宮殿，實則仍居櫟陽，故至七年

二月書：自櫟陽徙都長安也。」毛本獨涉上文而誤，陳、何校蓋據《漢書》、尤本等正之。

而苟昧權衡

【陳校】

「衡」，「利」誤。

【疏證】

五臣陳本誤同。五臣正德本、奎本以下諸六臣合注本、尤本並作「利」。謹案：《文章正宗》卷十二引作「於權利」。「權衡」，不得言「苟昧」，按文義「衡」字必誤。毛本或誤從五臣陳本，陳校當從上下文義、尤本等正之。然如《文章正宗》「權」上尚有一「於」，益穩。

典論論文一首　　魏文帝

家有弊帚　注：《東觀漢記》曰：禹，宗室子孫，故嘗更職。

【陳校】

注「故嘗更職。」「更」下脫「吏」字。

【集說】

余氏《音義》曰：「更職」。「更」下，增「吏」字。

胡氏《考異》曰：注「故嘗更職。」何校「更」下，添「吏」字，陳同。謹案：范蔚宗《書‧公孫述傳》作「嘗更吏職」，但各本皆無，仍未當輒補。

梁氏《旁證》曰：何校「更」下，添「吏」字，是也。

許氏《筆記》曰：嘉德案：又注「故嘗更職。」「故」字衍，「更」下，脫「吏」字。何、陳校本「更」下增「吏」字，是也。今正。《范書‧公孫述傳》作「嘗更吏職」。

【疏證】

奎本以下諸六臣合注本、尤本悉同。謹案：《冊府元龜》卷四十二、《資治通鑑‧漢紀‧世祖光武皇帝中之下》作「嘗更吏職」。則有「吏」字，同《後漢書》。陳、何校亦是習從正史之故。然檢《東觀漢記‧世祖光武皇帝》、《太平御覽》卷九十引《東觀漢記》並同《文選》諸本作「故嘗更職」，有「故」、

無「吏」字，故還以前胡「但各本皆無，仍未當輒補」說，為較審慎。陳、何不改為宜。嘉德去「故」，亦未必然。

咸以自騁驥騄於千里

【陳校】

「咸以自」。「以自」，《國志》注引此作「自以」。

【集說】

孫氏《考異》曰：「以自」，潘校作「自以」。

胡氏《考異》曰：「咸以自騁驥騄於千里。」何校「以自，《國志》注引作自以」。案：依文義「自以」是也，各本皆倒耳。

梁氏《旁證》曰：《三國志·魏志·王粲傳》注引「以自」，作「自以」……按：作「自以」者，是也。「以自」，恐係誤倒。

胡氏《箋證》曰：《三國·魏志·王粲傳》注引「以自」，作「自以」，是也。

【疏證】

諸《文選》本咸同。謹案：前胡說是。《藝文類聚》卷五十六、《太平御覽》卷五百九十九引作「咸自以騁騄驥於千里」，《北堂書鈔》卷九十七「學無所遺」下注引作「咸自以騁騏驥於千里」。三家類書皆作「自以」，與《魏志·王粲傳》「自一時之儁也」句下注同，故前胡持論不拘於上條自言「但各本皆無，仍未當輒補」之說焉。毛本當從尤本等，陳、何當從《魏志》注正之。

六代論一首　曹元首

晉戮其宰　注：《左氏傳》又曰：……二伯怒曰：必以仲幾為戮。

【陳校】

注「二伯怒」。「二」，「士」誤。

【疏證】

奎本以下諸六臣合注本、尤本悉作「士」。謹案：事見《春秋左傳注疏·定公元年》，正為士伯語。《冊府元龜》卷七百四十八引同。《通志·士彌牟傳》作「景伯」，亦得。毛本獨因形近傳寫而誤，陳校當從《左傳》、尤本等正之。

海內無主，四十餘年

【陳校】

「四」，當作「三」。

【集說】

余氏《音義》曰：「四十餘」。「四」，何改「三」。

孫氏《考異》曰：何校「四」改「三」。志祖按：以《漢書・諸王表》顏注校之，應作「三十餘年」，《魏志注》亦誤作「四」。

胡氏《考異》曰：「四十餘年。」何校「四」改「三」。注同。《魏志》注作「四」，陳云：「四，當作三。」案：《魏志》注在《武文世王公傳》下，蓋誤耳。善引《漢書・諸侯王表》為注，彼文作「三」，師古曰：「三十五年」。今此各本並依正文改之，更誤。何、陳所校是也。

張氏《膠言》曰：何校改「四」為「三」，注同，是也。雲璈按：《諸侯王表》云：「海內無主，三十餘年。」師古注：「秦昭襄王五十二年，周初亡。五十六年，昭襄王卒。孝文王立，一年而卒。壯襄王立，四年而卒。政立二十六年而乃並天下，自號始皇帝。是為三十五年無主也。」

梁氏《旁證》曰：何、陳校「四」並改「三」。注同。胡公《考異》曰云云。按：周赧王五十九年卒。徐廣曰：「乙巳也。」自此歲至始皇二十六年庚辰，始並天下，中間固三十五年海內無主。然東周之滅，在秦莊襄王元年。史公當日何不取此七年以繫王統乎？若《大事記》則直以秦昭王五十二年繼周，恐非也。

許氏《筆記》曰：何改「三十」。案：《諸侯王表》云：「三十餘年。」自赧王入秦至秦並天下，凡三十五年，《魏氏春秋》誤作「四十」。嘉德案：何、陳校並改「三十」，注同，是也。《諸侯王表》云：「海內無主三十餘年」師古注：「秦昭襄王五十二年……是為三十五年無主也。」孫曰：「《魏志注》亦誤作四十。」今改正。

【疏證】

諸《文選》本悉同。謹案：《藝文類聚》卷十一亦誤「四」。宋・呂祖謙《大事記解題・秦昭王五十二年》作「至於王赧降為庶人，海內無主三十餘年」注，亦從《前漢・諸侯王表》。毛本當從《魏志》注，陳、何校改之，是。校勘一事，總以盡量少改原文為上。同以史校文，取舍持擇，亦自有高

下，何、陳校取《漢書‧諸侯王表》，舍《魏志注》、顏監之說，之所以為精審也。

騁譎詐之術　注：班固《漢書贊》曰：秦……騁徂詐之兵。

【陳校】

　　注「徂詐」。「徂」，「狙」誤。

【疏證】

　　奎本、明州本、贛本、尤本作「狙」。建本形跡在「徂」、「狙」之間。謹案：善注「《漢書贊》」，實係《諸侯王表》，正作「狙」。本書劉孝標《廣絕交論》「民訛狙詐」注引亦作「狙」。陳校當從本書內證、《漢書》、尤本等改。然「狙詐」，係雙聲（清紐）疊韻（《魚部》之聯緜字，徂、狙並从「且」得聲，同在《魚部》。《說文‧辵部》：「徂，往也。从辵、且聲。退或从彳」《說文‧犬部》「狙，从犬且聲。」故聯緜字中之「狙」字，「徂」可代。黃鶴《補注杜詩‧哀王孫》：「慎勿出口他人狙」，郭知達《九家集注杜詩》作「徂」，是其證。徂（狙）詐，又可作「苴作」、「姐作」。《諸侯王表》注：「應劭曰：狙，伺也。因間伺隙出兵也。狙，音若蛆反。」王念孫《讀書雜志‧連語》案云：「應分狙詐為二義，非也。狙詐，疊韻字。詐，亦狙也。《荀子‧大略篇》：『藍苴路作，似知而非。』楊倞注引趙蕤注《長短經‧知人篇》曰：『姐者，類智而非智。苴、姐並與狙同。狙詐者，有似於智，故曰：藍苴路作，似知而非。』作，即詐字也。《月令》曰：『毋或作為淫巧，以蕩上心。』鄭注曰：『今《月令》作為，為詐偽。』是也。《敘傳》曰：『吳孫狙詐，申商酷烈。』狙、詐同義，申、商同義。是其明證矣。」「狙詐，則曰狙伺也」條，《續修四庫全書本》第83頁。毛本獨作「徂」字，或自建本出，此是毛本獨異諸本，並非臆造、而有所自之版本依據。亦是毛本受建本影響，最直接之版本硬證之一。本條陳校之誤，則不待言矣。

《易》曰：其亡其亡　注：《周易》曰否卦之辭也。

【陳校】

　　注「《周易》曰」。「曰」字，衍。

【疏證】

奎本以下諸六臣合注本、尤本悉無注「曰」字。謹案：語見《周易注疏》卷三「否之卦九五」。此善注交代正文出處。並非引書，不當有「曰」字。毛本獨涉正文而衍，陳校當從贛、尤二本、上下文義等正之。

封子弟功臣千有餘人

【陳校】

「人」，「城」誤。

【集說】

余氏《音義》曰：何曰：「餘人」。《魏志》注「人」作「城」。一本作「歲」。

顧按：廣圻按：此「歲」字也。《史·秦本紀》文。又《文紀》亦有此語。

孫氏《考異》曰：《魏志》注「人」作「城」。六臣本作「歲」。

胡氏《考異》曰：「千有餘歲」。何校「歲」改「城」，陳同。《魏志注》作「城」。謹案：「城」字誤也。元首此文出於《史記·秦始皇本紀》，彼作「歲」可證。又《孝文本紀》：「古者殷、周有國，治安皆千餘歲。」《漢書》作「皆且千歲。」然則，當時語自如此矣。《魏志注》必不知者所改，何、陳誤據之也。袁、茶陵二本校語云：善作「歲」、五臣作「人」。五臣正謂「歲」字不安，與改《魏志注》者，字有異而意相同，皆非。

張氏《膠言》曰：胡中丞曰：「何校『歲』改『城』，陳同……《魏志注》必不知者所改，何、陳誤據之也。」雲璈按：所校是。彼不知者以為古無千餘歲治安之事，故改。不知此極言其久長，所謂「當時語如此」也。若「功臣子弟」又安有「千餘人」哉？

梁氏《旁證》曰：六臣本「歲」作「人」。《魏志》注作「城」。胡公《考異》曰：「元首此文出於《史記·秦始皇本紀》……蓋當時語自如此」云云。

許氏《筆記》曰：何云：「人，《魏志》注中作城。」嘉德案：袁本、茶陵本「人」，作「歲」，云：善作「歲」、五臣作「人」。何校、陳校改作「城」，從《魏志注》也。胡曰云云。張曰云云。嘉德案：「千有餘人」及作「城」，皆指封功臣子弟為言，誠有未安，自當從《史記》及茶、袁本「善作歲」為合。蓋以「功臣」絕句，「餘歲」又句。下文「子弟為匹夫」云云，承「封子弟功臣」；「事不師古而能長久」云云，承「千有餘歲」，作二意是也。各本作「人」，沿五臣之舊，當依善本訂正。

【疏證】

　　五臣正德本、陳本同。奎本、明州本亦同，校云：善本作「歲」字。贛本、建本作「歲」，校云：五臣本作「人」。尤本作「歲」。謹案：毛本「人」字，蓋從五臣亂善，陳校從《魏志注》，亦非。何校蓋備異聞。尤本從贛本作「歲」，雖是，然審《史記‧秦始皇本紀》作：「臣聞殷周之王千餘歲，封子弟功臣，自為枝輔」云云，是本條要害不止在一「歲」字，而在曹文誤乙《史記》「千有（餘）歲」與「封子弟功臣」二句爾。《太平御覽》卷四百五十一、《冊府元龜》卷五百三十四、《通志‧秦紀》及《李斯》二篇，次序並同《史記》，當然亦並作「歲」。是矣。嘉德「絕句說」，頗合文意，其說實從《史記》出焉。《魏志》裴注，見《武文世王公》篇末。

託廢立之命於姦臣之口　　注：《史記》曰：始皇崩，趙尚乃與胡亥、丞相李斯，陰破去始皇所封書。

【陳校】

　　注「趙尚」。「尚」，「高」誤。

【疏證】

　　奎本以下諸六臣合注本、尤本悉作「高」。謹案：事見《史記‧秦始皇本紀》，正為「趙高」，《通志‧秦紀》、《太平御覽》卷八十六引並同。毛本獨因形近而誤，陳校當從《史記》、尤本等正之。

驅烏集之眾　　注：曾子曰：烏合之眾，初雖相歡，後必相吐也。

【陳校】

　　注「相吐」。「吐」，「咋」誤。

【疏證】

　　奎本、明州本、建本同。贛本作「噬」。尤本作「咋」。謹案：語見《管子‧形勢解》作「咄」。宋‧陸佃《埤雅‧釋鳥》同。本書干令升《晉紀總論》「烏合之眾」注引作「曾子」、作「咋」。然史容《山谷外集詩注‧次韻師厚病間（民生）》：「烏合歸星散」注則曰：「《文選‧晉紀總論》云：『新起之寇，烏合之眾。』注引『《管子書》云：『烏合之眾，初雖相歡，後必相噬。』」然則，作「曾」者，當「管」之誤也。作「吐」，毛本當從建本、《管子》等，《一切

經音義》卷十一引《倉頡篇》：「吐，棄也。」不得謂誤。陳校主「咋」則從尤本、本書內證等。贛本作「噬」，則有史注引《選》為佐證，而「咋」、「噬」二字皆有「齧」義，與「歡」相對，毛本「吐」，義亦與「歡」對，故三字可並存，陳校不改亦得。

夫拔深根者難為功

【陳校】

「拔」，舊刻作「伐」，《魏志》注正同。

【集說】

余氏《音義》曰：「拔深」。何曰：「《魏志》注，拔，作（戊）〔伐〕。」
孫氏《考異》曰：「拔」，六臣本作「伐」，《魏志》注同。
許氏《筆記》曰：「拔深根者難為功。」何云：「《魏志》注中，拔作伐。」
嘉德案：六臣茶陵本亦作「伐」，而李氏無注，莫知其何作，姑仍舊。

【疏證】

五臣正德本、奎本以下諸六臣合注本、尤本皆作「伐」。謹案：《魏志》，見《武文世王公》篇末裴注。《古今合璧事類備要》別集卷二「曹冏議封建」注、《藝文類聚》卷十一併作「伐」。奎本所見五臣與李善同為「伐」，故無校語。五臣陳本作「拔」者，蓋後人所改，毛本誤同。此又毛本或參五臣陳本之例。陳、何校蓋據《魏志》、尤本等正之。

圖危劉氏　注：賈逵《國語注》曰：權秉，即柄字也。

【陳校】

注「權秉」。「權」下脫「也秉」二字。

【集說】

胡氏《考異》曰：注「權秉，即柄字也。」陳曰云云。是也，各本皆脫。
梁氏《旁證》曰：陳校「秉」下添「也秉」二字。各本皆脫。按《左哀・十七年傳》：「國子實執齊秉」服虔注曰：「秉，權柄也。」見嚴氏蔚《左傳古注輯存》。

【疏證】

明州本、贛本、尤本、建本脫同。奎本作「秉，即柄字也」。謹案：本書

陸士衡《五等論》「是以經始權其多福」注引賈注作：「權，秉也。」然則，「權，秉也」，是《國語》賈注。「秉，即柄字也」，是善注。毛本當誤從尤本等，陳校則從本書內證補之耳。前胡說是。

猥用晁錯之計　注：猥，由也。

【陳校】

注「猥，由」。「由」，「曲」誤。

【疏證】

明州本、贛本、建本誤同。奎本、尤本作「曲」。謹案：《漢書·文（帝）三王傳》：「何故猥自發舒」師古曰：「猥，曲也。」本書曹子建《上責躬應詔詩表》「猥垂齒召」注：「猥，猶曲也」，諸葛孔明《出師表》「猥自枉屈」注、羊叔子《讓開府表》「而猥超然降發中詔」注、楊子幼《報孫會宗書》「而猥隨俗之毀譽也」注，悉同。是《漢書》顏注作「曲」，善注固作「猶曲」，承顏而有變化也。然則，本條「曲」上尚脫一「猶」字。「由」之譌，可因與「曲」形近而致，亦可因與「猶」音近而來也。陳校及奎本、尤本等，尚未達一間焉。毛本蓋誤從建本等。

武帝從主父之策　注：《漢書》：父父偃說上曰：今諸侯或連城數十。

【陳校】

注「《漢書》：父父」。上「父」，「主」誤。

【疏證】

奎本以下諸六臣合注本、尤本悉作「主」。謹案：事見《漢書·主父偃傳》，正為主父偃語，《史記·主父列傳》、《通志·主父偃》、《新序·善謀》、《冊府元龜》卷二百九十三、卷四百七十七並同。毛本獨涉下傳寫而誤。陳校當從《漢書》、尤本等正之。又，本篇上文「逆節不生」注已引「《漢書》：主父偃說上曰」云云，亦當陳校所可據者。

頌莽恩德　注：《漢書》曰：（郡）〔部〕鄉侯閔，以莽篡位，獻神書言莽符封列侯。

【陳校】

注「符封」。「符」，「得」誤。

【集說】

余氏《音義》曰：「莽符」。「符」，何改「得」。

【疏證】

奎本以下諸六臣合注本、尤本悉作「得」。謹案：事見《漢書・諸侯王表》，字作「德」，《冊府元龜》卷二百九十八同。「得」與「德」通。已見本書王仲宣《登樓賦》「窮達而異心」條。毛本作「莽符」字，乃從銑注：「廣陵王嘉獻莽符命，封扶策侯」來。此注原為李善所引《漢書・武五子傳》，張銑襲善注而欲掩其跡，擅增「莽」字耳。陳校當從《漢書》、尤本等正之。參拙著《何校集證》。

觀前車之傾覆

【陳校】

「觀」，「覿」誤。

【集說】

孫氏《考異》曰：「觀」，六臣本作「覿」。

許氏《筆記》曰：「觀前車」之「觀」，何改「覿」。嘉德案：六臣茶、袁本作「覿」，何依六臣本校。

【疏證】

諸《文選》本悉作「覿」。謹案：《藝文類聚》卷十一、《資治通鑑》卷七十四亦作「覿」。《記纂淵海》卷六十一作「睹」。「睹」，蓋「覿」之今字。見《說文・目部》。毛本獨傳寫而誤，陳、何校當從尤本等改。

畢志於衡軛之內　注：畢志其內，未得聘其駿足也。

【陳校】

注「未得聘」。「聘」，「騁」誤。

【疏證】

奎本以下諸六臣合注本、尤本悉作「騁」。謹案：毛本獨因形近而誤，陳校當從尤本等正之。

故語曰：百里之蟲　　注：《魯連子》曰：百足之蟲。

【陳校】

「百里之蟲。」「里」，「足」誤。

【疏證】

諸《文選》本悉作「足」。謹案：五臣亦作「足」，翰注可證。《長短經·七雄略》、《魏志·武文世王公》篇末裴注並有「故語曰：百足之蟲」云云。此毛本獨傳寫譌，陳校當從善注、尤本等正之。《漢書·藝文志》有：「《魯仲連子》十四篇」。

博弈論一首　　韋弘嗣

題下注：許慎《說文》曰：六著，十二棊也。

【陳校】

注「六著」。「著」，「箸」誤。

【疏證】

奎本以下諸六臣合注本、尤本悉作「箸」。謹案：語見《說文·竹部》：「簙，局戲也。六箸，十二棊也。」《藝文類聚》卷七十四引、《後漢書·梁冀傳》「六博」章懷注、本書曹子建《求自試表》「夫臨博而企竦」注引並作「箸」。毛本傳寫形近而譌，陳校當從《說文》、尤本等正之。

而黃霸受道於囹圄　　注：《漢書》又曰：勝坐非議。詔書：霸坐同縱勝，不舉劾。

【陳校】

注「霸坐同縱」。「同」，「阿」誤。

【疏證】

奎本以下諸六臣合注本、尤本悉作「阿」。謹案：事見《漢書·夏侯勝傳》，正作「阿」字，《通志·夏侯勝傳》、《冊府元龜》卷六百二十三同。毛本獨因形近而誤，陳校當從《漢書》、尤本等正之。

文選卷五十三

養生論一首　嵇叔夜

莫非夭妄者　注：《養生經》：黃帝問天老曰：人生上壽一百二十卒。中壽百年，下壽八十年。

【陳校】

　　「夭」，「妖」誤。又注「二十卒」。「卒」，「年」誤。

【集說】

　　余氏《音義》曰：「夭妄」。六臣「夭」作「妖」。

　　梁氏《旁證》曰：「莫非妖妄者。」六臣本「妖」作「夭」。

【疏證】

　　尤本作「妖」。奎本、明州本作「夭」，校云：善本作「妖」。贛本、建本作「妖」，校云：五臣本作「夭」。五臣正德本、陳本皆作「夭」。謹案：嘉靖本《嵇中散集》卷三作「妖」，卞永譽《式古堂書畫彙考・東坡書養生論》則作「夭」。「夭」，與「妖」通。《釋名・釋天》：「妖，殀也。殀害物也。」畢沅《疏證》：「妖，從女旁；殀，從歹旁。並俗字。」五臣作「夭」，良注可證。五臣與善既有歧異，毛本不當以五臣亂善。陳校當從尤本等正之。注「二十」下，尤本作「年」。奎本以下諸六臣本並脫「年」字。毛本作「卒」，亦得。陳校當據尤本及上下文義，改之。

非積學非能致也

【陳校】

下「非」字,「所」誤。

【集說】

余氏《音義》曰:「非能」。六臣「非」作「所」。

孫氏《考異》曰:何校「非能」,「非」字改「所」。「致」,一本作「到」。

許氏《筆記》曰:「非積學非能致也」,下「非」字當作「所」。嘉德案:六臣本作「所能致也」,不誤。

【疏證】

諸《文選》本悉作「非積學所能致也。」謹案:《藝文類聚》卷七十五、《記纂淵海》卷四十二、嘉靖本《嵇中散集》卷三,皆作「所」、「致」。《晉書》本傳作「所得至」。按善題下注:「嵇喜為《康傳》曰:『康性好服食,常采御上藥。以為神仙稟之自然,非積學所致』云云,亦可見陳、何校改「所」是也。惟不知何氏所謂作「到」者,為何本。《白孔六帖》卷八十九引作「非積學所能及也」,則作「到」者,亦有所出。毛本獨作「非」,句意與嵇康原意正相反,必誤無疑,蓋涉上而誤。陳校當據《晉書》、善注、尤本等正之。

下可數百年

【陳校】

「可」字,衍。

【集說】

孫氏《考異》曰:何校刪「可」字。

顧按:按「可」字,非衍。

【疏證】

諸《文選》本悉同。謹案:嘉靖本《嵇中散集》亦有「可」。此句合上下文云:「至於導養得理而盡命,上獲千餘歲,下可數百年,可有之耳。」毛本當從尤本等。陳、何校所刪,當因「可」字涉下句重耳。然審兩「可」字。上字作「約略」講,下則為「可否」之「可」,義有微別,不可刪也。顧按是也。若如《藝文類聚》卷七十五引,乾脆芟去下「可有之耳」句,則亦得。

而愧情一集　注：《漢書》曰：汗出洽背，媿不能對。顏師古曰：洽，沾也。

【陳校】

「洽」，「浹」誤。

【集說】

胡氏《考異》曰：注「顏師古曰：『洽，霑也。』」袁本、茶陵本無此七字。

【疏證】

明州本、贛本、尤本、建本同。奎本作「添」。謹案：事見《漢書‧周勃傳》，正作「洽」，有注：「師古曰：『洽，霑也。』」《史記‧陳丞相世家》作「沾」。《說文‧水部》：「洽，霑也。」沾，與霑通，《漢書》與《史記》字異義實同。陳校所據或即「顏師古曰：『浹，沾也』」七字作「浹」。然此七字可疑者有五：一、善注引《漢書》本為注「愧情」，無須引顏注。二、奎本以下諸六臣合注本皆無此顏注，前胡亦曰：「袁本、茶陵本無此七字。」三、毛本顏注作「浹」，與其引《漢書》文不相應。四、善引顏注，例稱「顏監」，不作「顏師古」。五、毛本與尤本亦不合：「浹」、「沾」二字，與尤本為「洽」、「霑」，不同。故此七字，當是後人據《漢書》添入。（事當在尤本之前，《冊府元龜》卷三百二十已見作「浹」矣）不足為據也。

則達旦不瞑　注：右眠字。

【陳校】

注首「右」字，「古」誤。

【疏證】

奎本以下諸六臣合注本、尤本悉作「古」。奎本「古」上有「瞑」字。謹案：此毛本傳寫獨因形近而誤。陳校當從尤本等正之。奎本「古」上「瞑」字，乃奎本編者所加，蓋因此本置善注於五臣後也。不加，則注無所屬，不比單善注本，善注本承句末「瞑」字而下，可以省去者也。

而望嘉穀於旱苗者也　注：《國語》：子餘謂泰伯曰：使能成嘉穀。

【陳校】

注「泰伯」。「泰」，「秦」誤。

【疏證】

奎本以下諸六臣合注本、尤本悉作「秦」。謹案：事見《國語·晉語四》，正作「秦」。本書王仲宣《從軍詩（從軍有）》「良苗實已揮」注引《晉語》亦作「秦伯」。毛本獨因形近而誤，陳校當從《國語》、尤本等正之。

薰辛害目　注：《養生要》曰：大蒜勿食，薰辛害目。

【陳校】

注「大蒜勿食。」「勿」，「多」誤。

【集說】

余氏《音義》曰：「蒜勿」。「勿」，何改「多」。

胡氏《考異》曰：注「大蒜勿食。」袁本、茶陵本「勿」作「多」，是也。

梁氏《旁證》曰：六臣本「勿」作「多」，是也。

【疏證】

尤本同。奎本以下諸六臣合注本悉作「多」。謹案：「大蒜」性辛辣，若作「勿」，與下「薰辛害目」，不合。此「勿」、「多」二字，尤本蓋形近而誤。毛本當從尤本，陳、何校蓋從上下文義、贛本等正之。頗疑：若依「勿食」絕句，八字分作二句解，則不改亦得。且郝氏《續後漢書·嵇康傳》亦作「勿」。復玩嵇下文云「豚魚不養」、方以智《物理小識·飲食類》：引作「嵇叔夜曰：『薰辛害目，蒜為尤甚』」，並是「不食」避害之義，而非「少食」、「多食」蒜之辨。然則，尤、毛本未必誤。惜《養生要》無上下文，今無以考也。

麝食柏而香　注：《本草》：名醫又云：（麝）入春，患急痛，以腳剔去，著矢溺中，覆之。皆有常處。

【陳校】

注「以腳剔去」。「剔」，「剔」誤。

【疏證】

奎本以下諸六臣合注本、尤本悉作「剔」。謹案：「麝食柏」事，又見陸佃《埤雅·釋獸》「麝」引，亦作「剔」，可為借證。毛本獨因形近而誤，陳校當從贛、尤二本等正之。

內懷猶豫　注：《爾雅》云：猶，如塵，善登木。

【陳校】

注「猶，如塵」。「塵」，「麎」誤。

【集說】

顧按：此「麑」字也。

胡氏《考異》曰：注「猶，如塵。」陳曰：「塵，麑誤。」各本皆譌。

梁氏《旁證》曰：陳校「塵」，改「麑」。是也。

黃氏《平點》曰：「內懷猶豫」句。「猶豫」，《說文》作「尢豫」，乃雙聲字。注非。

【疏證】

贛本同。奎本、明州本、尤本、建本作「麑」。謹案：《爾雅注疏·釋獸》：「猶，如麑。善登木。」顧按是。上諸《文選》本，凡作「麑」者，當「塵」之壞字耳，陳改「塵」，亦誤。至胡刻尤本《文選》，始以陳校為：「塵，麑誤。」其實陳校對象是毛本，與《考異》對象為尤本，本自不同。此是《考異》正之耳。不然，則何來顧按？況又有贛本正誤作「塵」足為佐證者。《旁證》蓋出前胡《考異》。謹又案：本條，陳校、前胡（顧批），皆未得間，蓋未能正善注誤引之失。王觀國《學林》卷九案云：「猶豫者，心不能自決定之辭也。《爾雅·釋言》曰：『猷，圖也。』《釋獸》曰：『猶，如麑善登木。』所謂『猷圖』者，圖謀之而未定也。『猶豫』者，《爾雅·釋言》所謂『猷圖』是已。《漢書》顏注、《顏氏家訓》不悟《爾雅·釋言》自有『猷圖』之訓，而乃引《釋獸》『猶如麑』以訓之，誤矣。……猶，或為尢。《後漢書·馬援傳》曰：『諸將多以王師之重，不宜遠入險阻，計尢豫未決。』《廣韻》曰：『尢豫，不定也。』以此觀之，則猶非獸，益明矣。」王觀國以善注當引《爾雅·釋言》，不當引《釋獸》，是矣。吳玉搢《別雅》卷四云：「《後漢書·來歙》、《伏隆傳》皆用『尢豫未決』。註：『尢音淫』，蓋本《說文》『尢尢，行貌』、孫愐《音》『餘鍼切』也。或疑是『尤』字之譌。因『猶』聲同『尤』，『尤』形似『尢』。范史用『尤與』為『猶與』，而後人傳寫作『尢』，遂以『淫』字音之也。」吳玉搢謂「尢豫」之「尢」為「尤」之譌，可備異聞。黃氏《平點》乃主為雙聲字。直接以雙聲聯縣釋之。三家說，並有助探明真相，而以黃說最能窮其根源，善注不作雙聲辭釋，是源頭已誤矣。

夫悠悠者既以未效不求　注：《論語》：桀溺曰：滔滔者，天下皆是也。

【陳校】

注「滔滔」，當作「悠悠」。注自據鄭康成本，與他本不同也。

【集說】

胡氏《考異》曰：注「桀溺曰：滔滔者。」袁本「滔滔」作「悠悠」。案：「悠悠」是也。茶陵本亦誤與此同。陳云：「陸氏《釋文》：滔滔，鄭本作悠悠。注自據鄭康成本，與他本不同也。」

梁氏《旁證》曰：六臣本「滔滔」作「悠悠」，是也。此引以釋正文「悠悠」，若作「滔滔」，不相應矣。

徐氏《規李》曰：注「《論語》：『桀溺曰：滔滔者自注：鋟本譌為滔滔者，天下皆是也。』」案：《論語》釋文云：「鄭本作悠悠。」孔安國曰：「悠悠，周流之貌也」，《史記・孔子世家》同。

胡氏《箋證》曰：按：《古論語》「滔滔」作「悠悠」，鄭注同。本書《晉紀總論》注引孔安國注亦作「悠悠」。此後人以今《論語》改之，遂與正文不相應。

許氏《筆記》曰：注「滔滔」二字，乃後人妄改之也。《釋文》云：「滔滔，鄭本作悠悠。」《史記・孔子世家》同，孔安國云：「悠悠，周流之兒也。」《晉紀總論》「悠悠風塵」注亦引孔《論語》注為證。今改「滔滔」，則所引何證乎？嘉德案：注引《論語》作「滔滔」，與正文「悠悠」不相應。李注自引「悠悠」，不知者見今本《論語》而改之，謬矣。袁本作「悠悠」不誤，茶陵本亦誤「滔滔」。陳校亦云「陸《釋文》：鄭本作悠悠。」所當改正。

【疏證】

奎本作「悠悠」。明州本、贛本、尤本、建本誤作「滔滔」，謹案：此善引鄭本以注「悠悠」。奎本最是，袁本之遠祖也。毛本當誤從尤、建二本等。陳說，已見上《晉紀總論》「悠悠風塵皆奔競之士」條。

神氣以醇白獨著　注：阿秀曰：虛其心，則純白獨著。

【陳校】

注「阿秀」。「阿」，「向」誤。

【疏證】

奎本以下諸六臣合注本、尤本悉作「向」。謹案：《隋書·經籍志三》載：「《莊子》二十卷」注：「梁〔有〕漆園吏莊周撰、晉散騎常侍向秀注本二十卷。今闕。」又：「《莊子音》三卷」注：「郭象注。梁有向秀《莊子音》一卷。」毛本獨因形近傳寫而誤，陳校當從《隋書》、尤本等正之。

曠然無憂患　注：《莊子》曰：聖人乎易恬淡。

【陳校】

注「聖人乎」。「乎」，「平」誤。

【疏證】

奎本以下諸六臣合注本、尤本悉作「平」。謹案：語見《莊子注·刻意》，正作「平」字，馬總《意林·莊子十卷》同。毛本傳寫獨因形近而誤，陳校當從《莊子》、尤本等正之。

運命論一首　李蕭遠

李蕭遠　注：《集林》曰：李康，字蕭遠。……魏明帝異其文，遂起家為尋陽長。

【陳校】

注「為尋陽長」。尋陽，乃吳地，非魏境也。二字有誤。

【疏證】

奎本以下諸六臣合注本、尤本悉同。五臣銑注作「潯陽令」。謹案：毛本當誤從尤、建二本等，陳校之疑，誠有據。考《太平御覽》卷五百八十六引《魏書》作「隰陽長」。《隋書·經籍志四》「魏散騎常侍繆襲集五卷」注：「梁有隰陽侯《李康集二卷》錄一卷」。《通志·藝文略》有「隰陽侯《李康集》二卷」。隰陽，在山西。檢《北堂書鈔》卷一百「其人安在吾欲擢之」注：「《嵇康集》云：『康著《遊山九吟》。魏明帝異其文詞，問左右曰：斯人安在？吾欲擢之。遂起家為潯陽長。』」是早期類書已有誤「李康」為「嵇康」、「隰」為「潯」矣。此亦前胡漏錄、漏校例。

張良受黃石之符，誦三略之說。以遊於羣雄，其言也，如以水投石，莫
之受也；及其遭漢祖也，其言也，如以石投水，莫之逆也　注：《漢書》
曰：張良以兵法說沛公，沛公喜常用其策。為它人言，皆不省。

【陳校】

　　翰曰：「自『以遊於羣雄』，至『莫之逆也』，善本無此一段。」何引少章
云：「按善注引《漢書》云云，似不應無。或《漢書》一條，後人所補。」余
氏《音義》

【集說】

　　余氏《音義》曰：翰曰：「自以遊於羣雄，至莫之逆也，善本無此一段。」
何引少章云：「按善注引《漢書》云云，似不應無。或《漢書》一條，後人所
補。」

　　葉刻：李周翰謂：「自以遊於羣雄，至莫之逆也，善本無此一段。」今按
善注引「《漢書》」云云，似不應無，或《漢書》一條係後人補註。

　　孫氏《考異》曰：何引少章曰云云。志祖按：《石闕銘注》亦引此文。

　　顧氏評校孫氏《文選考異》曰：《舉正》無此條，出《音義》。《音義》尚
未如此舛錯。少章冤枉難申，奈何？王氏《蛾術軒篋存善本書錄·甲辰稿卷四》，1411
頁。

　　胡氏《考異》曰：「以遊於羣雄」下至「莫之逆也」。袁本、茶陵本校云：
「善無此一段。」又曰：注「《漢書》曰」下至「皆不省」。袁本、茶陵本無此
一節注。案：二本所見，傳寫脫去正文及注一節也。後《石闕銘》：「計如投
水」，引此《論》「張良及其遭漢祖，其言也，如以石投水，莫之逆也」為注，
然則善有可知。尤所見本蓋為未誤。

　　梁氏《旁證》曰：六臣本校云：「善本無此一段及注『《漢書》』至『不省』
二十五字。」按：李不應無。本書《石闕銘》「計如投水」注引此論，可證。

　　姚氏《筆記》曰：《運命論》「以遊於羣雄」至「莫之逆也」。陳少章云：
「李周翰謂：善本無此一段。……此或《漢書》一條係後人補註。」

　　徐氏《糾何》曰：何曰云云。案：何氏評《選》，於雜文中亦頗寥寥著墨，
而獨喜引五臣以駁善注，實是一病。考李濟翁《資暇錄》：「李氏《文選》有初
注、覆注、三注、四注，其絕筆之本，皆釋音訓義。開元六年，有（李）〔呂〕
延祚者，集呂延濟、劉良、張銑、呂向、李周翰五臣之說上之。其書意在非斥

善注，實皆盜竊善未定之本，轉相攻擊。予向以五臣注為此書蟊賊，職是故也。」此段詞氣動宕，自不可刪。若李周翰之說，窘促不成文法，奚足援引乎？

【疏證】

　　國圖藏監本、諸《文選》本悉同。五臣正德本、奎本以下六臣合注本有「翰曰：自以游於羣雄至莫之逆也，善本無此一段」十七字，五臣陳本翰注無。謹案：「以遊於羣雄」下至「莫之逆也」一段。陳、何校初據善注引《漢書》，以為原本當有，然因李周翰注影響，復疑《漢書》一節為「後人補注」，則是進退失據，確是陳、何之失。徐氏若就此謂何、陳校以五臣亂善，亦不為無稽；然若就此個別現象，加以發揮，推論出「獨喜引五臣以駁善注，實是一病」，則顯係危言聳聽，有失公允。「善有可知」，前胡《考異》此說，最是。梁氏蓋宗前胡。姚氏實從葉刻本而來。

太公渭濱之賤老也　　注：《六韜》曰：文王卜田。史編為卜。

【陳校】

　　注「史編為卜」。「編」，「扁」誤。

【疏證】

　　奎本以下諸六臣合注本、尤本悉作「扁」。謹案：《太平御覽》卷七百二十六引《六韜》作「偏」。本書劉越石《重贈盧諶》注、東方曼倩《非有先生論》「太公釣於渭之陽」注引並作「扁」。「編」、「偏」與「扁」，皆通。前者見《說文通訓定聲·坤部》：「扁，叚借為編。」《莊子·盜跖》：「編虎須」，釋文作「扁」，云：「本或作編。」後者見《吳越春秋·勾踐歸國外傳》「三王居其正地，吾之國也扁」注：「扁，疑當作偏」。《廣博物志·地形》引亦作「扁」。皆可為證。毛本好用叚字，陳校不明其刻書之僻，不少妄改。

天降時雨，山川出雲　　注：鄭玄曰：若天降時雨，山川謂之出雲也。

【陳校】

　　注「謂之出雲」。「謂」，「為」誤。

【集說】

　　余氏《音義》曰：「川謂」。「謂」，何改「為」。

【疏證】

奎本以下諸六臣合注本、尤本悉作「為」。謹案：語見《禮記注疏・孔子閒居》。正作「為」字。然「謂」與「為」通，屢見上文。陳校不明毛本好用叚字之過。諸六臣合注本皆以此兩句，直接歸於善注，亦非。

禍成於庚宗　注：《左氏傳》曰：初穆子去叔孫氏，及庚宗，過婦人，使私為食而宿焉。……豎牛曰：夫子疾病，不欲見人。使實饋于介而退。

【陳校】

注「過婦人」。「過」，「遇」誤。又「實饋於介」。「介」，「个」誤。

【集說】

胡氏《考異》曰：注「過婦人」。陳云：「過，遇誤。」是也，各本皆譌。

梁氏《旁證》曰：陳校「過」改「遇」。各本皆誤。

【疏證】

奎本、尤本、建本二字誤同。贛本誤「過」、作「个」。明州本省作「善同翰注」，翰注誤「過」，不及「介」字。謹案：事見《春秋左傳注疏・昭公四年》，正作「遇」、「个」，《通志・季孫斯傳》、本書張平子《思玄賦》「豎亂叔而幽主」注引並同。《太平御覽》卷四百作「遇」。二字皆因形近而誤，毛本當誤從尤、建二本等，陳校當從《左傳》、本書內證、贛本（「个」字）等正之。

卜世三十，十年七百　注：《左氏傳》王孫滿之辭也。……七九、六八，即十世數也。

【陳校】

「十年七百」。「十」，「卜」誤。又注「即十世」之「十」，誤同。

【疏證】

諸《文選》本咸作「卜」，奎本以下諸六臣合注本、尤本注同。謹案：語見《春秋左傳注疏・宣公三年》，正作「卜」，《藝文類聚》卷九十九引、《北堂書鈔》卷二、《太平御覽》卷七百五十六、《玉海》卷八十八引，並作「卜」。但觀上文「卜世三十」，亦可知毛本傳寫之誤。陳校當從上下文義、《左傳》、尤本等校正文並注。毛本注之誤，則獨承其正文而譌。

漸於靈景　注：靈、景，周之宋玉也。

【陳校】

注「宋玉」。「末王」之誤。

【集說】

胡氏《考異》曰：注「靈、景，周之王末者也。」袁本「末」上有「者」字。案：疑「弊」字之誤。尤刪，非也。茶陵本刪去此一句。更非。

梁氏《旁證》曰：六臣本作「靈、景，周之王者末者也。」尤本無上「者」字。恐皆有衍誤。

【疏證】

奎本作「周末之王者也」。尤本作「周之王末者也」。明州本、贛本、建本無此一句。謹案：毛本外，此句有四種形態，當以奎本為是。言文薄之弊，蓋起自周末世靈景時代也。毛本傳寫誤多，陳校僅就毛本字面改作，亦非。梁氏所謂「六臣本」，此指袁本，蓋建本、茶陵本之六臣系統本，皆刪此一句。前胡以為尤本蓋刪「末」上之「弊」字而來，根據薄弱，故亦不為梁氏沿用。

體二希聖　注：《周易》：子曰：君子知幾其神乎？顏子之子，其殆庶幾乎？

【陳校】

注「顏子」。「子」，「氏」誤。

【疏證】

奎本以下諸六臣合注本、尤本悉作「顏氏之子。」謹案：語見《周易注疏‧繫辭下》，正作「顏氏之子」，《白孔六帖》卷四十八同。本書傅季友《為宋公修張良廟教》「照隣殆庶」注、吳季重《答東阿王書》「非鄙人之所庶幾也」注、任彥昇《王文憲集序》「踐得二之幾」注、劉孝標《辯命論》「伊顏之殆庶」注引並作「顏氏」。毛本當涉下引「顏子之分也」語而誤，陳校當從《周易》、本書內證、尤本等正之。

封己養高　注：《魏志》：高柔上疏曰：三事不使知政，遂名偃息養高。

【陳校】

「遂名」。「名」，「各」誤。

【集說】

胡氏《考異》曰：「三事不使知政，遂各偃息養高。」袁本、茶陵本無「不使知政遂各」六字。案：此尤添之也。

【疏證】

尤本作「各」。奎本以下諸六臣合注本皆無「不使知政遂各」六字。謹案：事見《魏志‧高柔傳》，正有此六字，作「各」，《冊府元龜》卷五百二十六同。毛本當從尤本，而傳寫復誤。陳校當從尤本、《魏志》等正之。然前胡以為尤氏所添，實為有理。上引《國語》叔向語注「封己」，於子思已見微意，此引高疏以解「養高」，義當一貫，固當以無此六字為是，李善僅為明其出處足已。

夫忠直之迕於上

【陳校】

「上」，「主」誤。

【集說】

許氏《筆記》曰：「夫忠直之迕於主。」一本「主」作「上」。

【疏證】

《敦煌‧法藏本》P.2645、諸《文選》本並作「主」。謹案：五臣作「主」，翰注可證。毛本獨因形近而誤，陳校當從贛、尤二本等正之。

俛仰尊貴之顏，逶迤勢利之間　注：左預《左氏傳》注曰：俯仰，伏也……《史記》曰：蘇秦嫂逶迤而仰曰：見季子高位金多也。

【陳校】

注「左預」。「左」，「杜」誤。又，「高位」二字，當乙。

【疏證】

奎本以下諸六臣合注本、尤本悉作「杜」、「位高」。謹案：「俯仰，伏也」，未見今本《左傳》杜注。「左」字，毛本獨傳寫涉下書名而誤；「高位」語見《史記‧蘇秦列傳》。正作「位高」，本書劉孝標《廣絕交論》「皆為匍匐逶迤」注引同。又，但觀所對文「金多」，亦可判「當乙」。此亦毛本獨倒。陳校當從《史記》、本書內證、修辭、尤本等正之。

而不懲張湯牛車之禍也　注：《漢書》又曰：人以張湯為懷詐面欺。

【陳校】

注「人以」。「人」，「上」誤。

【疏證】

奎本以下諸六臣合注本、尤本悉作「上」。謹案：事見《漢書·張湯傳》，正作「上」，《通志·張湯傳》同，本書孔文舉《薦禰衡表》「臣等受面欺之罪」注引亦同。《史記》作「天子」，《資治通鑑·世宗孝武皇帝中之下》同，並可為旁證。毛本獨傳寫而誤，陳校當從本書內證、《漢書》、尤本等正之。

蓋笑蕭望之跋躓於前　注：《漢書》曰：前將軍蕭望之及光祿大夫周堪建白：以為宜罷中書宦官應古不近刑人……望之自殺。

【陳校】

注「官應古」。「官」，「吕」誤。

【疏證】

奎本、尤本同。明州本首刪「《漢書》」下至「自殺」四十七字，贛本、建本同。謹案：事見《漢書·石顯傳》，作「官」，本書范蔚宗《宦者傳論》「卒有蕭周之禍」注作「中尚書官」，《後漢書》章懷注作「中常侍官」，並同。毛本當從尤本，不誤。陳校改「官」為「吕」，蓋以「官」「吕」形近而誤，然「宜罷中書宦」，語不成句，且未見版本依據。今檢《漢書·成帝紀》云：「四年春，罷中書宦官。」《漢紀·孝成》云「四年春正月，……罷中書宦官。」並作「官」。《晉書·職官志》「成帝建始四年，罷中書宦者」，然則，作「官」、「者」皆得，惟陳校不可從焉。

則執杓而飲河者，不過滿腹　注：桓公《新論》曰。

【陳校】

「杓」，「杓」誤。注「桓公」。「公」，「譚」誤。

【集說】

余氏《音義》曰：「公新」。「公」，何改「譚」。

胡氏《考異》曰：注「桓公《新論》曰。」何校「公」，改「譚」，陳同。各本皆誤。

梁氏《旁證》同胡氏《考異》。

【疏證】

敦煌研究院藏 0356、諸《文選》本咸作「杓」。奎本、明州本、尤本、建本作「公」。贛本作「譚」，獨是。謹案：但據注「操杯器」云云，亦可證當為「杓」字。五臣本亦作「杓」，則有濟注可證。毛本獨因傳寫形近而誤，陳校當從注文、尤本等正之。「公」字，《隋書·經籍三》：「《桓子新論》十七卷。後漢六安丞桓譚撰。」本書左太沖《蜀都賦》「涉躪寥廓」注、《魏都賦》「圐圙寂寥」注等，凡九處皆作「譚」字。毛本蓋誤從尤、建二本等，陳校當從贛本、本書內證、《隋書》等正之。

蹇裳而涉汶陽之丘　注：《毛詩》曰：子惠思我，蹇裳涉溱。

【陳校】

「蹇」，「褰」誤。注同。

【集說】

梁氏《旁證》曰：毛本「褰」，誤作「蹇」。注引《毛詩》亦誤。

胡氏《箋證》曰：《旁證》云：「蹇，當作褰」云云。

許氏《筆記》曰：「蹇裳」。「蹇」，當作「褰」。嘉德案：「褰裳」字當從「衣」不從「足」。注亦誤「蹇」。《選》本此字舛誤不少，傳寫誤之耳。

【疏證】

諸《文選》本咸作「褰」，注同。謹案：五臣亦作「褰」，銑注可證。然「蹇」與「褰」實通。《太平御覽》卷六百九十六引《詩·緇衣》作「蹇裳」。《莊子·山木》：「蹇裳躩步」，盧文弨校：「蹇，《闕誤》作褰。」《楚辭補注·九章·思美人》：「憚蹇裳而濡足」洪氏補注曰：「蹇，蓋讀若褰。謂摳衣也」。皆其證。毛本癖用叚字，未必誤也。陳校當從贛、尤二本等校之。二許亦非。

六疾待其前　注：《左氏傳》曰昭元年……醫和曰：……風淫，手疾。

【陳校】

注「《左氏傳》曰」。「曰」字，衍。又「風淫，手疾。」「手」，「末」誤。

【疏證】

奎本、明州本、建本二字誤同。贛本、尤本衍「曰」、作「末」。謹案：事見《春秋左傳注疏・昭公元年》正作「末」字。《太平御覽》卷七百二十一引同。《後漢書・劉瑜傳》「生長六疾」章懷注引《左傳》亦作「末」。「昭」上，固不得有「曰」字，據上下文義可知。毛本當誤從建本等，陳校當從《左傳》、尤本（作「末」）等正之。

璣旋輪轉 注：《尚書》曰：璇璣玉衡，以齊七政。孔安國曰：璣衡，玉者正天文之器。

【陳校】

注「玉者」。「玉」，「王」誤。

【疏證】

奎本以下諸六臣合注本、尤本悉作「王」。謹案：語見《尚書注疏・舜典》，正作「王者」。《玉海》卷四引同。清・沈廷芳《十三經注疏正字・書・在璿璣節》：「《傳》：『璣衡，王者正天文之器。』王，誤玉。《疏》同。」毛本蓋涉上「玉衡」字，或據誤本《尚書》而誤，陳校當從《尚書》、尤本等正之。

辨亡論上下二首 　陸士衡

辨亡論上

義兵四合 注：《漢書》：尚祖曰：吾以義兵誅殘賊。

【陳校】

注「尚祖」。「尚」，「高」誤。

【疏證】

奎本、明州本作「《漢書》高祖曰」。贛本、尤本、建本作「漢高祖曰」。謹案：事見《漢書・高帝紀上》，按上下文當作「漢王」，《漢紀・高祖紀》同。後世注者如李善，當作「（《漢書》）高祖」。本書潘安仁《西征賦》「義兵紛以交馳」注亦作「《漢書》高祖曰」。毛本有所宗而傳寫有誤，陳校當從本書內證正之。陳校特點，是盡量少改動底本原文，故不取尤本，客觀上與奎本、明

州本等合。

吳武烈皇帝慷慨下國　注：《吳志》曰：堅亦舉兵荊州。北至南陽，眾數萬人。

【陳校】

注「北至南陽。」「北」，「比」誤。

【集說】

胡氏《考異》曰：注「北至南陽。」茶陵本「北」作「比」，是也。袁本亦誤「北」。

梁氏《旁證》曰：六臣本「北」作「比」，是也。

【疏證】

尤本誤同。奎本以下諸六臣合注本作「比」。謹案：《吳志・孫堅傳》作「比」，《後漢書・孝獻皇帝紀》、《後漢紀・孝獻皇帝紀》、《通志・孫堅紀》並同。《太平御覽》卷一百十八則誤作「北」。毛本誤從尤本，陳校當從《吳志》、贛本等正之。

兵交則醜虜授馘　注：《毛詩》曰：仍執醜虜。《箋》云：馘，所格者之左耳也。

【陳校】

注「仍執醜虜」下，當有「又在泮獻馘」五字。

【疏證】

奎本以下諸六臣合注本、尤本悉同。謹案：「仍執醜虜」語，見《毛詩注疏・大雅・常武》；「馘，所格者之左耳也」，則係《魯頌・泮水》「在泮獻馘」之鄭《箋》。善以前者釋「醜虜」，後者解「馘」字。本無不可。陳校則以鄭《箋》與上引《詩》經文本不相應，故為補出其經文。循例當以「又」字相承接。又，考本書潘元茂《冊魏公九錫文》「獻馘萬計」注即兼引「在泮獻馘」之經及其鄭《箋》。然本書曹子建《求自試表》「禽權馘亮」注：「鄭（曰）〔玄〕《毛詩箋》曰：『馘，所獲之左耳也』」，並不出經文，與上注潘文異。豈單釋「馘」字，本可不必引其相應經文歟？毛本當從尤本等，陳校當據潘文善注耳。

喪威稔寇　注：《左氏傳》：萇弘曰：毛其必亡，是昆吾稔之日。

【陳校】

　　注「毛其」。「其」，「得」誤。

【集說】

　　余氏《音義》曰：「毛其」。「其」，何改「得」。

【疏證】

　　奎本、明州本、建本同。贛本、尤本作「得」。謹案：語見《左傳·昭公十八年》，字正作「得」，《通志·萇弘傳》、《冊府元龜》卷七百九十五同。本書潘安仁《關中詩》「日月其稔」注、任彥昇《奏彈劉整》「惡積釁稔」注引並作「得」。毛本當誤從建本等，陳校當從本書內證、《左傳》、尤本等正之。

神兵東驅　注：范曄《後漢書》：陳忠曰：旬月之間，神兵電掃。

【陳校】

　　注「陳忠」。「陳」，「閻」誤。

【集說】

　　余氏《音義》曰：「陳忠」。「陳」，改「閻」。

　　胡氏《考異》曰：注「陳忠曰。」何校「陳」，改「閻」，陳同。是也，各本皆誤。

　　梁氏《旁證》同胡氏《考異》。

【疏證】

　　奎本以下諸六臣合注本、尤本悉同。謹案：事見《後漢書·皇甫嵩傳》，作「信都令漢陽閻忠干說嵩曰」云云，袁宏《後漢紀·孝靈皇帝紀》、《長短經·懼誡》同。本書干令升《晉紀總論》「三關電掃」注引《後漢書》亦作「閻」。毛本傳寫獨誤，陳、何校當從本書內證、《後漢書》、尤本等正之。

誅鉏干紀　注：(《左氏傳》) 又，季孫盟臧氏曰：無或如臧孫訖，干國之紀。

【陳校】

　　注「臧孫訖」。「訖」，「紇」誤。

【疏證】

奎本以下諸六臣合注本、尤本悉作「紇」。謹案：事見《春秋左傳注疏・襄公二十三年》，正作「紇」，《通志・臧孫紇傳》同。本書潘元茂《冊魏公九錫文》「犯關干紀」注、干令升《晉紀總論》「於是輕薄干紀之士」注並同。毛本獨因形近而誤，陳校當從本書內證、《左傳》、尤本等正之。

好謀善斷　注：班固《王命論》曰。

【陳校】

注「班固」。「固」，「彪」誤。

【集說】

胡氏《考異》曰：注「班固《王命論》曰」。何校「固」改「彪」，陳同。是也，各本皆誤。

梁氏《旁證》同胡氏《考異》。

【疏證】

奎本以下諸六臣合注本、尤本悉同。謹案：班叔皮《王命論》載在本書。毛本蓋傳寫譌誤。

陳、何皆信手可正。本書謝玄暉《拜中軍記室辭隋王牋》「駑蹇之乘」注引誤同。

甘寧、凌統、程普、賀齊……之徒　注：《吳志》又曰：賀齊……為鄿春太守。

【陳校】

注「為鄿春」。「鄿」，「蘄」誤。

【疏證】

贛本作「鄿」。奎本、明州本、尤本、建本作「蘄」。謹案：語見《吳志・賀齊傳》，正作「蘄」字。《太平御覽》卷一百六十九引、樂史《太平寰宇記》卷一百二十七「蘄州」同。蘄春，在今湖北。「鄿縣」，在今安徽。一作「蘄」。《集韻・微韻》「蘄」：「沛郡有蘄縣。或作鄿。」是字雖通，而地為二，此陳校所以不從贛本而宗尤本歟？毛本作「鄿」，當由「鄿」譌而來。

張惇以諷議舉正　注：《吳錄》曰：孫權以為車騎將軍。

【陳校】

　　注「車騎將軍」下，脫「主簿」二字。

【集說】

　　胡氏《考異》曰：注「孫權以為車騎將軍」。陳曰云云。是也，各本皆脫。

　　梁氏《旁證》曰：陳校此下添「主簿」二字。各本皆脫。

【疏證】

　　奎本以下諸六臣合注本、尤本脫同。謹案：張惇，一作敦。事見《吳志·顧邵傳》「而陸遜、張敦、卜靜等皆亞焉」注引《吳錄》曰：「敦字，叔方。……並吳郡人。……孫權為車騎將軍辟西曹掾，轉主簿，出補海昏令。……年三十一卒」云。毛本當從尤本等，陳校則從《吳志》裴注耳。本條亦足見陳氏以史校《選》之勝。不知「惇」，別作「敦」，翻檢亦難矣。

以禨祥協德　注：《天文志》曰：臣主共憂患，其察禍祥。

【陳校】

　　注「其察禍祥。」「禍」，「禨」誤。

【疏證】

　　奎本、明州本、贛本、尤本作「禨」。建本誤作「機」。謹案：語見《漢書·天文志》，正作「禨」，《史記·天官書》同。但觀正文及注下文引如淳曰：「《呂氏春秋》曰：『荊人鬼而越人禨。今之巫祝禱祀之比也。』」晉灼曰：「禨，音珠璣之璣。」皆為釋「禨」字，亦可證必作「禨」也。毛本傳寫誤，陳校當從《史》、《漢》、尤本等正之。

董襲陳武，殺身以衛主　注：《吳志》曰：襲督五樓船往濡須口。

【陳校】

　　注「往濡須」。「往」，「住」誤。

【集說】

　　胡氏《考異》曰：注「往濡須口」。陳曰云云。是也，各本皆譌。

　　梁氏《旁證》曰：陳校「往」改「住」。是也，各本皆誤。

【疏證】

奎本以下諸六臣合注本、尤本誤同。謹案：事見《吳志・董襲傳》，正作「住」字，《通志・董襲傳》、《北堂書鈔》卷一百三十七、《初學記》卷二十五「五樓」注並同。《冊府元龜》卷三百七十亦誤作「往」。毛本當從尤本等，陳校當從《吳志》正之。本條若不熟《三國志》，極易輕從上諸《文選》本。

而與天下爭衡矣　注：《漢書》：公孫獲曰：吳楚之王西與天子爭衡。

【陳校】

注「公孫獲」。「獲」，「玃」誤。

【疏證】

胡氏《考異》曰：注「公孫獲曰」。陳曰云云。是也，各本皆訛。

梁氏《旁證》曰：陳校「獲」改「玃」。各本皆誤。

【疏證】

奎本、明州本、尤本、建本誤同。贛本作「玃」。謹案：事見《漢書・鄒陽傳》，正作「玃」字，《冊府元龜》卷八百九十一、《通志・鄒陽傳》、《長短經・詭順》並同。毛本誤從尤、建二本等，陳校當從贛本、《漢書》等正之。

羽檄萬計　注：《羽獵》曰：杖鏌邪而羅者以萬計。

【陳校】

注「《羽獵》」下，脫「賦」字。

【集說】

顧按：此非脫。如稱「《過秦》」、「《歸去來》」之比。

【疏證】

奎本以下諸六臣合注本、尤本悉同。謹案：「《過秦》」省稱，如《蜀都賦》「崤函有帝皇之宅」注、潘安仁《西征賦》「追覆車而不寤」注等。省稱「《歸去來》」，則如江文通《雜體詩・陶徵君》一首注即見三用。餘不贅舉。省稱「《羽獵》」，本書惟見本條，而劉越石《勸進表》「不謀而同辭者，動以萬計」注、江文通《別賦》「負羽從軍」注引楊賦，則並用全稱。顧按不無根據，兩存之可也。

絕命永安 注：《蜀志》曰：先主徂于永安宮。《吳志》曰：陸遜從諸軍四面蹙之。

【陳校】

　　注「先主徂」。「徂」，「殂」誤。又，「從諸軍」。「從」，「促」誤。

【集說】

　　顧按：「徂」，即「殂」字。

　　胡氏《考異》曰：注「先主徂于永安宮。」袁本「徂」作「殂」。是也。茶陵本此注並善於五臣，文句全非。

　　許氏《筆記》曰：嘉德案：《蜀志》……又注：「先主徂於永安宮。」袁本「徂」作「殂」，是也。又注「陸遜从諸軍四面蹙之」。「从」，當作「促」。並正。

【疏證】

　　奎本、尤本作「徂」、「促」。明州本、贛本省作「善同向注」，向注作「殂」、「促」。建本改向注為善注，省稱「向同善注」。謹案：事見《蜀志·先主傳》，正作「殂」，《通志·先主紀》、《太平御覽》卷一百十七、《冊府元龜》卷一百八十八引同，《華陽國志·劉先主志》亦同。《吳志·陸遜傳》作「督促」，《太平御覽》卷三百三十引同。顧按是。《六書故·人九》：「徂，人死因謂之徂。生者來而死者往也。」《說文通訓定聲·豫部》：「徂，叚借為殂。」《史記·伯夷列傳》：「于嗟徂兮，命之衰矣。」索隱：「徂者，往也，死也。」皆其證。毛本作「徂」，當從尤本等；作「從」則獨形近而誤。陳校當從《吳志》、尤本等正毛本之「從」；而彼改「徂」，則是疏於聲音通假耳。嘉德於後者，亦疏矣。

續以濡須之寇，臨川摧銳 注：《吳曆》曰：權以水軍圍取，得三千餘人，其後溺者數千人。

【陳校】

　　注「其後溺者」。「後」，「沈」誤。按：此二句謂朱桓挫曹仁之師也；下「蓬籠」二句，謂陸遜敗曹休於皖也。二事皆在與曹、劉交兵後，故有「續以」之句，今注並誤。

【集說】

　　余氏《音義》曰：「後溺」。「後」，何改「沉」。

【疏證】

奎本、尤本作「沒」。明州本、贛本、建本作「沈」。謹案：事見《吳志‧孫權傳》「十八年正月，曹公攻濡須」下裴注，字作「沒」，《冊府元龜》卷二百十四同。毛本傳寫而誤。「沉」與「沈」同，陳、何校當從贛、建二本等正之。陳兼論善注之誤。「朱桓挫曹仁之師」、「陸遜敗曹休於皖」，分別見二人本傳等。由此大抵可見陳氏爛熟於《國志》，故補注得心應手矣。

鼎跱而立　注：《漢書》：蒯通說韓信曰：今為天下之計，莫若三分天下，鼎跱而立。

【陳校】

注「今為天下」。「天」，「足」誤。

【疏證】

奎本以下諸六臣合注本誤同。尤本作「足」。謹案：事見《漢書‧蒯通傳》，正作「方今為足下計」，《通志‧蒯通傳》、《太平御覽》卷四百六十三引、《冊府元龜》卷八百九十一併同。奎本蓋涉下文而誤，諸六臣合注本襲之。毛本當誤從建本等，陳校則從《漢書》、尤本等正之。

乃俾一介行人　注：《左氏傳》曰：晉人使子貢對鄭使曰。

【陳校】

注「子貢」，當作「子員」。

【集說】

胡氏《考異》曰：注「晉人使子貢」。何校「貢」，改「員」，陳同。是也，各本皆譌。

梁氏《旁證》同胡氏《考異》。

【疏證】

奎本、明州本、建本、尤本誤同。贛本獨作「員」。謹案：事見《春秋左傳注疏‧襄公八年》，正作「子員」，《通志‧荀罃傳》、《冊府元龜》卷七百四十九、《海錄碎事》卷十二同。奎本首因形近而誤，毛本當誤從尤、建二本，陳校當從贛本、《左傳》等正之。

珍貴重迹而至　注：《漢書》：息夫躬曰：羽檄重積而狎至。

【陳校】

「貴」，「瑰」誤。又注「重積」。「積」，「迹」誤。

【集說】

余氏《音義》曰：「重積」。「積」，何改「迹」。

孫氏《考異》曰：何校「貴」改「瑰」。

胡氏《考異》曰：注「羽檄重積而狎至。」何校「積」改「迹」，陳同。是也，各本皆誤。

梁氏《旁證》曰：毛本「瑰」作「貴」，誤。又曰：何校「積」改「迹」，陳同。各本皆誤。

胡氏《箋證》曰：《晉書》「貴」作「瑰」，六臣本同。此誤。

許氏《筆記》曰：「貴」，何改「瑰」。嘉德案：茶陵本作「瑰」，不誤。嘉德又案：注「積」，當作「迹」，何校、陳校均改「迹」，是也。各本皆誤。

【疏證】

《敦煌·北圖藏本》新1543、諸《文選》本悉作「瑰」。奎本以下諸六臣合注本、尤本悉作「積」。謹案：《晉書》卷五十四、《藝文類聚》卷十一等並作「瑰」。毛本因音近而獨譌，陳、何校當從《晉書》、尤本等正之。孫、梁、後胡皆是。《漢書·息夫躬傳》正作「迹」，《白孔六帖》卷五十七《籍簿》同。「積」，實通「迹」。《後漢書·鄧晨傳》：「晨發積射士千人」章懷注：「積，與迹同，古字通用。謂尋迹而射之。」可證。本書吳季重《答魏太子牋》注引息夫躬疏作「積」，陸佐公《石闕銘》「羽檄交馳，軍書狎至」注引則作「迹」。一書而出現之駁文現象，亦是相通之佐證，然則，陳、何、嘉德不必改也。此前胡從陳校之非例。

景皇聿興　注：《吳志》曰：孫休，字子羽。

【陳校】

注「字子羽」。「羽」，「烈」誤。

【集說】

許氏《筆記》曰：注「孫休，字子羽。」《吳志》作「子烈」。嘉德案：《吳志·孫休》本傳作「字子烈」，今各本注引皆誤作「羽」。依《吳志》正。

【疏證】

奎本、明州本、建本同。贛本、尤本作「烈」。謹案：事見《吳志‧孫休傳》正作「烈」，《太平御覽》卷一百十八、卷三百九十八、《冊府元龜》卷一百八十二等並同。毛本當誤從建本等，陳校當從《吳志》、尤本等正之。

典刑未滅，故老猶存　注：《尚書》曰：尚有典刑。《毛詩》曰：召彼故老。

【陳校】

注「《尚書》」，當作「《毛詩》」。

下文「《毛詩》」改「又」。胡氏《考異》

【集說】

胡氏《考異》曰：注「《尚書》曰：尚有典刑。」何校改「《尚書》」作「《毛詩》」、下文「《毛詩》」改「又」，陳同。是也，各本皆誤。

梁氏《旁證》同胡氏《考異》。

【疏證】

奎本以下諸六臣合注本、尤本二處悉同。謹案：「尚有典刑」，見《毛詩‧大雅‧蕩》。本書潘正叔《贈陸機出為吳王郎中令》「愧無老成」注、干令升《晉紀總論》「賴道德典刑」注並引《毛詩》同。「召彼故老」，見《小雅‧正月》。毛本當誤從尤本等，陳、何當從《毛詩》及善注體例正之。陳校「下文《毛詩》改又」，蓋出前胡，未見周鈔《舉正》。賴前胡《考異》保存爾。

丁奉離斐以武毅稱　注：魏將諸葛誕據壽春降，魏人圍之。使奉與黎斐解圍。奉為先登，黎斐力戰。拜左將軍。黎與離音相近，是一人，但字不同。

【陳校】

「離斐」，《國志》注及《晉書》並作「鍾離斐」。五臣本同。

【集說】

《讀書記》：《文選》無「鍾」字，注云：「魏將諸葛誕據壽春降，魏人圍之。使奉與黎斐解圍。奉為先登，黎斐力戰。拜左將軍。黎與離音相近，是一人，但字不同。」余謂李善所見之本，必可徵信。但此「斐」字恐「牧」字之

譌。鍾離牧為武陵太守，以少眾討平武谿，事在蜀並於魏之後，作「牧」為得也。

　　余氏《音義》曰：何曰：「《晉書》『離斐』，『離』上有『鍾』字。」《三國志〔注〕》、五臣同。

　　孫氏《考異》：《晉書》「離」上有「鍾」字，五臣本同。

　　顧按：依注，「鍾」字不當有。五臣誤也。他書皆後人增耳。

　　梁氏《旁證》曰：六臣本及《吳志注》、《晉書》並作「鍾離斐」。按李注「離斐」引《吳志》「黎斐」，而云「黎與離音相近，是一人」，則不得有「鍾」字明矣。

　　許氏《筆記》曰：何云：「《三國志注》、《晉書》並作鍾離斐。」案：注引《丁奉傳》作「黎斐」為是。注「奉為先登」下脫「屯於黎漿」四字。漿，水名。力戰有功者謂丁奉，非謂黎斐也。校書者誤以「黎漿」為「黎斐」，因削「屯於」二字，而改「漿」為「斐」。謬矣。嘉德案：五臣本作「鍾離斐」，蓋依《晉書》及《三國志注》增也。玩注「黎，與離音相近，是一人，但字不同之語」，則李氏自作「離斐」，即「黎斐」。《吳志・丁奉傳》作「黎斐」。《傳》曰：「奉為先登，屯於黎漿，力戰有功」，今注作「奉為先登黎斐力戰有功」，此「黎斐」二字乃「黎漿」之誤，又脫去「屯於」二字，致讀者以力戰有功為「黎斐」，大誤也。各本皆誤，今正。

　　黃氏《平點》曰：「丁奉離斐以武毅稱」句。「離斐」，《晉書》作「鍾離斐」。

【疏證】

　　奎本以下諸六臣合注本、尤本同。五臣正德本、陳本有「鍾」字。《敦煌・北圖藏本》新 1543 作「雍斐」。謹案：余、孫、黃氏沿襲何氏前一說，以「離斐」、「鍾離斐」為一人，而主「鍾離斐」說，依據是《吳志》卷三末裴注《晉書》本傳同引陸文。二許、梁氏宗李善，以「離斐」、「黎斐」為一人，而主「黎斐」說，依據是《吳志・丁奉傳》。咸有文獻可徵。然兩說雖自有來歷，卻咸不能面對不利于己之文獻，亦無法解釋所致此種種歧異之緣由。竊以從避諱一途，或可解此疑竇。離斐、黎斐、鍾離斐三名，實為一人。「鍾離斐」乃是真姓實名，「離斐」是「鍾離斐」之省稱，「黎斐」是後人妄改。李善謂「離斐」、「黎斐」為一人，是，卻不知是省稱。此省稱，表面看，似出于偶文之需，其實是避諱。原來「鍾（鐘）」字乃吳國諱，孫權曾祖名鍾。宋・張敦頤《六朝事迹編類》卷上《鍾阜》引《吳錄》云：「大帝祖諱鍾，因改名曰蔣山。」

是其驗。觀本文陸機不但避國諱，亦見避家諱（「周瑜陸公魯肅呂蒙之儔」，「公」字諱祖「遜」；而「陸公亦挫之西陵」、「大司馬陸公」，諱父抗），亦是避諱說之佐證。陸氏行文亦駢亦散，此處上下文正用駢體，論者難免生文體致省之疑。但觀上文恰有即便用駢，寧失諸偶而不省復姓之先例在：「風雅則諸葛瑾、張承、步隲，以名聲光國，政事則顧雍、潘濬、呂範、呂岱，以器任幹職。」諸葛瑾與鍾離斐，同係復姓，一刪一不刪，豈非避諱之故？由此可知：裴注作「鍾離斐」，乃是自作聰明之回改，並非陸氏初衷，然不為大過。而如《吳志・丁奉傳》作「黎斐」，則定是後來淺學因「黎與離音相近」而妄改《吳志》傳文也。毛本不誤，注作「黎」，則李善已誤矣。陳校蓋備異聞。洪氏《讀書叢錄》卷十一「離斐」條，案曰：「《晉書・陸機傳》、《魏志・三嗣主傳》裴松之注引機此論，皆作『丁奉鍾離斐』。《魏志》有『鍾離牧』而無『鍾離斐』。斐或牧字之譌。《文選》本『離』上脫『鍾』字。李善因以『黎斐』當之，非也。」洪說，亦可備異聞。

樓玄賀劭之屬掌機事　注：《吳志》曰：孫皓遂用玄為宮下錄事禁中侯。

【陳校】

　　注「宮下錄事」。「錄事」當作「鎮」。

【集說】

　　胡氏《考異》曰：注「孫皓遂用元為宮下錄事」。陳云：「錄事，當作鎮。」是也，各本皆誤。

　　梁氏《旁證》曰：陳曰：「錄事，當作鎮。」是也。此《吳志・樓玄傳》文。各本皆誤。

【疏證】

　　奎本以下諸六臣合注本、尤本誤悉同。謹案：《吳志・樓玄傳》正作「鎮」字，《通志・樓元傳》、《冊府元龜》卷二百十八、卷六百二十六並同。毛本當誤從尤、建二本等，陳校當從《吳志》正之。

非有工輸雲梯之械　注：《墨子》曰：公翰班為雲梯，必取宋。

【陳校】

　　「工」，「公」誤。

【集說】

孫氏《考異》曰：何校「工」，改「公」。

胡氏《考異》曰：「非有工輸雲梯之械。」何曰云云。陳云：「工，公
誤。」謹案：《晉書》、《吳志注》皆是「工」字，疑士衡謂之「工輸」，未
當輒改也。

梁氏《旁證》曰：胡公《考異》曰云云。

許氏《筆記》曰：「工」，何改「公」。嘉德案：胡曰：「何曰云云。陳曰云
云。今案：《晉書》、《吳志注》皆是工字，疑士衡謂之工輸。」德謂：注引《墨
子》作「公輸班」，李本自作「公」。

【疏證】

《敦煌·北圖藏本》新 1543、諸《文選》本悉同。謹案：《晉書》本傳亦
作「工」。《吳志注》，見《孫皓傳》篇末裴注。五臣作「工」，濟注可證。《墨
子》，見《公輸》篇，作「公輸盤」盤與般、班同。善注引《墨子》作「公」，可
見善與五臣，本自不同。兩字音同，古人傳寫多有隨意，雖言「李本自作公」，
無害「士衡謂之工輸」，然據以善還善之原則，還以陳、何校為宜。毛本當誤
從尤本等。此條於《文選》版本有關問題提供諸多信息。可參拙著《何校集
證》。

軍未浹辰，而社稷夷矣　注：干寶《晉紀》曰：太康元年四月，王濬鼓
入于石頭城。

【陳校】

注「鼓入」。「入」上脫「譟」字。

【集說】

胡氏《考異》曰：注「王濬鼓入于石頭」。陳曰云云。是也，各本皆脫。

梁氏《旁證》：陳校「鼓」下添「噪」字。各本皆誤。

【疏證】

奎本以下諸六臣合注本、尤本脫同。謹案：《資治通鑑晉紀·世祖武皇帝
中》、《玉海》卷一百九十、宋·郭允蹈《蜀鑑》卷四並作「鼓譟」。本書干令
升《晉紀總論》「江湘來同」注引《晉紀》同。毛本當誤從尤本等，陳校當從
本書內證補之。

雖忠臣孤憤，烈士死節　注：《襄陽記》曰：張悌字臣先，襄陽人。……司馬遷《書》曰：世又不與能死節者也。

【陳校】

注「字臣先」。「臣」，「巨」誤。又「死節者也」。「也」，「比」誤。

【集說】

胡氏《考異》曰：注「張悌字臣先」。何校「臣」，改「巨」，陳同。是也，各本皆誤。

梁氏《旁證》同胡氏《考異》。

【疏證】

奎本、明州本、尤本、建本二字誤同。贛本作「巨」、「比」。謹案：《吳志·孫皓傳》注引《襄陽記》、《冊府元龜》卷四百三正作「巨」。陳、何當從贛本、《吳志》正之。「也」字，《漢書·司馬遷傳》作「比」。善注則當為「比也」字。參上《報任少卿書》「而世俗又不與能死節者次比」條。然則，「也」上當添「比」字。陳氏據贛本、《漢書》校，尚未達一間。

辨亡論下

曹氏雖功濟諸華　注：《左氏傳》曰：今而始大比于諸夏。

【陳校】

注「比于諸夏」。「夏」，「華」誤。

【疏證】

奎本、明州本作「諸華，已見上文。」贛本、尤本、建本作「華」。謹案：事見《春秋左傳注疏·昭公三十年》，正作「華」，《冊府元龜》卷二百四十九、卷七百四十二同。奎、明二本最是。「上文」，當為上篇「將北伐諸華」注引《左氏傳》，本書《吳趨行》「灼灼光諸華」注同。贛、尤、建三本複出，已非善初衷。至毛本則或涉本篇上「魏人據中夏」及注「《東都賦》曰：自中夏以布德」；或因吳語「華」、「夏」音近而誤，竟無視正文作「華」，其誤亦甚矣。陳校當從《左傳》、本書內證、正文等正之。

識潘濬於係虜　注：(《吳志》)《江表傳》曰：權呼其字曰：承明。昔觀丁父都浮也，武王以為軍師……便親以中拭其面。

【陳校】

　　注「都浮」。「浮」，「俘」誤。又「便親以中拭其面。」「便親」，當作「使親近」。當時左右給使之人，謂之「親近」。二字屢見《國志》。又「中」，「巾」誤。

【集說】

　　胡氏《考異》曰：注「使親近以巾拭面。」袁本、茶陵本「使」作「便」、無「近」字、「拭」下有「其」字。案：此尤延之以《吳志》注所引校改之也。陳云：「當時左右給使之人，謂之『親近』。屢見《國志》，或二本譌耳。」

　　梁氏《旁證》曰：注「使親近以巾拭面，」六臣本「使」作「便」、無「親」字、「拭」下有「其」字。按《渚宮舊事》引《吳志》注作「以手巾拭其面。」

【疏證】

　　尤本作「俘」、「使親近」、「巾」。奎本以下諸六臣合注本作「俘」、誤「便親」、作「巾」。謹案：事見《吳志・潘濬傳》注引作「俘」、「使親近以手巾」，唐・余知古《渚宮舊事》卷四、《通志・潘濬傳》並同。毛本「便親」，當誤從建本等六臣合注本，復因形近而誤「浮」、「中」二字。陳校當從尤本、《吳志》正之。「便親」二字，若不熟《國志》，亦不能正。

以濟周瑜之師　注：《江表傳》曰：周瑜夜請見，……權曰：船載糧具促辨……孤當……為軍後援也。

【陳校】

　　注「船載糧具促辨。」「載」字衍、「糧」下脫「戰」字、「促辨」，當作「俱辦」。又，「為軍後援」。「軍」，「卿」誤。

【集說】

　　胡氏《考異》曰：注「船載糧具俱辦。」陳云：「載字衍。糧下脫戰字。」是也，各本皆譌。又曰：注「為軍後援也」。陳云：「軍、卿誤。」是也，各本皆誤。

　　梁氏《旁證》曰：陳校云：「載字衍。糧下脫戰字。」又曰：「陳校云：軍，改卿。」各本皆有誤脫。

【疏證】

奎本、贛本、建本衍「載」、脫「戰」、誤「促」、誤「軍」。明州本省作「善同良注」，實刪此善注。尤本「俱辦」，不誤，餘同贛本。謹案：事見《吳志·江表傳》「此天以君授孤也」下裴注，正作「船糧戰具俱辦」、「卿」，《資治通鑑·漢紀·孝獻皇帝庚》、《通志·周瑜傳》並同。毛本當誤從建本等，復獨誤「辨」字，陳校當從《吳志》正之。

高張公之德　注：《吳志》曰：昭變色而前曰：……為天下笑乎？

【陳校】

注「為天下笑乎？」「為」，「奈」誤、「乎」，「何」誤。

【集說】

余氏《音義》曰：「為天下笑乎？」「為」，何改「奈」、「乎」改「何」。

【疏證】

奎本以下諸六臣合注本、尤本作「奈」、作「何」。謹案：事見《吳志·張昭傳》，字正作「奈」、作「何」，《太平御覽》卷三百五十八、《冊府元龜》卷二百五、卷四百七並同。毛本獨誤，陳、何校當從《吳志》、尤本等正之。

苟劉基之議

【陳校】

「苟」，「奇」誤。

【疏證】

諸《文選》本咸作「奇」。謹案：《晉書》本傳、《通志·陸機傳》、《吳志·孫皓傳》末裴注並作「奇」。毛本獨因形近而誤，陳校當從《晉書》、《吳志》、尤本等正之。

以伺子明之疾　注：《吳志》曰：呂子明病小廖，（權）為下赦令。……凌統卒……二子年各數歲，權內養於宮，愛侍與諸子同。

【陳校】

注「病小廖」。「廖」，「瘳」誤。又「愛侍與諸子同。」「侍」，「待」誤。

【疏證】

　　奎本以下諸六臣合注本、尤本悉作「瘳」、「待」。謹案：事分別見《吳志・呂蒙傳》作「病中瘳」，《太平御覽》卷七百三十八、《通志・呂蒙傳》、同，《御覽》六百五十二作「病中有瘳」《冊府元龜》卷三百七十七作「病稍瘳」；《吳志・凌統傳》作「待」，《通志・凌統傳》、《冊府元龜》卷二百四、卷三百七十七並同。廖字，毛本獨因形近而誤，陳校當從《吳志》、尤本等正之。「侍」，與「待」通，參上顏延年《秋胡詩》「自昔枉光塵」條。古人傳寫多見「亻」旁與「彳」旁同。

固不厭夫區區者也　注：《左氏傳》曰：初，楚靈王卜……而呼曰：是區區者而不集畀。

【陳校】

　　注「而不集畀」。「集」，「余」誤。

【疏證】

　　奎本以下諸六臣合注本、尤本悉作「余」。謹案：事見《春秋左傳注疏・昭公十三年》，正作「余」，《太平御覽》卷七百二十五、《記纂淵海》卷八十七引並同，本書陸士衡《弔魏武帝文》「藏於區區之木」注引亦同。毛本獨因形近而誤，陳校當從《左傳》、本書內證、尤本等正之。

陸無長轂之徑　注：《穀梁傳》曰：長轂五百乘。范寧曰：長轂，兵革也。

【陳校】

　　注「兵革」。「革」，「車」誤。

【疏證】

　　奎本以下諸六臣合注本、尤本悉作「車」。謹案：事見《春秋穀梁注疏・文公九年》，正作「車」字，《太平御覽》卷七百七十六引亦有（范）注，作「車」。本書范蔚宗《後漢書・光武紀贊》「長轂雷野」注、班孟堅《封燕然山銘》「長轂四分」注並同。上兩處，《後漢書》章懷注並同。毛本獨因形近而誤，陳校當從《穀梁傳》、尤本等正之。

東西同捷　注：《吳志》曰：陸抗聞之，因部分諸軍吳彥等徑赴西陵……荊州刺史楊肇至西陸。

【陳校】

注「吳彥」。「吳」，「吾」誤。又「至西陸」。「陸」，「陵誤」。

【集說】

余氏《音義》曰：「吳彥」。「吳」，何改「吾」。

胡氏《考異》曰：注「因部分諸軍吳彥等」。何校「吳」，改「吾」，陳同。是也，各本皆誤。

梁氏《旁證》胡氏《考異》。

【疏證】

奎本以下諸六臣合注本、尤本二字悉同。謹案：殿本《吳志·陸抗傳》正作「吾」、「至西陵」。《通志·陸抗傳》、《冊府元龜》卷三百六十二亦作「吾」、「至西陵」。殿本《吳志·吾彥傳》、《陶璜傳》並作「吾彥」。《太平御覽》卷一百六十七引《三國志》、七百三十九引王隱《晉書》，並同。史志當陳、何校所據。然何氏《讀書記》卷二十八：「邵烏程吳粲，即吾粲也。按庾信作《吳明徹墓誌》用吾彥事對吳起，豈吾、吳同耶？古書吾邱壽王多作虞邱，而虞仲亦為吳仲，則吾、吳通也。」何氏既明「吾」與「吳」同，據此，知何氏此校在《讀書記》前。陳則未悟。「陸」字，毛本獨因形近而誤，陳校當從史志、尤本等正之。謹又案：大抵內容關涉古職官名稱與古人姓氏，其讀音復與虞、魚同者，吾、吳二字即可通假。參上張景陽《七命》「銘德於昆吾之鼎」諸條。

《易》曰：湯武革命順乎天　注：《周易》曰革卦之辭也。

【陳校】

注「《周易》曰」。「曰」字，衍。

【疏證】

奎本以下諸六臣合注本、尤本悉無此「曰」字。謹案：此善注承正文，點明其出處，係陳述語，非援引《周易》，依例《周易》」下不得有「曰」字。與上《六代論》「《易》曰：其亡其亡」條例同。毛本獨涉正文而衍，陳校當從上下文義、尤本等正之。

文選卷五十四

五等論一首　　陸士衡

創制垂基　　注：《葉引》曰：順命以創制。

【陳校】

　　注「《葉引》」。「葉」，「典」誤。

【集說】

　　余氏《音義》曰：「葉引」。「葉」，何改「典」。

【疏證】

　　奎本以下諸六臣合注本、尤本悉作「典」。謹案：《典引》載在本書，又見《後漢書・班固傳》。毛本蓋涉正文下句「思隆後葉」而誤。陳校當從《後漢書》、本書內證、尤本等正之。

宗庶雜居　　注：《毛詩》曰：宗子維城。無俾城壞，而獨斯畏也。

【陳校】

　　注「而獨」。「而」，「無」誤。

【集說】

　　胡氏《考異》曰：注「而獨斯畏」。何校「而」，改「無」，陳同。是也，各本皆誤。

梁氏《旁證》同胡氏《考異》。

【疏證】

奎本、明州本、尤本、建本誤同。贛本作「無」。謹案：語見《毛詩注疏‧大雅‧板》，正作「無」，《太平御覽》卷一百四十六引《毛詩》同。毛本當誤從尤本等，陳校當從贛本、《毛詩》等正之。

是以分天下以厚樂，而己得與之同憂　注：趙岐曰：古賢君，樂則以己之樂與天下同之，憂則與天下之憂與己共之。

【陳校】

注「憂則與天下之憂」。「與」，「以」誤。

【疏證】

奎本以下諸六臣合注本、尤本悉作「以」。謹案：語見《孟子注疏‧梁惠王》，正作「以」字。觀上句句例，亦可決當作「以」字。毛本當涉下文而誤，陳校當從《孟子》、上下文句例、尤本等正之。

無所寄霸王之志　注：《漢書》：宣帝曰：漢家本以霸王道雜之。

【陳校】

注誤，當引《項羽傳》「自立為西楚霸王」語。

【疏證】

奎本以下諸六臣本、尤本悉同。謹案：此亦陳論善注之失當。

然後國安由萬邦之思治　注：《毛詩序》曰：《下眾》，思治也。

【陳校】

注「《下眾》」。「眾」，「泉」誤。

【疏證】

奎本以下諸六臣合注本、尤本悉作「泉」。謹案：此《毛詩注疏‧曹風‧下泉》序。《北堂書鈔》卷三十，亦作「泉」。本書王仲宣《七哀詩》「悟彼下泉人」注、袁彥伯《三國名臣序贊》「萬物思治，則默不如語」注引同。毛本獨因傳寫形近而誤，陳校當從《毛詩》、本書內證、尤本等正之。

土崩之困，痛於陵夷也　注：《漢書》：徐樂上書曰：何謂土崩？秦之末葉是也。人困而主不恤，下怨而上不知，此之謂土崩。

【陳校】

注「秦之未」。「未」，「末」誤。

【集說】

胡氏《考異》曰：注「《漢書》徐樂上書曰」下至「此之謂土崩」。袁本、茶陵本此在「《家語》孔子曰」云云之前。案：依善例，當云「土崩，已見上文」。蓋後來改為複出而又誤倒之耳。尤順正文乙轉，仍未得善舊也。

【疏證】

奎本以下諸六臣合注本、尤本悉複出，作「末」。諸六臣合注本此注皆誤居上二句「侵弱之辱，愈於殄祀」之注「《家語》：孔子曰：『文武之祀，無乃殄乎？』」之上，尤本已乙正。毛本從尤本，次序不亂。謹案：語見《漢書·徐樂傳》，正作「末」。此注，已見本書《辨亡論上》「皇家有土崩之釁」注（作「末」），而陳孔璋《為袁紹檄豫州》「必土崩瓦解」注引亦誤作「未」。前胡說是。毛本獨因形近而誤，陳校亦無須披本書內證、《漢書》等，信手可正者。然陳校既未能知毛本已從尤本乙正注文之得，又不能正毛本同時誤從尤本複出前注之失焉。是皆遜色於同里前胡之證。

是蓋思五等之小怨，忘萬國之大德

【陳校】

「萬」，「經」誤。

【集說】

孫氏《考異》曰：何校從六臣本「萬」改「經」。志祖按：「萬國」與「五等」對，應前「萬國相維」句，不必改「經」。《晉書》亦作「萬」。

顧按：「萬」字不誤。

胡氏《考異》曰：「國慶獨饗其利」。……本篇「忘萬國之大德」。袁本「萬」作「經」，云善作「萬」。茶陵本作「經」，仍失著校語。……彼尤本皆校改正之也。

梁氏《旁證》曰：六臣本「萬」作「經」。非也。

許氏《筆記》曰：何改「經」。嘉德案：袁本作「經」，云善作「萬」，茶

陵本作「經」，無校語。尤校改「萬」，何校又改「經」。孫曰云云。

【疏證】

尤本同。五臣正德本、陳本作「經」。奎本、明州本同，並有校云：善本作「萬」字。贛本、建本作「經」，並失著校語。尤氏《考異》曰：「五臣萬作經。」謹案：《晉書》本傳作「亡萬」，《通志》同。《藝文類聚》卷五十一作「忘經」。檢《說文通訓定聲‧壯部》「亡，叚借為忘」，亡與忘通，故亡、忘可以無論。然「萬國」，正與上「五等」切對；五臣「經」、善本「萬」，又明載奎本，例不當淆亂。故毛本當從尤本，不誤，陳、何改之，非。顧按是也。

大啟侯王 注：班固《漢書‧表》曰：藩國大者，夸州兼郡。

【陳校】

注「夸州兼郡。」「夸」，「跨」誤。

【集說】

余氏《音義》曰：「夸州」。「夸」，何改「跨」。

【疏證】

明州本、尤本、建本同。奎本、贛本作「跨」。謹案：語見《漢書‧諸侯王表》，字作「夸」。師古曰：「夸，音跨。」《資治通鑑‧漢紀‧王莽中》同，《新唐書‧孝友傳》：「方鎮淩法，夸地千里。」而本書范蔚宗《後漢書二十八將傳論》「或崇以連城之賞」注、曹元首《六代論》「大者跨州兼域」注引「班固《漢書贊》」，並作「跨」。「夸」、「跨」，蓋古今字。毛本當從尤本等，陳、何或從本書內證，然不必改焉。

然呂氏之難 注：《漢書》曰：呂產、呂祿自知背高皇帝約，因作亂。未虛侯使人告兄齊王令發兵。

【陳校】

注「未虛」。「未」，「朱」誤。

【疏證】

奎本以下諸六臣合注本、尤本悉作「朱」。謹案：事見《漢書‧高后紀》，作「朱虛侯章」。《史記‧呂后本紀》、《通志‧高皇后呂氏》同。本書陳孔璋《為袁紹檄》「於是絳侯、朱虛興兵奮怒」注、曹元首《六代論》「東牟、朱

（虘）虘之俗字〔虘〕，授命於內」注並同。章為悼惠王子，高后封為朱虘侯。毛本獨因形近而誤，陳校當從《漢書》、尤本等正之。

割削宗子……復（繫）〔襲〕亡秦之軌矣　注：《漢書》曰：景帝用晁錯之計削吳起。

【陳校】

注「削吳起」。「起」，「楚」誤。

【疏證】

奎本以下諸六臣合注本、尤本悉作「楚」。謹案：事見《漢書・諸侯王表》，正作「楚」。《長短經・雄略》同。《冊府元龜》卷二百九十三「漢有厚恩，而諸侯地，稍自分折弱」有注，亦同。毛本傳寫獨誤，陳校當從《漢書》、尤本等正之。「襲」，周鈔譌「繫」。已正之。

一夫縱衡　注：《漢書》曰：縱恣意。衡，古橫字也。

【陳校】

注「縱」下，脫「橫」字。

一夫縱橫。殆指漢末群盜披猖，殘破郡縣。注似非。姚氏《筆記》

【集說】

胡氏《考異》曰：注「縱恣意」。陳曰云云。是也，各本皆脫。

梁氏《旁證》曰：陳校「縱」下添「橫」字。各本皆脫。

姚氏《筆記》曰：陳少章云：「一夫縱橫。殆指漢末群盜披猖，殘破郡縣。注似非。」

【疏證】

奎本以下諸六臣合注本、尤本悉脫。謹案：語見《漢書・元后傳》，作「縱橫恣意」，師古曰：「橫，音胡孟反。」又，觀下善注「衡，古橫字也」五字，可推見正文或所引《漢書》，必有一「衡」字。否則，此善注便語無所歸。若按奎本等六臣合注本，正文皆作「橫」（並無校語），則李善所見《漢書》必與今本不同，當作「從衡恣意」。善注五字是因《漢書》而發。若如尤本（毛本同）正文作「衡」（或正鑒此五字，故遂從《晉書》改正文作「衡」），則五字即針對正文，兩種情形，都因正文與《漢書》異文而起，但都不能舍去《漢

書》之「衡（横）」字。善引《漢書》，本為釋「縱衡」辭，而非祇分析「縱（從）」字爾。毛本之脱，當從尤本。陳校蓋從善注及《漢書》補之。據姚氏《筆記》，本條陳校兼論注之失當。未見周鈔。

難興王室。放命者七臣　注：《左氏傳》曰：子頹有寵，為蒍國之師。……班固《漢書述》曰：孝景莅政，諸侯方命。韋昭曰：方〔命〕，施命，不承天子之制。

【陳校】

　　注「為蒍國」。「為」字當在「國」字下。又「施命不承」。「施」，「放」誤。

【疏證】

　　奎本以下諸六臣合注本、尤本悉作「蒍國為」、「放」。謹案：《左傳》語見《春秋左傳注疏・莊公十九年》，正作「蒍國為」，《國語・周語上》「邊伯石遫蒍國出王而立子頹」韋昭注同。韋昭「方命」云云，未見今本《漢書・敘傳・述景紀》。「方」，與「放」通，有違、逆之義。《尚書・堯典》：「方命圮族」蔡沈集傳：「方命者，逆命而不行也。」《馬王堆漢墓帛書・稱》：「疑則相傷，雜則相方」，並其證。作「放命」與下「不承天子之制」義相承。然則，可證韋昭注，非為孤證，而諸本作「放命」之是。毛本獨因音近而倒、形近而誤，陳校則從《左傳》、尤本等正之。

襄惠振於晉鄭　注：（《史記》）又曰：同伐王城。鄭伯持王自圉門入，虢叔自北門入，殺子頹。

【陳校】

　　注「持王」。「持」，「將」誤。

【集說】

　　胡氏《考異》曰：注「鄭伯將王自圉門入，虢叔自北門入。」袁本、茶陵本無此十四字。

【疏證】

　　尤本作「將」。奎本以下諸六臣合注本無此十四字。謹案：《史記》未見「同伐王城」及下云云。語實見《春秋左傳注疏・莊公二十一年》，正作「將」

字,《太平御覽》卷五百六十九引同。《國語‧周語上》亦作「將」。本書潘安仁《西征賦》「感虢鄭之納惠」注引《左傳》亦有此十四字（作「將」）。毛本從尤本而傳寫誤「持」,陳校當從《左傳》、本書內證、尤本等正之。前胡同陳氏,未改「又曰」,為「《左氏傳》曰」。

蓋遠績屈於時異 注:《左氏傳》:劉子謂趙孟曰:子盍亦遠績禹功而大庇民乎?

【陳校】

注「亦遠續」。「續」,「績」誤。

【集說】

梁氏《旁證》曰:六臣本、尤本「續」作「績」,是也。與《左‧昭元年傳》合。本書《三國名臣序贊》注引亦誤作「續」。

許氏《筆記》曰:注作「遠續」。案:《說文》:「績,緝也」,「續,連也」,義本相近。《左傳》釋文云:「績,或作續。」在此《論》當作「績」訓為「功」。嘉德案:注引《左傳》「子盍亦遠續禹功而大庇民乎?」,字作「續」,然此正文作「績」訓「功」,所引是「績」字,傳寫誤從《釋文》或本。茶陵本作「績」,不誤。今正。

【疏證】

奎本以下諸六臣合注本、尤本悉作「績」。謹案:事見《春秋左傳注疏‧昭公元年》,正作「績」,本書陸士衡《贈顧交阯公真》「遠績不辭小」注引同。毛本傳寫偶誤也。陳校則從《左傳》、本書內證、尤本等正之。梁氏、二許說並是。梁云「《三國名臣序贊》注引同誤」者,見其「靜亂庇人抑亦其次」句下注。

故烈士扼腕 注:《漢書》曰:燕齊之間,萬士瞋目而扼腕。

【陳校】

注「萬士」。「萬」,「方」誤。

【疏證】

奎本以下諸六臣合注本誤同。尤本作「方」。謹案:事見《漢書‧郊祀志下》,正作「方」字,《冊府元龜》卷五百二十五、卷五百三十五同。毛本當誤

從建本等，陳校當從《漢書》、尤本等正之。

中人變節

【陳校】

「中」，《晉書》作「忠」。

【集說】

余氏《音義》曰：何曰：「中人」。《晉書》「中」，作「忠」。

孫氏《考異》同陳校。

梁氏《旁證》曰：《晉書》「中」作「忠」，恐誤。

姚氏《筆記》曰：何云：《晉書》作「忠」。

【疏證】

諸《文選》本悉同。謹案：《通志》本傳同《晉書》作「忠」。「忠」與「中」通。《墨子·兼愛》：「今天下之君子，忠實欲天下之富而惡其貧。」孫詒讓《閒詁》：「畢云：『忠，一本作中。』忠、中通。」觀上文「烈士扼腕」云云，「忠人」與「烈士」似亦相對為文。是亦不必改。毛本當從尤、建二本等，陳、何皆依《晉書》，備異聞耳。

然上非奧主　注：《左氏傳》曰：蔡公召子于、子晳將納之。

【陳校】

注「子于」。「于」，「干」誤。

【疏證】

奎本以下諸六臣合注本、尤本悉作「干」。謹案：事見《春秋左傳注疏·昭公十三年》，正作「干」。《冊府元龜》卷七百四十九同。毛本獨因形近傳寫誤，陳校當從《左傳》、尤本等正之。

羣下知膠固之義　注：《莊子》曰：侍膠漆而固者。

【陳校】

注「侍膠漆」。「侍」，「待」誤。

【疏證】

奎本以下諸六臣合注本、尤本作「待」。謹案：語見《莊子·外篇·駢拇》

「待繩約膠漆而固者」，正作「待」字。本書曹元首《六代論》「盤石膠固」注引同，黃鶴《補注杜詩・寫懷二首》「陷此膠與漆」注引亦同。然「侍」與「待」通。參上顏延年《秋胡詩》「自昔枉光塵」條。毛本當有所承，陳校當從本書內證、《莊子》、尤本等，然不必改毛焉。

辨命論一首　劉孝標

劉孝標　注：負才矜能。

【陳校】

　　「能」，一作「地」。

【疏證】

　　贛本、尤本同。奎本、明州本、建本作「地」。謹案：審其上文「孝標植根淄右，流寓魏庭。冒履難危，僅至江左」云云，劉以才、地並驕，似以作「地」為切。《長短經・君德》篇亦有王敦「負才矜地」之語。毛本當從尤本等。陳校此處「一作」，似指建本。

自古所歎焉獨公明而已哉

【陳校】

　　「自古所歎」句，絕。

【集說】

　　許氏《筆記》曰：當「所歎」絕句。焉，於虔反，當下讀。近有俗刻从「歎焉」絕句，故辯之。

【疏證】

　　諸《文選》本咸同。謹案：按句義，自當「歎」字下斷句。焉，豈也。陳校、許說並是。此陳校毛本句讀例。

仲任蔽其源，子長闡其惑　注：《史記》：盜跖日殺不辜，肝人之肉，竟以壽終。止其大彰較著也，予甚惑焉。

【陳校】

　　注「止其大彰較著」。「止」，「此」誤。

【疏證】

奎本以下諸六臣合注本、尤本悉作「此」。謹案：語見《史記・伯夷列傳》，作「此其尤大彰明較著者也」，正用「此」字，《文章正宗・太史公伯夷傳》同。毛本獨傳寫誤，陳校當從《史記》、尤本等正之。

至於鶡冠甕牖……則曰唯人所召　注：《七略》：鶡冠子者……常居深山，以褐冠，故曰鶡冠。《左傳》：閔子騫曰：……惟人所召。

【陳校】

注「以褐冠」。「褐」字誤。又「閔子騫」。「子騫」，當作「馬父」。

【集說】

梁氏《旁證》曰：「至於鶡冠甕牖。」五臣「鶡」作「褐」，向注可證。《梁書》亦作「褐」。又曰：注「《左傳》閔子騫曰。」「騫」，當作「馬」。各本皆誤。

姚氏《筆記》曰：注「《左傳》閔子騫」。當作「閔馬父」。

胡氏《箋證》曰：五臣、《梁書》並作「褐」。按：「鶡」與「褐」通。「褐冠」，猶言「布衣」，貧賤者所服，編枲為之。作「褐」為正字，善注恐泥。

【疏證】

奎本、明州本作「褐」、正文亦作「褐」，無校語。贛本、建本作「褐」、正文作「鶡」，校云：五臣本作「褐」。尤本作「鶡為」。奎、明、尤本、建本皆誤作「子騫」。贛本作「馬父」。謹案：鶡冠，作為服飾，有武官與隱士冠之分。前者，武冠加雙鶡尾在左右，謂之鶡冠。五官、虎賁、羽林皆冠之。「鶡者，勇雉也。其鬥對，一死乃止，故趙武靈王以表武士。」見《後漢書・輿服志下》。後者，即本文所謂「鶡冠子」者所冠。楚人。隱居深山中，衣敝履穿，以鶡為冠。莫測其名。因服成號。著書言道家事。馮諼嘗師事之，後顯于趙。鶡冠子懼其薦已，遂與之絕。較善引《七略》為詳。見袁淑《真隱傳》。《漢書・藝文志》載：「《鶡冠子》一篇」注：「楚人。居深山，以鶡為冠。師古曰：『以鶡鳥羽為冠。』」《鶡冠子》者，蓋書以號名，而號則因服名。無論武士冠，抑隱者冠，其所來由，皆離不開從「鳥」之「鶡」，而非「褐」。善注之前，顏注業已確鑿揭明。其實無論得名之由來、以及顏注，但觀善注「以褐（為）冠」下，緊承「故曰鶡冠」，亦足證上句作「褐」之非，善固作「鶡」。「五臣

鶡作褐，向注可證」，梁氏說甚是。梁氏所言，雖為正文，用之注文亦合。五臣或為求異善注而從《梁書》。《梁書》之誤，豈因見上文「衣敝履穿」，遂改「鶡」為「褐」，抑亦據誤本歟？贛本正文作「鶡」，並有校語，建本從之，是。二本注作「褐」，則改之未盡耳。奎、明二本皆脫校語。毛本當誤從建本，陳校則從尤本、正文等正之。後胡謂二字通，雖可備一說，然既五臣、善注有異，仍當別之。《左傳》語，見《春秋左傳注疏・襄公二十三年》，作「閔子馬」杜注：「閔子馬，閔馬父。」參上陳孔璋《檄吳將校部曲》「蓋聞禍福無門」條。贛本獨是。毛本當誤從尤本等，陳校當從正文、贛本、《左傳》等正之。

嘗試言之曰　注：杜預《左氏傳》曰：嘗，試之也。

【陳校】

注「《左氏傳》」下，脫「注」字。

【疏證】

奎本以下諸六臣合注本、尤本脫同。謹案：今本《春秋左傳注疏》屢見「嘗，試也」杜注（「試」下皆無「之」字），如：《成公十七年》「君盍嘗使諸周而察之」注、《哀公十四年》「野曰嘗私焉」注等。今但觀「《左氏傳》」上有「杜預」，則固當有「注」字。本書陸士衡《演連珠》「臣聞：目無嘗音之察」注引正有「注」字。毛本當從尤本等，陳校當從《左傳》、本書內證等補之。

夷叔斃淑媛之言　注：崔瑋《七蠲》曰：三王化行，夷叔隱已。曹植《與楊修書》曰：有南威之容，乃可以諭於淑媛。

【陳校】

注「化行」二字，當乙。又「諭於淑媛」。「諭」，「論」誤。

【疏證】

奎本以下諸六臣合注本、尤本悉作「行化」、「論」。謹案：據上下文義，作「行化」是。況諸《文選》本與此同。毛本獨倒。《與楊修書》載在本書，正作「論」字，《白孔六帖》卷二十一、《冊府元龜》卷九百四、《魏志・陳思王植傳》裴注引《典略》同。毛本獨因形近而誤。陳校當從上下文義、本書內證、尤本等正之。

三閭沉骸於湘渚　注：《漢書》曰：賈誼渡湘水，為賦湘渚屈原。楊雄《反離騷》曰：欽子楚之湘纍。音義曰：謂不以罪死曰纍。

【陳校】

注「湘渚」二字，「以弔」之誤。又「欽子」。「子」，「弔」誤。又「謂不以罪」。「謂」，「諸」誤。

【集說】

余氏《音義》曰：「賦湘渚」。「賦」下，何增「投」字、「湘渚」下，增「弔」字。

【疏證】

奎本、贛本、尤本、建本作「以弔」、「弔」、「諸」。明州本惟誤作「欽子」，餘同奎本。謹案：「為賦」句，見《漢書‧賈誼傳》，正作「以弔」。《反離騷》，見《漢書‧揚雄傳》，正作「欽弔」、李奇注正作「諸」。善引「音義」，當是《（漢書）音義》；本條所收，當即李奇注耳。本書袁彥伯《三國名臣序贊》「放同賈屈」注、李蕭遠《運命論》「賈誼以之發憤」注引並作「以弔」。毛本「湘渚」之誤蓋涉正文，其餘二字皆因形近而誤。陳校當從本書內證、《漢書》、尤本等正之。奎、尤本及陳校蓋從善注依《漢書‧賈誼傳》，何校則取資《史記‧屈原傳》：「過湘水，投書以弔屈原」，以改善注，非也。

馮都尉皓髮於郎署　注：《漢書》曰：（馮唐）事文帝。〔帝〕輦過，謂曰。

【陳校】

注「謂曰」。「謂」，「問」誤。

【集說】

余氏《音義》曰：「過謂」。「謂」，何改「問」。

【疏證】

奎本、贛本、尤本、建本作「問」。明州本作「善同銑注」，銑注無引《漢書》。謹案：事見《漢書‧馮唐傳》，正作「過問」，《藝文類聚》卷十八、《北堂書鈔》卷六十三、「馮唐孝著」注、卷一百四十「輦過問馮唐」注引並同。本書左太沖《詠史詩八首（鬱鬱）》「白首不見招」注引亦同。陳、何校當據《漢書》、本書內證、尤本等正之。

因斯兩賢以言古則昔之玉質金相，英髦秀達

【陳校】

「以言古則」。「則」字句絕。據呂向注，作「典則」解。

【集說】

余氏《音義》：何曰：「古則」。向注以「則」字為句，作「典則」解。

梁氏《旁證》同余氏《音義》。

【疏證】

尤本同，注設於「秀達」字下。五臣正德本、陳本、奎本以下諸六臣合注本皆於「則」字下，設向注而斷句。謹案：若依尤本，必在「言古」字下略逗。「則」字為連詞；若從五臣本，作「典則」解，「則」字為實詞矣。今觀下文「此則宰衡之與皁隸」云云，「此則」字正與上「古則」呼應。惟「則」字亦為連詞，方能呼應，由此可推五臣句讀之非。何校備異聞，尚可；陳校坐實之，非也。毛本自同尤本。

與麋鹿而同死　注：《楚辭》曰：宿莽與垫草固死。王逸曰：將與百草俱殂落也。

【陳校】

注「固死」。「固」，「同」誤。

【疏證】

奎本以下諸六臣合注本、尤本悉作「同」。謹案：今本《楚辭章句·九辯（霜露）》云：「泊莽莽兮與垫草同死」，正作「同」，《楚辭補注》、《集注》並同。但觀王逸注有「與」、「俱」字，亦可證「固」為「同」之譌。毛本獨因形近而誤，陳校當據《楚辭》、尤本等正之。

膏塗平原　注：《檄蜀文》曰：肝腦塗中原，膏液潤野草。

【陳校】

注「《檄蜀文》」，當作「《諭巴蜀檄》」。

【集說】

姚氏《筆記》曰：注「《檄蜀文》」。按：當作「《諭巴蜀檄》」。

【疏證】

奎本以下諸六臣合注本、尤本悉同。謹案：本書善注引「檄蜀文」凡五處，依次為：江文通《別賦》「或乃邊郡未和」注、潘安仁《關中詩》「肝腦塗地」注、潘元茂《冊魏公九錫文》「交臂屈膝」注、本篇注及陸佐公《石闕銘》「獨夫授首」注。首江《賦》作「司馬相如《檄蜀文》」用簡稱，上冠作者名，其下二潘之詩文及本篇，皆用簡稱無主名。獨末篇陸《銘》注，作「鍾士季《檄蜀文》曰。」由此可推出善注例：於相如《諭巴蜀檄》，例取簡稱，其於首篇冠作者名，下文同者，遜省去主名；其於他人同名之作，則冠主名以為區別。陳、姚二家，未能究善注此例，欲改毛本，誤矣。

猗頓之與黔婁　注：皇甫謐《高士傳》曰：（黔婁先生）及終，曾參來吊，曰：先生有時食不充虛，衣不蓋形。

【陳校】

注「先生有時」。「有」，「存」誤。

【疏證】

奎本以下諸六臣合注本、尤本悉作「存」。謹案：今本《高士傳·黔婁先生》未見此情節。本書顏延年《陶徵士誄》「黔婁既沒」注引皇甫謐《高士傳》正如陳校作「存」。而曹子建《雜詩（高臺）》「薇藿常不充」注、張景陽《雜詩（黑蜧）》「比足黔婁生」注並引《列女傳》作「在」，又檢《古列女傳·魯黔婁妻》作「在」，則並可為借證。毛本獨因形近而誤，陳校當從本書內證、尤本等正之。

寂寥忽荒　注：《西征賦》曰：寥廓忽荒。

【陳校】

「寂寥忽荒」。「荒」，「慌」誤。

【疏證】

諸《文選》本咸作「慌」。奎本以下諸六臣合注本、尤本注並作「恍」。謹案：《西征賦》載在本書，作「惚恍」，注引《鵩鳥賦》作「忽荒」。本書《鵩鳥賦》作「寥廓忽荒」注同，其文「荒」下有音注「恍」。與本條六臣合注本及尤本注合。然則，「荒」與「慌」同。忽荒、忽慌、惚恍、忽怳，係雙聲聯緜字，諸辭形異而義同。毛本非誤，陳校固不必改焉。本條五臣作「慌」，銑

注可證。若依陳校，則反以五臣亂善，且與善注不一也。

聞孔墨之挺生　注：蔡邕《陳太丘碑》曰：元方、季方，皆命世挺生。

【陳校】

注「《太丘碑》曰：元方。」蔡碑無此語。或有二碑，今逸其一。余氏《音義》

【集說】

余氏《音義》曰：何引少章云：「《太丘碑》曰：元方。蔡《碑》無此語。或有二碑」云云。

梁氏《旁證》曰：何曰：「今蔡《碑》無此語。或有二碑，今逸其一。」林先生曰：「伯喈為文範作碑銘，《集》中共三首，此其廟碑也。」

姚氏《筆記》曰：注引「陳太丘碑」云云。陳少章云：「蔡《碑》無此語。」

【疏證】

奎本以下諸六臣合注本、尤本悉同。謹案：若惟存「季方」，則下「皆」字無着落。今無可考也。毛本當從尤本等。本條不見周鈔《舉正》，惟賴余氏《音義》迻錄何校中，得以保存耳。

又注：膺期持授。

【陳校】

注「持」，「特」誤。

【疏證】

明州本、贛本、建本誤同。奎本、尤本作「特」。謹案：作「特」，始與上「命世挺生」之「挺」相應。毛本當誤從建本等，陳校當從上下文義、尤本等正之。

見張桓之朱紱　注：《禮記》曰：諸侯佩山玄玉不朱組綬。

【陳校】

注「不朱組綬」。「不」，「而」誤。

【疏證】

奎本以下諸六臣合注本、尤本悉作「而」。謹案：語見《禮記注疏‧王

藻》，正作「而」字，《宋書·禮志》同，《太平御覽》卷六百八十二、卷六百九十二、卷八百四、卷八百一十九並同。本書曹子建《責躬詩》「要我朱紱」注、江文通《雜體詩·顏特進》「中坐溢朱組」注、曹子建《求自試表》「俯媿朱紱」注引亦並作「而」。毛本獨因形近傳寫而誤，陳校當從本書內證、《禮記》、尤本等正之。

豈知有力者運之而趨乎　注：《莊子》曰：而半夜有力者負之而走，脈者不知也。

【陳校】

注「脈者」。「脈」，「昧」誤。

【疏證】

奎本以下諸六臣合注本、尤本悉作「昧」。謹案：語見《莊子·大宗師》，正作「昧」，《藝文類聚》卷九、卷七十一引，《太平御覽》卷六十七、卷七百六十八引，《北堂書鈔》卷一百三十七「藏舟于壑」注引並同。本書江文通《雜體詩·謝僕射混》「舟壑不可攀」注引亦同。毛本獨因形近而誤，陳校當從《莊子》、尤本等正之。

哆嚘顧頟　注：《淮南子》曰：多嚘蘧蒢戚施，醜也。《說文》曰：哆，張口也。

【陳校】

注「多嚘」。「多」，「哆」誤。

【集說】

胡氏《考異》曰：注「《淮南子》曰：「哆嚘蘧蒢戚施，醜也。」」案：此有誤也。所引《脩務訓》文。「哆」上有「喑膜」二字，無「醜也」二字。高誘注云：「喑膜哆嚘，蘧蒢戚施，皆醜貌也。」或許慎云「醜也」耳。未審善兼引正文及注或但引注，無以補正。

張氏《膠言》曰：注引「《淮南子》」云云。胡中丞云：「此所引《脩務訓》文。『哆』上有『喑膜』二字，高誘注：『喑膜哆嚘』，『蘧蒢戚施』，皆醜貌也。」

梁氏《旁證》曰：胡公《考異》曰：「此有誤也……或許慎云『醜也』耳。」

【疏證】

奎本以下諸六臣合注本、尤本悉作「哆」。謹案：語見《淮南子·修務訓》，正作「哆」。據正文及注引《說文》，亦可證當從「口」。然多與哆可通。《法言·吾子》：「中正則雅。多哇則鄭。」舊注：「中正者，宮商溫雅也。多哇者，淫聲繁越也。」宋咸曰：「多而哇者，淫鄭之聲也。」王念孫《雜志》引引之曰：「多讀為哆。哆，邪也。哆與多，古字通。」《法言·吾子》又曰：「述正道而稍邪哆者有矣，未有述邪哆而稍正也。」汪榮寶義疏：「邪哆，疊字為義，哆亦邪也。乃迆之假。」《說文·辵部》：『迆，衺行也。』迆，《尚書注疏·禹貢》：「東迆北會于匯」孔傳：「迆，溢也。」孔穎達疏：「迆，言靡迆邪出之言，故為溢也。」然則，多、哆、迆三字通，並有邪義。本條毛本當用借字，未誤。陳校則從《淮南子》、尤本等耳。前胡說，文作「啳睽哆㗋，籧篨戚施」，誘注為「皆醜貌」，「未審善兼引正文及注或但引注」也。亦是。

龜鵠千歲　注：《養生要〔論〕》曰：龜鵠壽千百之數，注壽之物也。

【陳校】

注「注壽」。「注」，「性」誤。

【疏證】

明州本、贛本、建本誤同。奎本、尤本作「性」。謹案：本書郭景純《遊仙詩（翡翠）》「寧知龜鶴年」注引「《養生要論》」，正作「性」。毛本誤從建本等，陳校當從本書內證、尤本等正之。

壓紐顯其膺籙　注：《左氏傳》曰：乃有大事於羣望，而期曰。

【陳校】

注「乃有大事」。「有大」二字當乙。又，「而期」。「期」，「祈」誤。

【疏證】

奎本以下諸六臣合注本、尤本悉作「大有」、「祈」。謹案：事見《春秋左傳注疏·昭公十三年》，正作「大有」、「祈」，《藝文類聚》卷八十四、《太平御覽》卷五百四十二、卷八百六引並同。本書陸佐公《石闕銘》「昇中以祀羣望」注、沈休文《齊故安陸昭王碑文》「竝走羣望」注引並作「大有」。《東京賦》「羣望咸秩」注引脫「大」字，亦非。毛本獨倒、又音近誤「期」，陳校當從

本書內證、《左傳》、尤本等正之。

星虹樞電，昭聖德之符　注：《詩含神務》曰：……感符寶，生黃帝。

【陳校】

　　注「神務」。「務」，「霧」誤。又「感符寶」。「符」，「附」誤。

【集說】

　　顧按：「務」字不誤。

【疏證】

　　奎本、明州本、尤本、建本二字皆同。贛本作「霧」、「附」。謹案：本書王文考《魯靈光殿賦》「紹伊唐之炎精」注引作「霧」，而謝惠連《雪賦》「若燭龍銜燿照崑山」注引則作「務」，《唐開元占經》卷六十七引亦作「務」。並可為顧按佐證。漢‧王符《潛夫論‧五德志》作「符」，《藝文類聚》卷二、《唐開元占經》卷一百二引《河圖》並同。然則，作「符」，亦不誤。毛本本從尤、建二本等，陳校則未免膠固。

若謂驅貙虎，奮尺劍，……則未達窅冥之情　注：《尚書》：武王曰：如虎如貙。孔安國曰：貙，摯夷，虎屬也。《史記》：高祖曰：吾提三尺劍取天下，此非天命于？《淮南子》曰：源道者則窅冥之深。

【陳校】

　　注「摯夷」。「摯」，「執」誤。又，「天命于」。「于」，「乎」誤。「則窅冥之深」。「則」，「測」誤。

【集說】

　　余氏《音義》曰：「摯夷」。「摯」，何改「執」。

　　胡氏《考異》曰：注「貙，摯夷。」何校「摯」改「執」，陳同。是也，各本皆譌。

　　梁氏《旁證》曰：何校「摯」改「執」。陳同。

【疏證】

　　奎本以下諸六臣合注本、尤本悉作「摯」、「乎」、「測」。謹案：「于」字，《史記‧高祖本紀》正作「乎」，《漢書‧高帝紀下》同。毛本傳寫獨誤，陳校當從《史》《漢》、尤本等正之。至於「摯」字。《漢書‧司馬相如傳‧子虛賦》

「生貙豹」注：「郭璞曰：『貙，執夷，虎屬也。』」《史記》、本書《子虛賦》
皆同。然《說文・手部》：「摯，握持也。」桂馥《義證》：「握持也者，《釋詁》：
『拱，執也。』執，即摯。」《西京賦》：「剛蟲博摯」，呂注：「摯，執也。」
然則，「摯」與「執」通。毛本當從尤本等，陳、何校當據《史》、《漢》、本書
內證等改，然究其實，亦不必改也。「則」字，《淮南子・要略》正作「測」。
然「測」由「則」得聲，二字或得通。《墨子・備水》：「置則瓦井中，視外水
深丈以上，鑿城內水渠。」岑仲勉注：「則，同測。則瓦，測水之瓦。」《馬王
堆漢墓帛書・道原》：「是故上道高而不可察也，深而不可則也。」並其證。毛
本不誤，陳校亦不必改焉。

空桑之里 注：《呂氏春秋》曰：有莘氏女子，採桑得嬰兒於空桑之
中……曰：其母居依水之上，孕，夢有神告曰：曰出水而東走，母顧。
明日，視曰水出，……因化為空桑，故命之曰伊尹。

【陳校】

　　注「有莘氏」。「莘」，「莘」誤。又，「依水」。「依」，「伊」誤。「曰出水」。
「曰」，「臼」誤。「母顧」。「母」，「毋」誤。「曰水出」。「曰」，「臼」誤。

【疏證】

　　奎本、明州本省作「善本注同」，良注作「偰」、作「伊」、作二「臼」字、
作「無顧」。贛本、尤本、建本作「莘」、作「伊」、作二「臼」字、作「毋」。
謹案：事見《呂氏春秋・本味》，作「偰」、作「伊」、作二「臼」字、作「毋」。
「偰」下，誘注：「偰，讀曰莘。」《太平御覽》卷三百六十引《呂覽》文全同；
卷六十二引作「莘」、作「伊」。《太平御覽》卷三百九十四又引《吳氏春秋》：
作「莘」、「伊水」、「臼出水」。毛本或因形（如：「莘」、二「曰」、「母」）或音
近（如「依」）致誤。「依」字之誤，但據下文「伊尹」亦可正。陳校當從《呂
氏春秋》、尤本、上下文義等正之。

歷陽之都 化為魚鼈 注：《淮南子》曰：歷陽，淮南縣名。今屬孔江
郡。歷陽中有老嫗，常行仁義。有兩書生走過之，謂曰：此國當沒為湖。

【陳校】

　　注「孔江郡」。「孔」，「九」誤。又「歷陽，淮南縣名，今屬九江郡」三
句，此《淮南子》注文，當繫「國沒為湖」後。

【集說】

胡氏《考異》曰：注「《淮南子》曰歷陽。」案：此有誤也。以下至「國當沒為湖」皆注文，不得云「《淮南子》曰」。未審所脫。

梁氏《旁證》曰：道藏本《淮南子‧俶真訓》云：「夫歷陽之都，一夕反而為湖。高誘注云：『歷陽，淮南國之縣名。昔有老嫗常行仁義。有二諸生過之，謂曰：此國當沒為湖』」云云。此注所引當是脫《淮南子》正文二句及「高誘曰」三字。惟以「歷陽」屬「九江郡」與高注異。

朱氏《集釋》曰：注引「《淮南子》曰：『歷陽之都，一夕反自注：《御覽》作化。而為湖。』高誘曰：『歷陽，淮南國之縣名。今屬九江郡。歷陽中有老嫗，常行仁義。有二諸生過之，謂曰：此國當沒為湖』」云云。案：今本李注誤以高注為《淮南》正文，胡氏《考異》乃謂「未審所脫」，豈未檢《淮南》書乎？特依《俶真訓》原本增之如此。

【疏證】

贛本、尤本、建本同。奎本、明州本省作「善本注同（良注）」，而良注無「歷陽，淮南縣名。今屬孔江郡」十一字。謹案：毛本當從尤、建二本等，「孔」字，獨因形近而誤。陳校當從《淮南子》、尤本等。朱、梁兩家說是。今按《藝文類聚》卷九，已見將《淮南》文與注混為一體矣。

秦人坑趙士　注：《論衡》曰：同命俱死，朱可怪也。

【陳校】

注「朱可」。「朱」，「未」誤。

【疏證】

奎本以下諸六臣合注本、尤本悉作「未」。謹案：語見《論衡‧命義篇》，正作「未」。毛本或因形近而誤，陳校當從《論衡》、尤本等正之。

公孫弘對策不升第　注：《漢書》：太常上對諸儒，太常奏弘第居下策，天子擢弘對為第一。

【陳校】

注「弘第居下策。」「策」下，脫「奏」字。

【集說】

余氏《音義》曰：「下策」。「策」下，何增「奏」字。

胡氏《考異》曰：注「太常上對諸儒，太常奏宏第居下策」。何校「策」下，添「奏」字，陳同。案：此有誤也，考《漢書》云：「宏至太常上策，詔諸儒」，又云：「太常奏宏第居下。策奏」，必善連引此二處耳。

梁氏《旁證》曰：胡公《考異》曰云云。

【疏證】

奎本以下諸六臣合注本、尤本悉同。謹案：按《漢書·公孫弘傳》作：「弘至太常上策。詔諸儒，制曰：……。對者百餘人，太常奏弘第居下。策奏，天子擢弘對為第一。」《北堂書鈔》「公孫對策第一」注、《玉海》卷一百十四「於是董仲舒公孫弘等出焉」注引並同。《史記·公孫弘傳》略同：「太常令所徵儒士各對策。百餘人，弘第居下。策奏，天子擢弘對為第一。」《藝文類聚》卷四十六引《漢書》，則作「太常奏弘第居下，天子擢弘對為第一」。然則，雖明言同源《漢書》，「居下」下「策奏」字，就有今本《漢書》存「策奏」二字，《文選》但存一「策」、《藝文類聚》二字全無，三種版本形態。以《藝文》為簡潔、《漢書》為完整。惟《選》文，似脫一「奏」字。然細玩其文，竊以為若以「太常上對諸儒」之「對」字，如下文作「策」講，意為：太常上諸儒策，奏弘第居下策」：不惟省去下句一「奏」字，亦省去重疊之「太常」字，義亦可通。《選》文重復「太常」字，的確如前胡所言，是二處連綴之跡，不得已存者。毛本當從尤本等，陳、何校不必但泥一今本《漢書》，執意增字，蓋若從《藝文》，「居下」已意完神足，下「策」字固可省也。前胡謂「此有誤也」，似未檢《藝文》。

牧豕淄原　注：《漢書》曰：公孫弘，淄州人也。

【陳校】

注「州」，「川」誤。

【集說】

余氏《音義》曰：「淄州」。「州」，何改「川」。

【疏證】

奎本以下諸六臣合注本、尤本悉作「川」。謹案：事見《史記·平津侯傳》、

《漢書・公孫弘傳》，字並作「菑川」（「菑」與「淄」同），《藝文類聚》卷四十五、《古今事文類聚》後集卷四十引同，《後漢書・王良傳》「公孫弘身服布被，汲黯譏其多詐」章懷注亦作「淄川」。毛本獨因形近而誤。陳、何蓋據《史》、《漢》、尤本等正之。

溘死霜露　注：《起辭》曰：寧溘死以流亡兮，今不忍為此態也。

【陳校】

　　注「起辭」。「起」，「楚」誤。「今不忍為」。「今」，「余」誤。

【疏證】

　　奎本以下諸六臣合注本、尤本悉作「楚」、「余」。謹案：語見《楚辭章句・離騷經》，正為「楚」、「余」字。《古今事文類聚》前集卷五十一、《記纂淵海》卷四十九引、本書《離騷》篇並同。毛本獨因形近傳寫而誤，陳校當從《楚辭》、本書內證、尤本等正之。

故重華立而元凱升　注：《左民傳》：季孫行父曰：昔高陽氏有才子八人：蒼舒……龍降、……謂之人愷。高辛氏有才子八人……謂之人元。

【陳校】

　　注「《左民傳》」。「民」，「氏」誤。又「龍降」。「龍」，「尨」誤。「人愷」、「人元」，兩「人」並「八」誤。

【疏證】

　　奎本以下諸六臣合注本、尤本悉作「氏」、「尨」、兩「八」字。謹案：事見《春秋左傳注疏・文公十八年》，正作「尨」、兩「八」字，《太平御覽》卷六百三十引並同。《史記・五帝本紀》「昔高陽氏有才子八人，世得其利，謂之八愷；高辛氏有才子八人，世謂之八元。」注引《左傳》史克對魯宣公語，亦作「尨」。本書任彥昇《為范尚書讓吏部封侯第一表》「位裁元凱」注引「《左傳》」誤「龍」；作兩「八」字，不誤。毛本獨傳寫而誤，陳校當從《左傳》、本書內證、尤本等正之。

然則天下善人少　注：《法言》而：聖君少，庸君多。

【陳校】

　　注「法言而」。「而」，曰「誤」。

【疏證】

　　奎本以下諸六臣合注本、尤本悉作「曰」。謹案：語見《揚子法言》卷六，正作「曰」字。但據上下文義，亦可知當作「曰」。毛本傳寫獨誤，陳校當從上下文義、尤本等正之。

天地版蕩　　注：《毛詩》曰：上帝版版。毛萇曰：杯晚切。

【陳校】

　　注「毛萇曰」下，脫「版版，反也」四字。

【集說】

　　胡氏《考異》曰：注「毛萇曰：杯晚切」。陳曰云云。是也，各本皆脫。

　　梁氏《旁證》曰：陳曰云云。

　　許氏《筆記》曰：《詩》作「板」。注「毛萇曰」下，脫「板板，反也」四字。此四字是毛《傳》，其下「杯晚切」三字是後人所加。嘉德案：《說文·木部》無「板」，《片部》作「版」，今字皆作「板」。段曰：「古亦假為反字。《大雅》：『上帝板板』，毛《傳》：『板板，反也。』謂版即反之假借也。」蓋其字正作「版」，經典相承皆作「板」。今《詩》作「板板」，注既引《詩》為證，則正文自作「板」字。又注「毛萇曰：杯晚切」，此非毛音也。「曰」下脫「版版反也」四字，致不可讀。陳校亦云「脫」。今補。各本皆脫。

【疏證】

　　奎本以下諸六臣合注本、尤本脫同。謹案：語見《毛詩注疏·大雅·板》，正作「傳曰：板板，反也」、無「杯晚切」字。許曰「三字後人所加」，是也。毛本誤從尤、建二本等，陳校當從《毛詩》補正之。

五帝角其區宇　　注：《東京賦》曰：區宇乂寧。

【陳校】

　　注「乂寧」。「乂」，「乂」誤。

【疏證】

　　奎本、明州本、尤本、建本作「乂」。贛本誤作「人」。謹案：《東京賦》，載在本書，正作「乂」。《藝文類聚》卷六十一、《古今事文類聚》續集卷一同。本書沈休文《應詔樂遊苑餞呂僧珍詩》「愍茲區宇內」注、任彥昇《上蕭太傳

固辭奪禮啟》「功格區宇」注、陸佐公《石闕銘》「區宇乂安」注引並誤「又」。毛本當誤從建本等，陳校當從本書《東京賦》、尤本等正之。

盈縮遞運　注：《淮南子》曰：孟春始贏。高誘曰：贏，長也。

【陳校】

注「始贏」。「贏」，「贏」誤。

【疏證】

奎本、明州本、尤本、建本並高注同。贛本並高注作「贏」。謹案：語見《淮南子·時則》，作「贏」，高注同，本書陸佐公《新刻漏銘》「盈縮之度無准」並高注同。《太平御覽》卷十七引《淮南子》作「盈」，注同；卷十九、卷二十四引並同（無注）。毛本當從尤、建二本等，陳校當從本書內證、贛本、《淮南子》等。然「贏」與「贏」、「盈」通，已見上《幽通賦》「故遭罹而贏縮」條，故不改亦得。

在於所習　注：《論衡》曰：習善為善，習怨為惡。

【陳校】

注「習怨」。「怨」，「惡」誤。

【疏證】

奎本以下諸六臣合注本、尤本悉作「惡」。謹案：語見《論衡·本性篇》，作「習惡而為惡」。但觀其上文「習善為善」，可知亦當為「惡」字。毛本傳寫獨誤，陳校當從上下文義、《論衡》、尤本等正之。

法星三徙　注：《廣雅》曰：熒惑，謂之罰皇。或謂之執法。

【陳校】

注「罰皇」。「皇」，「星」誤。

【疏證】

尤本作「星」。奎本、明州本濟注作「熒惑，謂執法之星，故云法星也。」末云：「善注同」。贛本、建本逕改奎本濟注為善注，末云：「濟注同」。謹案：毛本「《廣雅》」以下十四字，見《廣雅·釋天》，正作「星」字，《太平御覽》卷五引同。毛本蓋從尤本而傳寫誤「皇」。陳校當從《廣雅》、尤本等正之。

殷帝自翦　注：《呂氏春秋》曰：（湯）於是翦其髮，磨其乎，自以為犧。

【陳校】

注「磨其乎」。「乎」，「手」誤。

【集說】

胡氏《考異》曰：注「磨其手。」案：「磨」，當作「厤」。各本皆譌。《與廣川長岑文瑜書》引作「𥕒」，云「𥕒，音𥕒。」可證。考《呂氏春秋》亦作「𥕒」。𥕒、厤同字。厤，譌而為磨，猶《顏氏家訓》所謂「容成造厤，為錐磨之磨」耳。故𥕒，今亦譌而為𥕒也。皆當訂正。

張氏《膠言》曰：按：今《呂氏春秋・順民篇》作「𥕒其手。」然李氏應休璉《與廣川長岑文瑜書》注亦作「𥕒」，而音為「𥕒」。則此注誤當是「厤」字。《蜀志・郤正傳》作「攊其手」，《論衡》又作「麗其手」。胡中丞云：「磨，當作厤。𥕒、厤同字。厤譌而為磨，猶《顏氏家訓》所謂『容成造厤，為錐磨之磨』耳。故𥕒，今亦譌而為𥕒也。」

梁氏《旁證》曰：胡公《考異》曰：「磨，當作厤。本書《與岑文瑜書》引作：𥕒，音𥕒。」

許氏《筆記》曰：「殷帝自翦」注「磨其手。」《呂覽》作「𥕒」，當是「𥕒字。嘉德案：注「於是翦其髮，磨其手。」胡曰：「磨，當作厤……皆當訂正。」嘉德考《說文》：「厤，石聲也。郎擊切。」音歷。《集韻》：「礰即厤字。或作𥓴。」古亦借厤為歷。《史記》「厤室」，《戰國策》作「歷室」。是厤與歷、礰、𥓴相通也。《說文》：「礶，石磑也。」今省作「磨」。引申為研磨字。《詩》釋文：「磨，本又作摩。」是礶、磨同字，亦通用摩也。又《集韻》「𥕒」、「𥕒」同字，並音歷，云「地名」，則非「厤」字也。胡云「𥕒、厤同字」，諸字書不見此語，未審所據。又應璩《與岑文瑜書》注引及《呂氏春秋・順民篇》皆作「𥕒」亦不作「𥕒」；而音為「𥕒」，則皆是「𥕒」字。殆形相似而譌從「磨」耳。又考字書所引《呂氏春秋》多作「𥕒」字，無有作「厤」者，又今本《顏氏家訓》云「容成造厤，為（確）[錐]磨之磨耳」，其字作「歷」，亦不作「厤」。此注作「磨」，當是「𥕒」字。即今《呂覽》及應璩《書》注作「𥕒」亦是「𥕒」之譌，蓋「𥕒」，不音「𥕒」也。惟《蜀志・郤正傳》作「攊其手」，《論衡》又作「麗其手」，字各不同，究未審《呂覽》本義何从耳。

【疏證】

奎本以下諸六臣本、尤本悉作「手」。謹案：事見《呂氏春秋‧順民》作「翦其手。」本書應休璉《與廣川長岑文瑜書》「得無……翦爪宜侵肌乎」，注引亦作「翦其手。」毛本獨因形近而誤為「乎」。陳校當從《呂氏春秋》、本書內證、尤本等正之。本條「手」、「乎」之正誤易辨，而與「手」有關之「磨」字，陳校不及，則於理解湯之祈禱形式及文義大有礙，故不得已略作考辯。前胡《考異》云「磨」與「歷」異，是，然云「翦、歷同字」，則遭嘉德駁難。嘉德據《說文》等條分縷析，所駁甚是。惜不能釋「《呂覽》本義何从」。俞樾《平議》上引《呂氏春秋》曰：「呂氏原文本作歷。後人音歷為翦，遂並正文歷字亦誤加阝旁，而歷亦誤作磨。歷者，櫪之假字。《說文》：『櫪，櫪㭊，椑指也。』《韻會》引《繫傳》曰：『櫪。謂以木㭊十指而縛之也。』」謹又案：所謂「以木㭊十指而縛之」，當即後世夾手指之「拶刑」耳。祈禱者身受之而告神靈，以顯其誠意，此庶幾商湯「歷其手」之真實含義矣。俞氏謂「呂氏原文本作歷」，與嘉德作「翦」說，已十不離八九，「翦」為「歷」之後起字，亦有理可據，「歷」與「櫪」相通說，則足可解其「《呂覽》本義」之疑，精審可從焉。

嚴母掃墓以望喪　注：(《漢書》)又曰：嚴延年遷河南太守，其母欲從延年。臘到雒陽，適見報囚，母大驚。

【陳校】

注「適見報因」。「因」，「囚」誤。

【疏證】

奎本以下諸六臣合注本、尤本悉作「囚」。謹案：事見《漢書‧嚴延年傳》，正作「囚」字。《前漢紀‧孝宣三》、《續古列女傳‧嚴延年母》、《北堂書鈔》卷一百五十五「嚴母便止都亭」注引並同。毛本獨因形近而誤，陳校當從《漢書》、尤本等正之。

故善人為善，焉有息哉　注：《尚書》曰：古人為善，惟日不足。

【陳校】

注「古人」。「古」，「吉」誤。

【疏證】

　　奎本以下諸六臣合注本、尤本悉作「吉」。謹案：語見《尚書注疏・泰誓中》，正作「吉」字，《北堂書鈔》卷九「誡懼」、《古今事文類聚》後集卷七、《記纂淵海》卷四十三等同。毛本獨因形近而誤，陳校當從《尚書》、尤本等正之。